Self H

8

Ad Ann[a]

nelle speranze

che possa essergli

utile almeno in

qualcosa

[illegible]

Marianne Williamson

RITORNO ALL'AMORE

Riflessioni sui principi di
"Un Corso in Miracoli"

MyLife

Per i miei due padri,
entrambi in Paradiso.

"Non avere paura,
ma lascia che il tuo mondo
venga illuminato dai miracoli."
Un corso in miracoli

I titoli dei capitoli e dei paragrafi sono tratti da Un corso in miracoli.
L'Autrice ha avuto il permesso di riprodurre alcuni estratti da:
Un corso in miracoli (Copyright 1975) e una citazione da The Song of Prayer
da Foundation for Inner Peace, Inc., e da Quantum Healing
di Deepak Chopra (Copyright 1989).
Gli estratti sono stati tradotti liberamente in italiano dalla traduttrice.

Titolo originale: *A return to love*

HarperPerennial edition published 1993 (1996)

www.mylife.it

Traduzione e Coordinamento editoriale: Katia Prando

I Edizione: Gennaio 2015

My Life srl - Via Garibaldi, 77 - 47853 Coriano di Rimini
ISBN 978-88-6386-307-9

L'autrice di questo libro non dispensa consigli medici né prescrive l'uso di alcuna tecnica come forma di trattamento per problemi fisici e medici senza il parere di un medico, direttamente o indirettamente. L'intento dell'autrice è semplicemente quello di offrire informazioni di natura generale per aiutarvi nella vostra ricerca del benessere fisico, emotivo e spirituale. Nel caso in cui usaste le informazioni contenute in questo libro per voi stessi, che è un vostro diritto, l'autrice e l'editore non si assumono alcuna responsabilità delle vostre azioni.

INDICE

RINGRAZIAMENTI

Questa nuova edizione di *Ritorno all'amore* è resa possibile grazie al successo ottenuto dal libro fin dal 1992. Di ciò ringrazio profondamente Oprah Winfrey. Il suo entusiasmo e la sua generosità hanno dato a me e al libro un pubblico che altrimenti non avremmo avuto.

Infiniti ringraziamenti anche al mio agente letterario, Al Lowman. Grazie a lui ho cominciato a scrivere, e grazie a lui ho portato a termine queste pagine. Anche Andrea Cagan ha fatto molto affinché il libro venisse concluso. Il suo contributo è stato enorme. Grazie a Carol Cohen, Adrian Zackheim, Mitchell Ivers e a tutto lo staff di HarperCollins che ha concorso alla realizzazione di questa nuova edizione. Per i miei amici Rich Cooper, Norma Ferrara, David Kessler e Victoria Pearman la mia gratitudine è profonda e imperitura.

Grazie a tutte le persone che hanno frequentato le mie conferenze fin dall'inizio.

Grazie ai miei genitori per tutto quello che mi hanno dato, e a mia figlia che ha donato alla mia vita una dolcezza tale da non poter essere espressa a parole.

Soprattutto, grazie a tutte le persone che hanno letto *Ritorno all'amore* fin dalla sua prima pubblicazione e che hanno condiviso con me testimonianze potenti di quanto sia stato importante per le loro vite. Il loro sostegno al mio lavoro significa molto per me, più di quanto possa esprimere in questa pagina.

PREMESSA ALLA NUOVA EDIZIONE

Ritorno all'amore ha avuto una vita propria, come accade a ogni libro. Un autore è come una madre che conduce il proprio figlio nel mondo e poi lo guarda mentre vive la sua storia.

Questo libro ha avuto una vita meravigliosa fino ad ora, e ho il privilegio di ricevere innumerevoli testimonianze del suo effetto positivo sui lettori. Dal momento che non sono l'autrice di *Un corso in miracoli,* ma soltanto l'interprete dei suoi principi, non posso prendermi il merito delle cose migliori contenute in *Ritorno all'amore.* Le idee del Corso hanno esercitato, e continuano a farlo, un effetto miracoloso sulla mia stessa vita; mi è facile, quindi, comprendere l'eccitazione che provano gli altri quando si imbattono in un "miracolo" per la prima volta.

Sono più vecchia di quando ho scritto questo libro e, in un certo senso, sono meno innocente. Ho sperimentato ulteriori avversità in amore. Tuttavia, essendo una testimone della resistenza che il mondo oppone alle vie dell'amore, mi rendo conto ora più che mai della responsabilità individuale che abbiamo nell'accogliere ed esprimere questo amore più pienamente e in modo efficace. L'odio è il male spirituale insito nella nostra specie e, come qualsiasi altra forma di cancro, esercita il suo effetto peggiore non tanto all'esterno quanto dentro di noi. La paura che vi sta dietro ci divora letteralmente vivi, distruggendo la mente, il corpo, le culture, le nazioni. I rimedi esteriori possono alleviare i suoi effetti, ma solo l'amore ha il potere di annullarli.

Annullare la paura è nostro dovere. Dalle guerre oltre oceano alle catastrofi di casa nostra, il compito è quello di scacciare la paura dal mondo. Lo facciamo non solo per noi stessi, ma, soprattutto, per i nostri figli. Erediteranno ciò che lasceremo e non esiste dono più grande per le generazioni future che fare ciò che Dio ci ha chiesto: amarci l'un l'altro cosicché il mondo possa essere riparato.

La paura fuori controllo cresce in modo esponenziale. L'amore ha il potere di rimuoverla. Questo è il potere di Dio nelle nostre vite. Se *Ritorno all'amore* riuscisse a fare anche la minima differenza nella capacità del singolo di sperimentare questo potere, allora sarei estremamente lieta di averlo scritto. Ti auguro miracoli. Ti auguro amore.

Marianne Williamson
Gennaio 1996

PREFAZIONE

Sono cresciuta in una famiglia della middle class ebrea, arricchita dalle sfumature magiche di un padre eccentrico. Quando avevo tredici anni, nel 1965, mi portò a Saigon per mostrarmi cosa fosse la guerra. La guerra del Vietnam subiva in quei mesi un'accelerazione e voleva che io vedessi personalmente i buchi dei proiettili. Non voleva che la potente macchina dell'industria bellica mi mangiasse il cervello convincendomi che la guerra fosse giusta.

Mio nonno era molto religioso e qualche volta, il sabato mattina, andavo con lui alla sinagoga. Quando l'Arca veniva aperta durante la funzione, lui si inchinava e iniziava a piangere. Piangevo anch'io, non so se in preda a un nascente fervore religioso o soltanto perché lo faceva lui.

Quando andai alle superiori, frequentai per la prima volta il corso di filosofia e decisi che Dio era un sostegno di cui non avevo bisogno. Che razza di Dio poteva permettere che i bambini morissero di fame, o la gente di cancro, o che accadessero cose come l'Olocausto? La fede innocente della bambina che ero stata si scontrava faccia a faccia con lo pseudo-intellettualismo di una studentessa in erba. Scrissi una lettera di commiato a Dio. Ero depressa, ma sentivo di doverlo fare: ero troppo istruita per credere in Dio.

Al college, molte delle cose che imparai dai professori erano decisamente extracurriculari. Lasciai gli studi per coltivare ortaggi, ma non ricordo di essere riuscita a farne crescere alcuno. Ci sono molte cose di quegli anni che non riesco a ricordare. Come molta gente vissuta in quell'epoca (fine anni Sessanta, inizio anni Settanta), anch'io ero piuttosto scapestrata. Ogni porta nascosta dalle convenzioni sembrava nascondere piaceri lascivi che dovevo provare a ogni costo. Dovevo provare tutto quello che suonava scandaloso. E di solito ci riuscivo.

Non sapevo che fare della mia vita, malgrado i miei genitori continuassero a supplicarmi di impegnarmi in *qualcosa*. Passavo da una relazione all'altra, da un lavoro all'altro, da una città all'altra, alla ricerca di un senso di identità o di uno scopo, sperando ogni volta che la mia vita avesse finalmente ingranato. Sapevo di avere talento, ma non sapevo come metterlo a frutto. Sapevo di essere intelligente, ma ero troppo frenetica per usare quell'intelligenza a mio vantaggio. Andai parecchie volte dallo psicologo, ma di rado sortì qualche risultato. Affondai sempre più nei miei schemi nevrotici, cercando sollievo nel cibo, nelle droghe, negli altri o in qualunque cosa rappresentasse per me una fonte di distrazione. Speravo continuamente che nella mia vita succedesse qualcosa, ma non accadeva granché a parte i drammi che scatenavo io stessa per la mia insoddisfazione.

C'era una specie di enorme macigno, di autodisprezzo piantato nel mezzo del mio stomaco, e più passavano gli anni più le cose peggioravano. Più aumentava il dolore, più cresceva il mio interesse per la filosofia: Kierkegaard, l'I Ching, l'esistenzialismo, la teologia radicale cristiana della morte di Dio, il buddismo e altro ancora. Ho sempre percepito l'esistenza di un ordine misterioso nelle cose, ma non riuscivo a capire come potesse essere applicato anche alla mia vita.

Un giorno me ne stavo seduta con mio fratello a fumare uno spinello di marijuana quando lui ammise che tutti mi reputavano strana. "È come se avessi una specie di virus", esclamò. Ricordo di aver pensato che stavo per essere espulsa dal mio stesso corpo. Mi sentivo un'aliena. Spesso avevo considerato la vita come un club esclusivo di cui tutti avevano ricevuto la parola d'ordine per entrare tranne me. Questa fu una di quelle volte. Mi sembrava che le altre persone fossero a conoscenza di un segreto che solo io ignoravo, ma non mi azzardavo a chiedere perché non volevo far sapere che di quel segreto io ero all'oscuro.

A venticinque anni ero un totale disastro.

Credevo che anche le altre persone stessero morendo dentro, ma che, proprio come me, non potevano o non volevano parlarne. Continuavo a pensare che ci fosse qualcosa di molto importante di cui però nessuno voleva discutere. Io stessa non avevo le parole per farlo, ma ero certa che ci fosse qualcosa di marcio nel mondo. Com'era possibile che la gente credesse che l'unica ragione della propria esistenza fosse quella di partecipare allo stupido gioco, di cui ancora non conosco le regole, del "fare qualcosa in questo mondo"?

Un giorno, era il 1977, vidi una raccolta di volumi blu con scritte in oro sul tavolino di una caffetteria di New York. Aprii l'introduzione e lessi:

> *"Questo è* Un corso in miracoli *ed è molto richiesto. Il tempo che deciderai di dedicargli sarà la sola tua libera scelta. Il libero arbitrio, infatti, non significa che tu possa stabilire il programma di studio. Significa solo che puoi scegliere cosa desideri imparare in un certo momento. Il Corso non intende insegnarti il significato dell'amore, perché si tratta di qualcosa che non può essere insegnato. In verità, ha lo scopo di rimuovere i blocchi che ti impediscono di essere consapevole della presenza dell'amore, che poi non è altro che la tua naturale eredità."*

Ricordo di aver pensato che quell'incipit suonava piuttosto intrigante, se non arrogante. Leggendo oltre, notai che erano presenti numerosi termini di origine cristiana. La cosa mi innervosì. Malgrado avessi studiato teologia cristiana a scuola, avevo sempre tenuto la religione a una certa distanza. Ora la avvertivo come una minaccia personale. Così rimisi i libri sul tavolo.

Ci volle un altro anno prima che li riprendessi di nuovo in mano: un altro anno di infelicità. Ma finalmente ero pronta. Questa volta ero così depressa che non feci nemmeno caso alle espressioni che mi infastidivano. Questa volta, seppi immediatamente che il Corso aveva qualcosa di fondamentale da insegnarmi. È vero che usava termini tradizionali cristiani, ma lo faceva in modo alternativo e non religioso. Fui colpita, come accadde a molta gente, dalla profonda autorità della sua voce. Rispondeva a domande di cui avevo iniziato a dubitare che esistessero delle risposte. Parlava di Dio in termini psicologici brillanti, sfidando la mia intelligenza senza mai offenderla. Suona come un cliché, ma devo ammettere che mi sentii finalmente a casa.

Il Corso sembrava avere un messaggio fondamentale: il rilassamento. Ne fui confusa perché lo avevo sempre associato alla rinuncia. Mi aspettavo che qualcuno mi spiegasse come combattere la battaglia, o che la combattesse al posto mio; invece ora questo libro suggeriva di arrendersi completamente. Ne fui sorpresa, ma anche sollevata. Da tempo, ormai, sospettavo di non essere fatta per le battaglie terrene.

Per me questo non era solo un libro tra tanti. Era il mio personale maestro, il sentiero che mi avrebbe permesso di fuggire dall'inferno. Leggendo il libro e seguendo gli esercizi proposti, sentii immediatamente che i cambiamenti prodotti dentro di me erano positivi. Ero felice. Iniziavo a rilassarmi. Iniziavo a capirmi e a farmi qualche idea sul perché le mie relazioni erano state così dolorose, perché non mi andava bene niente, perché odiavo il mio corpo. Soprattutto, iniziai a sentire che potevo cambiare. Studiare il Corso scatenò in me un enorme flusso di energia ricca di speranza, quella stessa energia che fino a qualche tempo prima si era fatta sempre più oscura e autodistruttiva.

Il Corso, un programma autodidattico di psicoterapia spirituale in tre libri, non rivendica il monopolio assoluto di Dio. Rappresenta l'affermazione di diverse tematiche spirituali universali. Esiste una sola verità espressa in modi diversi e il Corso è solo un sentiero tra tanti per raggiungerla. Lo capirai se è anche il tuo cammino. Per me il Corso è stato un'esperienza dirompente, dal punto di vista intellettuale, emotivo e psicologico. Mi ha liberato da una terribile sofferenza emotiva.

Volevo ciò di cui avevo letto: la "consapevolezza della presenza dell'amore". Nei successivi cinque anni studiai il Corso appassionatamente. Come ripeteva mia madre ai tempi, "Lo sapevo a menadito." Nel 1983 iniziai a condividere gli insegnamenti del Corso con alcuni accoliti di Los Angeles. Il gruppo crebbe. Da allora il pubblico alle mie conferenze è aumentato in modo significativo, sia in America che all'estero. Ho avuto l'opportunità di verificare l'importanza di questo materiale per le persone di tutto il mondo.

Ritorno all'amore si basa su ciò che ho imparato da *Un corso in miracoli*. Tratta alcuni principi base del Corso così come li ho compresi io, e li mette in relazione con le diverse problematiche che condizionano la nostra vita quotidiana.

Ritorno all'amore parla dell'amore in quanto forza e non debolezza, come risposta ai problemi che ci assillano. In che modo l'amore può essere una soluzione pratica? Questo libro è una guida alle miracolose applicazioni dell'amore ed è un balsamo per ogni ferita. Sia che il nostro dolore psichico derivi dalle relazioni, dalla salute, dal lavoro o da qualunque altra cosa, l'amore è la forza, la cura, la Risposta.

Comprendere in profondità perché l'amore sia un elemento vitale per la guarigione del mondo significa cambiare il modo in cui viviamo le nostre vite, sia dentro che fuori.

Il mio auspicio è che questo libro possa aiutare qualcuno. L'ho scritto con il cuore aperto. Spero che tu lo leggerai con la mente altrettanto aperta.

Marianne Williamson
Los Angeles, California

INTRODUZIONE

Quando siamo venuti al mondo, eravamo programmati in modo perfetto. Avevamo la tendenza naturale a focalizzarci sull'amore. La nostra immaginazione era creativa e prolifica e sapevamo come usarla. Eravamo connessi a un mondo molto più ricco di quello a cui siamo connessi ora, un mondo pieno di magia e di senso del miracoloso.

Cos'è successo dopo? Come mai, raggiunta una certa età, ci siamo guardati attorno e la magia era svanita?

Dipende dal fatto che ci hanno insegnato a focalizzarci altrove. Ci hanno insegnato a pensare in modo innaturale. Ci hanno insegnato una filosofia molto negativa, una visione del mondo in contraddizione con quello che siamo.

Ci hanno insegnato a pensare a cose come la competizione, la lotta, la malattia, la limitatezza delle risorse, le restrizioni, il senso di colpa, la cattiveria, la morte, la scarsità e la perdita. Abbiamo iniziato a pensare a queste cose e di conseguenza a conoscerle. Ci hanno insegnato che i voti, i risultati, il denaro e la determinazione sono più importanti dell'amore. Ci hanno insegnato che siamo separati dagli altri, che dobbiamo competere per progredire, che non siamo bravi abbastanza. Ci hanno insegnato a vedere il mondo così come lo vedono gli altri. È come se, appena giunti sulla Terra, ci avessero dato un sonnifero. Il pensiero del mondo non basato sull'amore ha iniziato a riempirci le orecchie fin dall'istante in cui abbiamo toccato terra.

Siamo nati con l'amore, ma una volta giunti nel mondo abbiamo appreso la paura. Il viaggio spirituale consiste nella rinuncia della paura, nel disimpararla, nella nuova accettazione dell'amore. L'amore è il principio fondamentale della vita. È la nostra realtà ultima e il nostro scopo sulla Terra. Esserne consapevoli, sperimentare l'amore dentro di noi e negli altri, è il significato dell'esistenza.

Il suo significato non sta nelle cose, ma dentro di noi. Quando attribuiamo valore a cose che non rappresentano l'amore (il denaro, la macchina, la casa, la fama), amiamo ciò che non può amarci a sua volta. Cerchiamo il significato in ciò che ne è privo. Il denaro, di per sé, non significa nulla. Gli oggetti materiali, di per se stessi, non significano nulla. Non è che siano negativi. È che non sono nulla.

Veniamo al mondo per contribuire insieme a Dio alla creazione e alla diffusione dell'amore. La vita indirizzata verso qualsiasi altro traguardo è priva di valore, contraria alla nostra natura e infine dolorosa. È come se ci fossimo persi in un universo parallelo oscuro dove le cose ricevono più amore delle persone. Sopravvalutiamo quello che percepiamo con i sensi fisici e sottovalutiamo quello che sappiamo essere vero nei nostri cuori.

L'amore non si vede con gli occhi, né si sente con le orecchie. I sensi fisici non possono percepirlo; esso viene recepito attraverso un altro tipo di visione. I metafisici lo chiamano Terzo Occhio, i cristiani esoterici lo definiscono come la visione dello Spirito Santo e altri lo chiamano Sé Superiore. A prescindere da come venga chiamato, l'amore necessita di una "capacità visiva" diversa rispetto a quella a cui siamo abituati: un modo diverso di conoscere e pensare. L'amore rappresenta la conoscenza intuitiva del cuore. È un "mondo al di là" che tutti noi segretamente aneliamo. Un'antica reminiscenza di questo amore aleggia in noi costantemente e ci invita a ritornare.

L'amore non è materia. È energia. È la sensazione che si prova in una stanza, in una situazione, con una persona. Il denaro non può comprarlo. Il sesso non lo garantisce. Non ha nulla a che vedere con il mondo fisico, ma ciononostante può essere espresso concretamente. Lo sperimentiamo attraverso la gentilezza, il dare, la pietà, la compassione, la pace, la gioia, l'accettazione, l'assenza di giudizio, l'unione e l'intimità.

La paura è la mancanza di amore, il nostro inferno individuale e collettivo. È un mondo che sembra premere contro di noi sia da dentro che da fuori, continuando a offrirci false testimonianze sull'inutilità dell'amore. La paura si esprime attraverso la rabbia, l'offesa, la malattia, il dolore, l'avidità, la dipendenza, l'egoismo, l'ossessione, la corruzione, la violenza e la guerra.

L'amore è dentro di noi. Non può essere distrutto, può solo venire nascosto. Il mondo che conoscevamo da bambini è ancora sepolto nella mente. Una volta ho letto un bellissimo libro intitolato *Le nebbie di Avalon*, allusione mitologica ai racconti di Re Artù. Avalon è un'isola magica nascosta dietro a una cortina di nebbia impenetrabile. A meno che la nebbia non si alzi, non c'è modo di navigare verso l'isola. Ma se non credi all'esistenza dell'isola, le nebbie non si diraderanno mai.

Avalon simboleggia il mondo dietro al mondo che vediamo con gli occhi del corpo. Rappresenta il senso miracoloso delle cose, il regno incantato che conoscevamo da bambini. Il sé infantile è il livello più profondo del nostro essere. Descrive chi siamo davvero, ciò che è reale e che non può sparire. La verità non smette di essere tale solo perché non la guardiamo. L'amore si ricopre di nuvole, oppure viene circondato dalle nebbie della mente.

Avalon è il mondo che conoscevamo quando ancora eravamo connessi alla nostra dolcezza, all'innocenza, allo spirito. È lo stesso mondo in cui viviamo adesso, ma a differenza di questo, esso si fonda sull'amore, esprime gentilezza, speranza, fiducia e un senso di meraviglia. Possiamo ritrovarlo facilmente perché siamo noi a scegliere quali sensazioni vivere. La nebbia si dirada se crediamo che Avalon si nasconda dietro la sua coltre.

Il miracolo è proprio questo: il diradarsi della nebbia, un cambiamento nella percezione, un ritorno all'amore.

PRIMA PARTE
PRINCIPI

CAPITOLO 1
Inferno

"Non c'è posto per l'inferno in un mondo in cui l'amore può essere tanto forte e inclusivo da trovarsi a un passo dal Paradiso."

I brani tra virgolette doppie sono citati direttamente da Un corso in miracoli. *Quelli invece tra virgolette singole sono interpretazioni parafrasate del libro.*

M.W.

1. L'OSCURITÀ

"Il viaggio attraverso la tenebra è stato lungo e crudel e tu lo hai vissuto in profondità."

La mia generazione non è mai cresciuta. Il problema non è che siamo persi o apatici, narcisisti o materialisti. Il problema è che siamo terrorizzati.

In molti sanno di avere quel che serve: l'aspetto, l'educazione, il talento, le credenziali. Ma in alcuni ambiti siamo paralizzati. Siamo bloccati da qualcosa che viene da dentro e non da fuori. La nostra oppressione è tutta interiore. Non è il governo a trattenerci, o la fame o la povertà. Non abbiamo paura di essere spediti in Siberia. Abbiamo solo paura, punto. La nostra paura fluttua liberamente. Abbiamo paura che la relazione che viviamo non sia giusta, oppure temiamo il contrario. Abbiamo paura di fallire o di avere successo. Abbiamo paura di morire giovani oppure di diventare vecchi. Abbiamo più paura della vita che della morte.

Saresti indotto a credere che proviamo compassione per noi stessi, avvinti come siamo dalle catene dell'emotività, ma non è così. Siamo disgustati da noi stessi perché pensiamo che a questo punto della vita avremmo dovuto fare di meglio. A volte compiamo l'errore di credere che gli altri non vivano la nostra stessa paura, idea che ci terrorizza ancora di più. Forse sanno qualcosa che noi ignoriamo. Forse ci manca qualche cromosoma.

È tipico di questi tempi incolpare i genitori di tutto. Pensiamo che la nostra autostima sia così bassa a causa loro. Se solo fossero stati diversi traboccheremmo di amore per noi stessi. Ma se osservi da vicino il modo in cui i nostri genitori ci hanno educati, i maltrattamenti che possono averci inflitto non sono niente se paragonati a quelli che imponiamo a noi stessi oggi. È vero che tua madre potrebbe aver ripetuto spesso: "Non sarai mai capace di fare quella cosa, tesoro." Ma ora sei tu a dire a te stesso: "Sei un idiota. Non ne fai una giusta. Hai mandato tutto all'aria. Ti odio." Loro possono anche esseri stati meschini, ma noi siamo maligni.

La nostra generazione è scivolata in un vortice di autodisprezzo nel quale si nasconde. Siamo costantemente alla disperata ricerca di una via d'uscita, attraverso la crescita o la fuga. Pensiamo che un titolo di studio, un lavoro, un seminario, un terapeuta, una relazione, una dieta o un progetto possano aiutarci. Ma troppo spesso la cura non sortisce l'effetto desiderato e le catene si stringono e appesantiscono sempre di più. Sono sempre le stesse telenovelas trasmesse con personaggi diversi in città diverse. Ci rendiamo conto di essere noi stessi il problema, ma non sappiamo cosa fare. Non siamo forti abbastanza da prendere il sopravvento. Boicottiamo e distruggiamo ogni cosa: la carriera, le relazioni, persino i nostri figli. Beviamo. Ci droghiamo. Controlliamo ogni cosa, siamo ossessionati e dipendenti. Mangiamo in modo esagerato. Ci nascondiamo. Siamo aggressivi. Il modo in cui ci affliggiamo è irrilevante. Possiamo trovare tantissime strade per esprimere odio verso noi stessi.

In qualche modo lo esprimeremo questo odio. L'energia emotiva deve pur andare da qualche parte, e il disprezzo di sé è un sentimento molto forte. Rivolto all'interno, diventa il nostro inferno personale: dipendenza, ossessione, compulsione, depressione, relazioni violente, malattia. Riflesso all'esterno, diventa il nostro inferno collettivo: violenza, guerra, crimine, oppressione. Ma è sempre il medesimo meccanismo: anche l'inferno risiede in diversi luoghi.

Ricordo che anni fa ero perseguitata da un'immagine mentale che mi spaventava a morte. Vedevo una ragazzina dolce e innocente, con indosso un candido grembiule di cotone, che urlava con le spalle al muro mentre una donna malvagia e isterica la pugnalava ripetutamente al cuore. Sospetto che entrambi i personaggi fossero una rappresentazione di me stessa e che vivessero dentro la mia testa sotto forma di forze psichiche. Con il passare degli anni la mia paura per quell'immagine aumentò. Era attiva nel mio sistema. Era del tutto fuori controllo e sentivo che voleva uccidermi.

Caddi in una profonda disperazione e cercai diverse vie per uscire dal mio inferno personale. Lessi libri su come la mente crei le nostre esperienze, sul cervello inteso come bio-computer che rielabora, attraverso il pensiero, tutto quello che immagazziniamo al suo interno. "Pensa in modo vincente e avrai successo", "Aspettati di fallire e succederà", leggevo. Ma a prescindere da quanto lavorassi su me stessa per cambiare i miei pensieri, essi si riproponevano dolorosamente. Segnavo anche dei progressi: mi sforzavo di assumere un atteggiamento più positivo, mi davo una regolata e conoscevo un uomo nuovo, oppure ottenevo un lavoro. Ma ritornavo sempre e comunque agli schemi di autodistruzione: alla fine mi comportavo da stronza con il mio compagno, oppure combinavo qualche casino al lavoro. Perdevo dieci chili e poi li rimettevo su tutti nel giro di cinque minuti, terrorizzata da ciò che avrei provato nel sentirmi bella. La cosa che più mi terrorizzava nel rapporto con gli uomini non era non avere la loro attenzione, ma di averne troppa. L'abitudine all'autosabotaggio era profondamente radicata in me. Certo, potevo cambiare i miei pensieri, ma non in modo permanente. Solo una cosa è peggiore dell'esclamazione "Dio, ho mandato tutto all'aria!", ovvero: "Dio, ho mandato tutto all'aria *un'altra volta*!".

I pensieri dolorosi erano i miei demoni, e i demoni sono insidiosi. Grazie alle svariate tecniche terapeutiche a cui mi sottoposi, divenni molto brava con le mie nevrosi, ma senza riuscire a esorcizzarle. La spazzatura non si smaltiva da sola; diventava soltanto più sofisticata. Di solito parlavo delle mie debolezze usando un linguaggio talmente consapevole che le persone pensavano: "Be', è chiaro che sa quali siano i suoi schemi, quindi non ripeterà più *quella cosa*."

E invece sì, l'avrei rifatta. Riconoscere i miei schemi era solo un modo per distogliere l'attenzione degli altri. Poi sarei esplosa oppure avrei assunto un atteggiamento eccessivo così repentinamente che nessuno, meno di tutti me stessa, avrebbe potuto fare qualcosa impedendomi di compromettere le situazioni. Avrei usato le parole giuste per spingere un uomo a lasciarmi, a picchiarmi, a licenziarmi. In quei momenti, non mi venne mai l'idea di chiedere un miracolo.

Non avrei nemmeno saputo dire cosa fosse un miracolo. Collocavo l'idea nella categoria della spazzatura pseudo-mistico-religiosa. Prima di leggere *Un corso in miracoli,* non sapevo che un miracolo altro non è che un cambiamento nella percezione.

Una volta partecipai a un incontro dove le persone chiedevano a Dio di guarirli dal loro desiderio di bere. Non avevo mai ecceduto in nulla. Non erano la droga o l'alcol il problema; era la mia personalità in generale, era quella donna isterica dentro la mia testa. La mia negatività era tanto distruttiva per me quanto lo era l'alcol per gli alcolizzati. Ero maestra nell'arte di farmi del male. Era come avere una dipendenza dal dolore. Potevo chiedere a Dio di aiutarmi? Mi sovvenne che, proprio come con qualsiasi altra dipendenza, forse un potere superiore al mio sarebbe riuscito a cambiare le cose. Né la mia intelligenza, né la mia forza di volontà erano state capaci di farlo. Comprendere la mia infanzia non era stato sufficiente a liberarmi. Mi ostinavo a pensare che alla fine i problemi se ne sarebbero andati, invece continuavano a peggiorare. Non mi ero sviluppata emotivamente come avrei dovuto e ne ero consapevole. Era come se i circuiti in profondità nel mio cervello si fossero sovrapposti. Come molta gente della mia generazione e della mia stessa cultura, ero uscita di strada molti anni prima e in un certo senso non ero mai cresciuta. Abbiamo avuto il periodo postadolescenziale più lungo della storia. Come chi è vittima di traumi emotivi, dobbiamo tornare indietro di qualche passo per poter andare avanti. Abbiamo bisogno di qualcuno che ci insegni i principi fondamentali.

Per quanto mi riguarda, a prescindere dall'acqua bollente nella quale mi ero immersa, avevo sempre pensato che sarei riuscita a venirne fuori. Ero carina, intelligente, dotata, abbastanza brillante, e se nient'altro avesse funzionato avrei sempre potuto chiamare mio padre e chiedergli dei soldi. Ma alla fine mi infilai in tali e tanti guai da capire che tutto l'aiuto che potevo racimolare non sarebbe mai bastato a risolvere i miei problemi da sola. A quegli incontri continuavo a sentir dire che un potere superiore al mio avrebbe potuto fare per me ciò di cui io non ero capace. Non c'era nient'altro da fare e più nessuno da chiamare. Alla fine la mia paura crebbe al punto che non ce la facevo nemmeno a dire: "Dio, ti prego, aiutami."

2. LA LUCE

"La luce è in te."

Così attraversai questo momento grandioso e drammatico nel quale invitai Dio a entrare nella mia vita. All'inizio ero terrorizzata, ma poi mi lasciai coinvolgere dall'idea.

Dopo di allora, niente più fu come mi aspettavo che fosse. Pensavo che le cose sarebbero migliorate. Era come se la vita fosse la mia casa e immaginavo che Dio le avrebbe dato una bella mano di vernice, forse avrebbe messo anche delle nuove persiane, un portico accogliente, un tetto nuovo. Invece, nell'istante in cui consegnai la casa a Dio, sembrò colpirla con la palla di un demolitore. "Scusa tesoro", pareva dire, "ma c'erano delle crepe nelle fondamenta, per non parlare dei topi in camera da letto. Ho pensato che sarebbe stato meglio ricostruire da zero."

Avevo letto di gente che si era abbandonata a Dio e che aveva sentito una profonda sensazione di pace calare come un mantello sopra le loro spalle. Anch'io ebbi quella sensazione, ma solo per un minuto e mezzo. Dopo di che, fu come se fossi stata colpita. La cosa non mi fece allontanare da Dio, ma mi spinse a rispettarne l'intelligenza. Lui comprendeva la situazione meglio di quanto mi sarei aspettata. Se fossi stata in Dio, anch'io mi sarei colpita. Sentivo più gratitudine che risentimento. Avrei fatto qualunque cosa pur di ricevere aiuto.

Di solito è necessaria una certa dose di disperazione prima di essere pronti per Dio. Quando fu il momento della resa spirituale, non la presi sul serio, fino a che non caddi a ginocchioni. Il caos era totale; niente e nessuno avrebbe potuto far funzionare Marianne di nuovo. La donna isterica che ospitavo dentro era follemente arrabbiata e la bambina innocente bloccata al muro. Caddi a pezzi. Varcai il confine che separa il soffro-dentro-ma-sono-ancora-capace-di-funzionare-normalmente e il regno del caso disperato. Ebbi quello che viene comunemente definito esaurimento nervoso.

Gli esaurimenti nervosi possono rivelarsi occasioni di trasformazione spirituale fortemente sottovalutati. Di certo attirano l'attenzione. Ho visto gente avere mini-esaurimenti anno dopo anno, e ogni volta fermarsi appena prima del dunque. Penso di essere stata fortunata a superare il mio in un colpo solo. Le cose che ho imparato non le dimenticherò mai. Per quanto sia stata un'esperienza dolorosa, ora la vedo come un passo importante, forse addirittura necessario, nel mio cammino verso una vita più felice.

Per dirne una, mi sentii umiliata. Capii chiaramente che 'da sola non sono niente'. Prima di arrivare a ciò, perseveri nel provare tutti i vecchi trucchetti, quelli che non hanno mai funzionato ma che ti ostini a utilizzare. Quando ne hai abbastanza e non ne puoi più, inizi a valutare la possibilità di un metodo migliore. È allora che la tua testa si spacca in due e Dio vi entra dentro.

In quegli anni ebbi l'impressione che il mio cranio fosse esploso in migliaia di pezzetti sparsi nell'universo. Molto lentamente quei pezzetti iniziavano a ricomporsi. Ma mentre il mio cervello veniva messo a nudo, era come se fosse riprogrammato, come se avesse subito un intervento chirurgico. Mi sentivo diversa.

Sono molti coloro che, senza ammetterlo, hanno vissuto questa esperienza. Non si tratta di un fenomeno poco comune. Ma non è un male. In un certo senso è un bene. Fino a quando le ginocchia non sbattono a terra, stai giocando al gioco della vita e hai paura perché sai che si tratta solo di un gioco. Il momento della resa non è quando la vita finisce, ma quando comincia.

Non che quel momento di eureka (l'invocazione di Dio), né i successivi che seguiranno, siano il Paradiso. Hai semplicemente iniziato a salire. Sai che non correrai più in circolo attorno ai piedi della montagna, senza mai arrivare da nessuna parte, sognando la cima senza avere idea del sentiero per raggiungerla. Molte persone hanno bisogno che le cose si mettano davvero male prima di dare una svolta alla loro vita. Quando sei veramente a terra, allora subentra un senso di esaltante liberazione. Ti rendi conto che nell'universo esiste una forza più grande di te, che può fare per te ciò di cui tu non sei capace. All'improvviso, la tua ultima spiaggia ti appare come un'ottima meta.

È buffo: passi tutta la vita opponendoti all'idea che ci sia qualcuno là fuori più intelligente di te, e poi tutto a un tratto sei sollevato dal sapere che esiste davvero. All'improvviso non sei più troppo orgoglioso per chiedere aiuto.

Questo significa arrendersi a Dio.

CAPITOLO 2
Dio

"Tu sei in Dio."

1. DIO È LA ROCCIA

"Non esiste né tempo né luogo in cui Dio sia assente."

Ci sono stati momenti nella mia vita, e accadono ancora oggi, benché siano più un'eccezione che la regola, in cui sentivo che la tristezza mi avrebbe sopraffatto. Qualcosa non evolveva come avrei voluto, oppure mi trovavo in conflitto con qualcuno, o ancora avevo paura di quello che sarebbe potuto accadere o meno in futuro. Può essere dura sopportare la vita in quei momenti e la mente inizia la sua eterna ricerca di una via di fuga dal dolore.

Ciò che ho imparato da *Un corso in miracoli* è che il cambiamento che cerchiamo è dentro alle nostre teste. Gli eventi sono soggetti a continui mutamenti. Un giorno la gente ti ama; quello dopo ti prende di mira. Un giorno le cose scorrono lisce come l'olio; quello dopo regna il caos. Un giorno ti senti una persona in gamba; quello dopo senti di essere un completo fallimento. Questi cambiamenti nella vita accadono continuamente; fanno parte dell'esperienza umana. Ciò su cui possiamo intervenire, tuttavia, è il modo in cui li percepiamo. La trasformazione della nostra percezione è un miracolo.

Esiste un racconto biblico in cui Gesù dice che possiamo costruire la nostra casa sulla sabbia o sulla roccia. La casa rappresenta la nostra stabilità emotiva. Se la costruiamo sulla sabbia, i venti e le piogge possono abbatterla. Una telefonata mancata e andiamo in pezzi; una tempesta e la casa crolla.

Se la nostra casa è costruita sulla roccia, allora è solida e resistente e le intemperie non possono distruggerla; non siamo così vulnerabili ai drammi passeggeri della vita. La nostra stabilità poggia su qualcosa di più duraturo del clima del momento, qualcosa di permanente e forte. Facciamo affidamento su Dio.

Non avevo mai pensato che contare su Dio significasse contare sull'amore. Avevo sentito dire che Dio fosse amore, ma non avevo colto cosa significasse esattamente.

Quando iniziai a studiare *Un corso in miracoli*, scoprii quanto segue.

Dio è l'amore dentro di noi.

Sta a noi scegliere se "seguirLo" e pensare con amore.

Se decidiamo di amare, o di permettere alla nostra mente di essere tutt'uno con Dio, la vita sarà serena. Se ci allontaniamo dall'amore subentrerà il dolore.

Amare o chiudere i nostri cuori all'amore è una scelta che compiamo ogni giorno.

2. L'AMORE È DIO

"L'amore non vince ogni cosa, ma le aggiusta tutte."

L'amore preso sul serio è un punto di vista radicale, un allontanamento significativo dall'orientamento psicologico che governa il mondo. È minaccioso non perché sia un concetto limitato, ma per la sua enormità.

Per molte persone, Dio è un'idea terrificante. Chiedere aiuto a Dio non è molto confortante se pensiamo che Lui sia qualcosa al di fuori di noi, capriccioso e giudicante. Dio è amore. Siamo stati creati a Sua immagine, il che significa che siamo estensioni del Suo amore. Ecco perché siamo chiamati Figli di Dio.

Pensiamo di essere stati noi ad aver ideato Dio, invece è il contrario. Il Corso dice che abbiamo un 'problema di autorialità'. Invece di accettare di essere creature amorevoli da Lui generate, ci arroghiamo l'idea di esserci creati da soli, e quindi di aver creato Dio. Visto che siamo *noi* a essere pieni di rabbia e pregiudizi, abbiamo proiettato su di Lui queste caratteristiche. Abbiamo creato un Dio a *nostra* immagine. Ma Dio resta ciò che è ed è sempre stato: l'energia, il pensiero dell'amore incondizionato. Non può pensare con rabbia, né giudicare; Egli è pietà, compassione e totale accettazione. Siamo noi ad avere dimenticato tutto questo e ad aver scordato chi siamo.

Iniziai a pensare che concepire l'amore seriamente sarebbe stata una trasformazione totale nel mio modo di pensare. *Un corso in miracoli* si autodefinisce un 'allenamento mentale' per abbandonare un sistema di idee basato sulla paura e accettarne uno basato sull'amore. Ora, dopo più di dieci anni dall'avvio del mio studio, la mia mente difficilmente potrebbe essere presa come pietra di paragone di una percezione pura e santa. Non fingo di assumere una prospettiva amorevole in ogni situazione della vita, ma di una cosa sono sicura: quando lo faccio, la vita funziona meravigliosamente; quando non lo faccio, tutto resta bloccato.

Per poter amare in modo puro, dobbiamo rinunciare al nostro vecchio modello di pensiero. Per la maggior parte di noi è difficile rinunciare a qualsiasi cosa. Ci ostiniamo a concepire la rinuncia come una specie di fallimento, qualcosa che fai quando perdi una battaglia. Ma la rinuncia spirituale, per quanto passiva, non è segno di debolezza. In verità è un segno di forza: bilancia la nostra aggressività. Benché l'aggressività non sia negativa (è il cuore della creatività), deve essere mitigata dall'amore per poter produrre armonia e non violenza. La mente separata da Dio ha dimenticato come sintonizzarsi sull'amore prima di aprirsi al mondo. Senza amore le nostre azioni sono isteriche. Senza amore non abbiamo saggezza.

Arrendersi a Dio significa lasciarsi andare e amare. Affermare che l'amore è la nostra priorità, significa utilizzare il potere di Dio. Non è una metafora; è un dato di fatto. Utilizziamo letteralmente la nostra mente per creare con Lui. Attraverso una decisione, il riconoscimento consapevole dell'importanza dell'amore e della nostra disponibilità a sperimentarlo, "invochiamo un potere superiore". Mettiamo da parte i nostri abituali modelli mentali e permettiamo che vengano sostituiti da una percezione diversa, più gentile. È ciò che significa consentire a un potere più grande di noi di dirigere la nostra vita.

Una volta compreso che Dio è amore, capiamo anche che seguire Dio significa semplicemente seguire i dettami dell'amore. L'ostacolo successivo che dobbiamo affrontare è chiederci se l'amore sia o meno una cosa saggia da seguire. La domanda non è più: "Cos'è Dio?". La domanda che ci facciamo ora è: "Cos'è l'amore?".

L'amore è energia. Anche se non si tratta di qualcosa che possiamo provare con i sensi fisici, la gente di solito riconosce quando lo prova e quando no. Sono pochissime le persone che sentono abbastanza amore nelle loro vite perché il mondo ormai ne è privo. È difficile per noi immaginare un mondo in cui tutti si amino costantemente. Non ci sarebbero guerre perché non litigheremmo tra noi. Non ci sarebbe la fame perché ci nutriremmo l'un l'altro. L'ambiente non si logorerebbe perché ameremmo troppo noi stessi, i nostri figli e il Pianeta per distruggerli. Non ci sarebbero pregiudizi, oppressioni né violenze di alcun tipo. Non ci sarebbe sofferenza. Ci sarebbe solo pace.

Non ce ne rendiamo conto, ma la maggior parte del genere umano è composto da persone violente, non necessariamente in senso fisico, ma emotivo. Siamo stati cresciuti in un mondo che non mette l'amore al primo posto; e dove manca l'amore subentra la paura. La paura sta all'amore come l'oscurità sta alla luce. Significa che manca qualcosa di fondamentale per sopravvivere. Ci troviamo in un posto dove si scatena l'inferno.

Se i bambini non vengono accuditi, possono ammalarsi o persino morire. È universalmente riconosciuto che i bambini hanno bisogno di amore, ma a quale età si ritiene che le persone smettano di averne bisogno? Non smettiamo mai. Abbiamo bisogno d'amore per essere felici, così come necessitiamo dell'ossigeno per vivere.

3. SOLO L'AMORE È REALE

"Dio non è l'autore della paura. Tu lo sei."

Il problema del mondo è che ci siamo distaccati da Dio, che ci siamo allontanati dall'amore. Secondo *Un corso in miracoli,* questa separazione è avvenuta milioni di anni fa. Ma la rivelazione importante, il punto cruciale del Corso, è che in verità non è affatto accaduta.

L'introduzione a *Un corso in miracoli* afferma:

"Il Corso può essere riassunto così:
niente di ciò che è reale può essere minacciato.
Niente di irreale esiste.
Qui risiede la pace di Dio."

Il che significa:

1. l'amore è reale. È una creazione eterna e niente può distruggerlo;
2. tutto quello che non è amore è un'illusione;
3. ricordalo, e sarai in pace.

Un corso in miracoli afferma che solo l'amore è reale: "L'opposto dell'amore è la paura, ma ciò che abbraccia ogni cosa non può avere un opposto." Se pensiamo con amore, stiamo letteralmente creando con Dio. Quando non pensiamo con amore, dal momento che solo l'amore è reale, allora non stiamo pensando affatto. Stiamo avendo delle allucinazioni. E questo è il nostro mondo: un ammasso di allucinazioni, dove la paura sembra più reale dell'amore. La paura è un'illusione. La nostra follia, la paranoia, l'ansia e i traumi sono tutte cose letteralmente *immaginate.* Il che non significa che per noi, in quanto esseri umani, non esistano. Ci sono. Ma la paura non è la nostra realtà ultima, e non sostituisce la verità di chi siamo davvero. Il nostro amore, che è il nostro vero sé, non muore, sprofonda semplicemente sottoterra.

Il Corso insegna che la paura non è altro che un brutto sogno. È come se la mente fosse stata divisa in due: una parte è in contatto con l'amore, l'altra tende verso la paura. La paura crea una specie di universo parallelo dove ciò che è irreale sembra reale, e viceversa.

L'amore allontana il peccato e la paura, come la luce scaccia l'oscurità. Il passaggio dalla paura all'amore è un miracolo. Non aggiusta le cose materiali della vita; affronta i problemi alla radice, cioè della nostra coscienza. L'unico vero problema è la mancanza di amore. Affrontare le avversità del mondo su qualsiasi altro livello è un palliativo temporaneo: una riparazione, ma non una guarigione; un trattamento del sintomo, non una cura.

I pensieri sono come i dati in un computer, visualizzati sullo schermo della tua vita. Se non ti piace quello che vedi sullo schermo, non serve a niente cercare di eliminare i dati da lì. Il pensiero è la Causa; l'esperienza è l'Effetto. Se non ti piacciono gli effetti che vedi nella tua vita, devi cambiare il tuo modo di pensare.

L'amore pensato produce amore vissuto. Questo significa il Paradiso.

La paura pensata produce paura vissuta. Questo significa l'inferno.

Cambiare il modo di pensare determina un cambiamento anche in ciò che viviamo. Dire: "Dio, salvami dall'inferno", significa dire "Dio, salvami dai miei pensieri pieni di paure." L'altare a Dio è la mente umana. "Dissacrare" questo altare significa riempirlo di pensieri privi di amore.

Adamo ed Eva erano felici fino a che lei "ha mangiato il frutto della consapevolezza del bene e del male". Il che significa che tutto era perfetto fino a che non hanno imparato a chiudere i loro cuori, a dire: "Ti amo solo se fai questo, ma non se fai quest'altro", oppure "Accetto questa parte di te, ma non quest'altra." Chiudere il cuore significa distruggere la pace perché è un atteggiamento alieno alla nostra natura. Ci deforma e ci trasforma in ciò che non siamo.

Freud definì la nevrosi come la separazione dal sé, ed è proprio così. Il nostro vero sé è l'amore che abbiamo dentro. È il "figlio di Dio". Il sé pieno di paure è un impostore. Il ritorno all'amore è il grande dramma cosmico, è il viaggio personale dalla falsa apparenza al sé, dal dolore alla pace.

A me le cose sono andate in questo modo. Mi ero messa in guai terribili e ricordo che tutto ciò di cui avevo bisogno era un miracolo, 'un cambiamento di prospettiva'. Esclamavo: "Dio, ti prego, aiutami. Guarisci la mia mente. Per quanto i miei pensieri si siano allontanati dall'amore (se sono dispotica, manipolatrice, avida, ambiziosa) al di là di tutto questo sono disposta a vedere le cose in modo diverso. Amen."

Così l'universo ascoltò la mia preghiera e "Ding!", ottenni il mio miracolo. Le relazioni si trasformarono, i problemi si risolsero. Ma poi tornai a vivere gli stessi pensieri paurosi che mi avevano messa in ginocchio precedentemente, e ripetei il medesimo schema. Fui coinvolta in una specie di incidente emotivo, finii ancora una volta a terra, chiesi di nuovo aiuto a Dio e tornai per l'ennesima volta alla pace e alla sanità.

Alla fine, dopo aver rivissuto molte volte lo stesso tormentato scenario, dissi a me stessa: "Marianne, la prossima volta che ti ritroverai in ginocchio perché non ci *resti*?". Perché non restiamo nel regno della risposta invece che tornare sempre in quello del problema? Perché non cercare un livello di consapevolezza dove non *creiamo* di continuo i nostri problemi? Non accontentiamoci di una nuova relazione, un nuovo lavoro, un nuovo corpo. Chiediamo un mondo nuovo. Chiediamo una vita nuova.

Quando fui del tutto a terra e capii cosa significava sentirsi sinceramente mortificati, mi aspettai quasi di sentire la rabbia o il disprezzo di Dio. Invece, fu come se sentissi dire da una voce dolce: "Possiamo cominciare adesso?". Fino a quel momento, mi ero nascosta dal mio amore e opponevo resistenza alla mia stessa vita. Il ritorno all'amore non è la fine della vita, ma l'inizio. È il ritorno a chi sei davvero.

CAPITOLO 3
Tu

"Il Pensiero che Dio ha di te è come una stella, immutabile nel cielo sempiterno."

1. IL TUO IO PERFETTO

"Ancora una volta, niente di ciò che pensi, desideri o fai è necessario per stabilire il tuo valore."

Tu sei un figlio di Dio. Sei stato plasmato in un lampo accecante di creatività, un pensiero primordiale nel quale Dio ha esteso se stesso nell'amore. Tutto quello che hai accumulato da lì in poi è inutile.

Quando Michelangelo si sentì chiedere come facesse a creare una scultura, rispose dicendo che la statua esisteva già nel marmo. Dio stesso aveva creato *la Pietà, il David, il Mosè*. Il lavoro di Michelangelo, secondo il suo punto di vista, consisteva nell'eliminazione del marmo in eccesso che circondava la creazione divina.

Lo stesso vale per te. L'Io perfetto non è qualcosa che devi creare, perché questo lo ha già fatto Dio. Il tuo lavoro consiste nel permettere allo Spirito Santo di rimuovere i pensieri carichi di paura che lo circondano, proprio come l'eccesso di marmo circondava la statua perfetta di Michelangelo.

Ricordare di essere parte di Dio, di essere amato e amabile, non è segno di arroganza ma di umiltà. Pensare di essere qualsiasi altra cosa è arrogante, perché implica che sei altro rispetto alla creazione di Dio.

L'amore è immutabile e così sei tu. Niente di ciò che hai fatto o che farai può intaccare la tua perfezione agli occhi di Dio. Ai Suoi occhi tu appari meritevole per quel che sei e non per quel che fai. Ciò che fai o non fai non determina il tuo valore essenziale; forse incide sul tuo sviluppo, ma non sul tuo valore. Ecco perché Dio ti approva e accetta completamente, così come sei. Che cosa dovrebbe disprezzare? Non sei stato creato nel peccato; sei stato creato nell'amore.

2. LA MENTE DIVINA

"Dio in persona ha illuminato la tua vita e continua a farlo con la Sua Luce perché la Sua Luce è la tua mente."

Lo psicologo Carl Jung introdusse la nozione di "inconscio collettivo", una struttura mentale innata che abbraccia le forme del pensiero universale di tutta l'umanità. La sua idea era che in profondità, nella tua mente e nella mia, si trova un livello condiviso. Il Corso fa un passo ulteriore e afferma che scendendo abbastanza in profondità scopriamo di avere tutti la *stessa mente*. Il concetto di una mente divina o di "Cristo" significa che al centro, in profondità, non solo siamo identici, ma siamo in effetti lo stesso essere. Affermare che "Esiste un solo Figlio unigenito", non significa che solo alcuni ne sono coinvolti. Significa che lo siamo tutti. Siamo solo un tutt'uno.

Siamo come i raggi di una ruota che si irradiano dallo stesso centro. Se ci definisci in base alla posizione sul cerchione, sembriamo separati e distinti l'uno dall'altro. Ma se ci identifichi in base al punto di partenza, alla sorgente (il centro della ruota), siamo una sola identità condivisa. Se scavi a fondo nella tua mente e nella mia, l'immagine è la stessa: alla base di tutto, ciò che siamo è amore.

La parola "Cristo" è un termine psicologico. Nessuna religione detiene il monopolio della verità. Cristo si riferisce al filo comune dell'amore divino ed è il fulcro e l'essenza di ogni mente umana.

L'amore in uno di noi è l'amore in ciascuno. 'Non esiste un luogo dove Dio finisce e cominci tu', né uno dove tu finisci e io comincio. L'amore è energia, un continuum infinito. La tua mente si estende nella mia e in quella di ciascuno. Non resta conchiusa nel tuo corpo. *Un corso in miracoli* ci paragona a 'raggi del sole' che pensano di essere separati, o a onde che pensano di essere divise dall'oceano. Proprio come un raggio di sole non può separarsi dal sole, e un'onda non può separarsi dall'oceano, noi non possiamo separarci l'uno dall'altro. Siamo parti di un vasto mare d'amore, una mente divina indivisibile. È una verità assoluta, solo che ce ne dimentichiamo. Ci identifichiamo con l'idea di un piccolo sé separato invece che con l'idea di una realtà condivisa con gli altri.

Non sei quello che pensi di essere. Non sei contento? Non sei i tuoi voti, né le tue credenziali, o il tuo curriculum, o la tua casa. Non siamo affatto queste cose. Siamo esseri sacri, cellule individuali nel corpo di Cristo. *Un corso in miracoli* ci ricorda che il sole continua a splendere e che l'oceano continua a fluire, inconsapevoli del fatto che una frazione della loro identità ha dimenticato ciò che è. Noi siamo esattamente come ci ha creati Dio. Siamo uno, siamo l'amore stesso. "Accettare Cristo" non è altro che un cambiamento nella percezione di sé. Ci svegliamo dal sogno che ci vuole creature finite e isolate e riconosciamo di essere spiriti magnifici infinitamente creativi. 'Ci svegliamo dal sogno di essere deboli e accettiamo che il potere dell'universo risieda dentro di noi.' Molti anni fa, pensai che dovevo essere assai potente per riuscire a incasinare tutto quello che toccavo, ovunque andassi e con quella sorprendente costanza. Intuivo che doveva esserci un modo per applicare quella forza mentale, allora insita nelle mie nevrosi, in modo più positivo. Gli orientamenti psicologici più comuni di oggi analizzano ciò che ci è oscuro, teorizzando che se ci focalizziamo sulle nostre nevrosi – origini e sviluppi – saremo in grado di spingerci oltre. Le religioni orientali ci dicono che se cerchiamo Dio, abbandoneremo tutto quello che non coincide autenticamente con noi stessi. Cerca la luce, e l'oscurità svanirà. Focalizzarsi su Cristo significa concentrarsi sulla bontà e sul potere insito in noi, al fine di manifestarli ed esprimerli. Viviamo la vita sulla quale ci focalizziamo. Mantenere un focus costante sull'oscurità ci porta, come individui e collettivamente, sempre più nell'oscurità. Focalizzarci sulla luce ci porta nella luce.

"Accetto il Cristo dentro di me", significa "accetto la bellezza dentro di me che è ciò che sono davvero. Io non sono la mia debolezza. Non sono la mia rabbia. Non sono la mia meschinità. Sono molto ma molto di più. E sono disposto a ricordarmi chi sono davvero."

3. L'EGO

"L'ego è letteralmente un pensiero di paura."

Da bambini ci hanno insegnato a essere "bravi", il che implicava ovviamente che non lo eravamo. Ci hanno insegnato che eravamo bravi se mettevamo in ordine la nostra stanza, o se prendevamo buoni voti. A pochissimi è stato insegnato che siamo già *essenzialmente* bravi e buoni. Pochissimi di noi hanno ricevuto un'approvazione incondizionata e la sensazione di essere preziosi in virtù di quel che *siamo* e non di quello che *facciamo*. E questo non perché siamo stati cresciuti da dei mostri, ma da persone che a loro volta sono state educate allo stesso modo. A volte, infatti, sono state proprio le persone che più ci amavano a considerare come loro responsabilità quella di abituarci a lottare.

Perché? Perché il mondo così com'è è duro e loro volevano che noi facessimo bene. Dovevamo diventare folli quanto il mondo per trovare il nostro posto. Dovevamo farcela, prendere buoni voti, entrare ad Harvard. Quel che è strano è che assumendo quel punto di vista non abbiamo imparato la disciplina, ma abbiamo contribuito a spostare da dentro a fuori il nostro senso di potere. Abbiamo perso il senso stesso del nostro potere. Abbiamo appreso la paura di non essere abbastanza bravi.

La paura non favorisce l'apprendimento. Ci deforma. Ci blocca. Ci rende nevrotici. Nell'adolescenza molti di noi sono stati rovinati. Il nostro amore, i nostri cuori, il nostro vero sé sono stati costantemente sviliti sia dalle persone che non ci amavano che dai nostri affetti. Senza amore abbiamo iniziato, lentamente ma inesorabilmente, a cadere a pezzi.

Anni fa dissi a me stessa di non preoccuparmi del male. Ricordo di aver pensato che il Pianeta non era perseguitato e che le forze del male esistevano solo nella mia mente. Poi ho capito che non era affatto una buona notizia. Dal momento che ogni pensiero crea esperienza, non potevano trovarsi in un posto peggiore. Malgrado sia vero che là fuori non ci sia il maligno pronto ad afferrare le nostre anime, c'è però una tendenza nelle nostre menti, che può essere sorprendentemente forte, a percepire senza amore l'esistenza che ci circonda.

Dal momento che ci hanno insegnato fin da piccoli che siamo esseri separati e limitati, abbiamo serie difficoltà quando si parla di amore. L'amore suona per noi come un vuoto che minaccia di sopraffarci e questo perché in un certo senso lo è e lo fa. Sommerge il nostro piccolo sé, il nostro solitario senso di separatezza. Dal momento che crediamo di essere quella separatezza, sentiamo che senza moriremmo. In realtà, quello che morirebbe è la mente spaventata, mentre l'amore dentro di noi avrebbe finalmente la possibilità di respirare.

Secondo la terminologia del Corso, la rete di tutte le nostre percezioni piene di paure derivanti dalla falsa convinzione della nostra separazione da Dio e dagli altri si chiama ego. La parola ego qui viene usata diversamente rispetto all'uso che se ne fa nella moderna psicologia. Viene impiegata allo stesso modo dei greci, per esprimere l'idea di un sé piccolo e separato. È una falsa credenza su noi stessi, una bugia su chi e cosa siamo davvero. Anche se quella bugia è la nostra nevrosi, e viverla è causa di terribile ansia, è sorprendente quanto ci opponiamo al risanamento della frattura.

Il pensiero separato dall'amore è una profonda aberrazione. È la nostra stessa forza rivolta contro di noi. Nell'istante in cui la mente si allontana dall'amore (quando 'il Figlio di Dio dimentica di ridere'), si manifesta un mondo fatto solo di illusioni. *Un corso in miracoli* chiama questo momento il nostro "viaggio nella paura" oppure "separazione da Dio".

L'ego ha una pseudo vita tutta sua e, come tutte le forme di vita, lotta duramente per la sopravvivenza. Per quanto la nostra esistenza possa essere insopportabile, dolorosa o persino disperata a volte, la vita che viviamo è l'unica che conosciamo e ci aggrappiamo a ciò che è vecchio e conosciuto piuttosto che esplorare qualcosa di nuovo. Per una ragione o l'altra, la maggior parte di noi è stufa di sé. È incredibile con quanta tenacia ci aggrappiamo a ciò da cui desideriamo essere liberati. L'ego è come un virus nel computer che attacca il sistema centrale. Sembra mostrarci un oscuro universo parallelo, un regno di paura e dolore che non esiste davvero ma che sembra reale. Lucifero era l'angelo più bello del Paradiso prima della caduta. L'ego è l'amore per noi stessi trasformato in odio per noi stessi.

L'ego è come un campo di forza gravitazionale costruito con una miriade di pensieri pieni di paura, che ci allontana dall'amore nei nostri cuori. L'ego è la nostra forza mentale rivolta contro di noi. È intelligente come noi e parla in modo suadente come noi, è manipolativo come noi. Ricordi tutto quel parlare del demonio dalla lingua melliflua? L'ego non viene da noi dicendoci: "Ciao, sono il disprezzo che provi per te." Non è stupido, perché noi non lo siamo. Invece, dice cose del tipo: "Ciao, sono il tuo sé adulto, maturo e razionale." Poi continua consigliandoci di badare a noi stessi a spese degli altri. Ci insegna l'egoismo, l'avarizia, il giudizio e la meschinità. Ma, ricorda, siamo un tutt'uno qui: quello che diamo agli altri lo diamo a noi stessi. Ciò che neghiamo agli altri lo neghiamo a noi stessi. In ogni istante, quando scegliamo la paura al posto dell'amore, neghiamo a noi stessi l'esperienza del Paradiso. Nella misura in cui abbandoniamo l'amore, sentiremo che l'amore ha abbandonato noi.

4. SPIRITO SANTO

"Lo Spirito Santo è il richiamo a svegliarsi e a essere felici."

Il potere della mente è di per sé neutrale. È il potere che Dio ci ha donato. 'Abbiamo il libero arbitrio di pensare ciò che vogliamo, ma nessun pensiero è neutrale. Non esistono pensieri oziosi. Tutti i pensieri creano una forma a un certo livello.' Nulla può privarci della nostra creatività. Siamo personalmente responsabili della direzione che le imprimiamo.

Quindi, assumerci la responsabilità delle nostre vite significa assumere la responsabilità dei nostri pensieri. Pregare Dio di "salvare" le nostre vite significa pregarlo di salvarci dai nostri pensieri negativi.

Dal momento che solo Dio esiste, e tutto il resto è illusione, allora gli effetti della mancanza di amore si manifestano solo all'interno delle allucinazioni dell'ego. La parola "peccato" significa percezione priva di amore. È un termine legato alla disciplina del tiro con l'arco. Significa che "hai mancato il bersaglio". Quindi Dio non è arrabbiato per via dei nostri peccati, perché non sono reali. Egli non vede peccati, ma solo errori di percezione. Egli non vuole punirci ma guarirci, e lo fa tramite la forza della coscienza chiamata Spirito Santo.

Il Corso insegna che lo Spirito Santo nacque nell'istante in cui ebbe origine il primo pensiero di paura. In quanto amore perfetto, Dio corregge tutti gli errori nell'istante in cui si manifestano. Egli non può forzarci a tornare verso l'amore, perché l'amore non esercita costrizioni. Tuttavia crea delle alternative. Lo Spirito Santo è l'alternativa di Dio alla paura.

Lo Spirito Santo è la risposta di Dio all'ego. È "l'eterna connessione comunicativa di Dio con i Suoi Figli separati", un ponte per ritornare ai pensieri positivi, "il grande Trasformatore della Percezione". Spesso ci si riferisce allo Spirito Santo come al "Consolatore". Dio non può farsi strada con la forza dentro ai nostri pensieri, perché ciò significherebbe violare il libero arbitrio. Ma lo Spirito Santo è una forza della coscienza che "ci libera dall'inferno", o dalla paura, ogniqualvolta glielo chiediamo in modo consapevole. Agisce con noi a livello Causale, trasportando i nostri pensieri dalla paura all'amore. Non possiamo invocarlo invano. Essendo una creatura di Dio, è incorporato nel computer. Si presenta sotto molte forme: dalla conversazione con un amico, a un impegnativo cammino spirituale; dai versi di una canzone, a un eccellente terapeuta. È la spinta inesorabile verso la totalità che esiste in noi, a prescindere da quanto siamo disorientati o folli. Qualcosa dentro di noi anela sempre la strada verso casa, e lo Spirito Santo è quel qualcosa.

Lo Spirito Santo ci guida verso una percezione differente della realtà, basata sull'amore. La sua correzione della nostra percezione viene definita Espiazione. Ci ricorda che, in ogni situazione, l'amore che hai donato è reale quanto l'amore che hai ricevuto. Non esiste altro. Qualsiasi altra cosa diversa dall'amore è illusione. Per fuggire dall'illusione e trovare la pace interiore, ricorda che solo l'amore è reale. Il resto è un errore e non esiste. Deve essere dimenticato. Dobbiamo essere consapevolmente disposti a lasciarlo andare.

L'unica cosa che ci manca è la consapevolezza dell'amore. Chiedendo aiuto allo Spirito Santo esprimiamo il desiderio di percepire ciò che ci circonda in modo diverso. Rinunciamo alle nostre personali interpretazioni e opinioni e chiediamo che vengano sostituite con le Sue. Quando soffriamo preghiamo: "Mio Dio, sono disposto a vedere le cose in modo diverso." Rimettere una situazione a Dio significa consegnare a Lui i *pensieri* che la riguardano. Ciò che offriamo a Dio, Egli ce lo rende rinnovato attraverso la visione dello Spirito Santo. Alcune persone credono che se ci arrendiamo a Dio, rinunciamo alla responsabilità personale. Ma è vero il contrario. Ci assumiamo la responsabilità ultima di una situazione quando riconosciamo di essere responsabili dei nostri pensieri a riguardo. Siamo sufficientemente responsabili da sapere che, quando lasciamo fare alla nostra mente, reagiamo istintivamente con la paura. Siamo responsabili abbastanza da chiedere aiuto.

Talvolta la gente pensa che invocare Dio significhi invitare nelle nostre esistenze una forza che renda tutto più roseo. In verità, significa invitare tutto quello che ci costringerà a crescere (e crescere può essere davvero difficile). Lo scopo della vita è progredire verso la perfezione. Quando invochiamo Dio, ciò che poteva farci arrabbiare ci ostacola. Perché? Perché il punto in cui ci apriamo alla rabbia, anziché all'amore, rappresenta il nostro muro. Se sono le situazioni a farci reagire, significa che non abbiamo ancora la capacità di amare in modo incondizionato. È compito dello Spirito Santo attirare la nostra attenzione e aiutarci ad andare oltre.

Le nostre comfort zone sono aree limitate in cui è *facile* amare. È compito dello Spirito Santo non rispettarle e smantellarle. Non raggiungeremo la cima della montagna fino a che esistono comfort zone. L'amore non è tale fino a che non è incondizionato. Non sperimentiamo chi siamo veramente fino a quando non sperimentiamo l'amore perfetto.

Per garantirci l'avanzamento verso l'illuminazione, lo 'Spirito Santo ha un percorso altamente specifico per ciascuno'. Ogni incontro, ogni circostanza può essere usata da Lui per i Suoi fini. Ogni occasione è un tramite tra il nostro perfetto sé cosmico e la nostra follia terrena. Penetra nell'illusione e ci conduce oltre. Usa l'amore per crearne di nuovo e reagisce alla 'paura come richiesta d'amore'.

L'Olocausto non è stato volontà di Dio, né l'AIDS. Entrambi sono i prodotti della paura. Quando invitiamo lo Spirito Santo a discendere in queste situazioni, tuttavia, Egli le sfrutta come opportunità per raggiungere quel livello di amore profondo attraverso il quale tali situazioni vengono sradicate dalla Terra. Lo Spirito Santo ci sfida ad amare più in profondità di quanto abbiamo mai fatto prima.

Se desideriamo davvero una risposta morale all'Olocausto, dobbiamo fare tutto quanto in nostro potere per creare un mondo in cui non possa accadere un'altra volta. Come sa bene ogni individuo pensante, Hitler non ha agito da solo. Non avrebbe potuto fare ciò che ha fatto senza il sostegno di migliaia di persone che, malgrado non condividessero la sua visione malvagia, non possedevano la fibra morale per dire di no. Cosa ci farebbe fare in questo caso lo Spirito Santo? Sebbene non possiamo garantire che non nasca un altro Hitler, possiamo però creare un mondo in cui, anche se dovesse nascere una persona come lui, ci sarebbe così tanto amore che difficilmente qualcuno lo starebbe a sentire o cospirerebbe con lui.

Il cammino spirituale quindi non è altro che il viaggio della nostra vita. Tutti lo percorriamo; la maggior parte della gente però non lo sa. Lo Spirito Santo è una forza nella mente che ci conosce nel nostro stato naturale di perfetto amore (che noi invece abbiamo dimenticato); entra nel mondo della paura e dell'illusione con noi e usa le nostre esperienze terrene per ricordarci chi siamo. Lo fa mostrandoci la possibilità di un fine amorevole in tutto quello che pensiamo e facciamo. Rivoluziona il senso del perché siamo al mondo. Ci insegna a vedere l'amore come la nostra unica funzione. Tutto quello che facciamo nelle nostre vite verrà usato, o interpretato, dall'ego o dallo Spirito Santo. L'ego sfrutta ogni elemento per gettarci sempre più nell'ansia. Lo Spirito Santo sfrutta ogni elemento per condurci verso la pace interiore.

5. ESSERI ILLUMINATI

"L'illuminazione non è altro che un riconoscimento, non un cambiamento."

Sono sempre state persone completamente guarite dallo Spirito Santo. Hanno accettato l'Espiazione. In tutte le religioni ci sono storie di santi e profeti che hanno fatto miracoli. Questo perché quando la mente ritorna a Dio si trasforma in uno strumento del Suo Potere. Il potere di Dio trascende le leggi di questo mondo. Santi e profeti, accettando l'Espiazione, hanno accolto il Cristo dentro di loro. Sono stati purificati dai pensieri di paura e nelle loro menti è rimasto solo l'amore. Questi esseri purificati sono chiamati Illuminati. Luce significa comprensione. "Comprensione" illuminata.

Gli Illuminati non hanno nulla in più di noi. Hanno amore perfetto dentro di loro, esattamente come noi. La differenza è che loro non hanno nient'*altro*. Gli esseri illuminati, 'Gesù e gli altri, esistono in uno stato che per noi è solo potenziale'. La mente di Cristo non è altro che la prospettiva dell'amore incondizionato. Tu e io possediamo la mente di Cristo proprio come Gesù. La differenza è che noi siamo tentati di negarla. Lui invece è al di là di questo. Ogni suo pensiero e azione deriva dall'amore. L'amore incondizionato, o il Cristo dentro di lui, è 'la verità che ci rende liberi', perché è la prospettiva che ci salva dai nostri stessi pensieri di paura.

Gesù e gli altri maestri illuminati sono i nostri fratelli maggiori lungo il percorso evolutivo. In base alle leggi dell'evoluzione, una specie si sviluppa secondo una certa direzione fino a che quello sviluppo non è più utile per la sua sopravvivenza. A quel punto, occorre una mutazione. Malgrado la mutazione non coinvolga la maggioranza delle specie, rappresenta lo strumento adatto per la sopravvivenza. I discendenti da una mutazione rappresentano gli esseri viventi che sopravvivranno.

La nostra specie è in pericolo perché combattiamo troppo. Lottiamo contro noi stessi, l'uno con l'altro, contro il Pianeta e contro Dio. I nostri atteggiamenti infestati dalla paura minacciano la sopravvivenza della specie cui apparteniamo. Una persona piena di amore rappresenta una mutazione evolutiva che genera un essere capace di mettere l'amore al primo posto ed è quindi in grado di creare la situazione adatta per i miracoli. Alla fine, si tratta dell'unica cosa *intelligente* da fare. È l'unica direzione da seguire per favorire la nostra sopravvivenza.

Le mutazioni, quelle illuminate, mostrano il nostro potenziale evolutivo. Segnano la strada da seguire. C'è differenza tra un'indicazione stradale e un sostegno. A volte le persone affermano di non avere bisogno di un sostegno come Gesù. Ma Gesù non è un sostegno; è un maestro. Se vuoi fare lo scrittore, leggi i classici. Se vuoi fare ottima musica, ascolti quella composta dai grandi musicisti del passato. Se vuoi diventare un pittore, è un'ottima cosa studiare i grandi maestri. Se Picasso entrasse nella stanza mentre stai imparando a disegnare e dicesse: "Salve, ho un paio d'ore libere... vorresti qualche consiglio?", gli diresti di *no*?

Lo stesso vale per i maestri spirituali: Gesù, Budda o qualsiasi altro essere illuminato. Il loro modo di usare la mente e il cuore era geniale proprio come Beethoven con la musica, o Shakespeare con le parole. Perché non imparare da loro, seguire il loro esempio, studiare ciò che hanno fatto?

Un corso in miracoli usa la terminologia tradizionale cristiana in modo non tradizionale. Parole quali Cristo, Spirito Santo, salvezza, Gesù ecc., vengono usate per il loro significato psicologico più che religioso. In quanto studiosa e insegnante di *Un corso in miracoli* ho imparato molto sulla resistenza di tanta gente nei confronti dei termini cristiani. Da ebrea, pensavo che solo gli ebrei avrebbero avuto problemi con la parola Gesù. Ma mi sbagliavo. Non sono solo gli ebrei a innervosirsi quando sentono il suo nome. Pronuncia la parola Gesù davanti a un gruppo di cristiani moderati ed è probabile che ci sarà la stessa resistenza all'argomento che troveresti in chiunque altro.

La ragione mi è chiara. Come dice il Corso "di lui è stato fatto un idolo crudele, mentre voleva solo essere fratello del mondo". Molti termini cristiani sono stati usati per creare e perpetuare il senso di colpa, tanto che numerosi sono coloro che hanno deciso di rifiutarli in toto. In diversi casi, infatti, il problema è più evidente tra i cristiani che non tra gli ebrei. Ai bambini ebrei di solito non viene insegnato nulla sui termini cristiani. Invece, per molti bambini cristiani queste parole rappresentano il senso di colpa, la punizione e la paura dell'inferno.

Le parole sono solo parole e se ne possono creare di nuove che sostituiscano quelle che ci feriscono. Nel caso di Gesù, però, il problema non è così semplice. Non ha senso fare finta che il suo nome sia un altro. Respingendo Gesù e il suo nome, come alcuni cristiani tradizionalisti, molte persone hanno fatto di tutta l'erba un fascio. In relazione a *Un corso in miracoli* e ad altre presentazioni esoteriche della filosofia di Cristo, in tanti hanno rifiutato su due piedi tutto il materiale basato su quel linguaggio. Sono caduti in una trappola mentale che nell'Anonima Alcolisti viene chiamata "condanna prima delle indagini".

Anni fa, ero a una cena a New York. L'argomento della conversazione a tavola verteva su un romanzo pubblicato da poco. Qualcuno mi chiese se lo avessi letto. Non l'avevo fatto, ma avevo sfogliato la recensione sul *New York Times*. Mentii e dissi: "Sì." Ero sconvolta dal mio comportamento. Non avevo letto il libro ma possedevo sufficienti informazioni per fingere di averlo letto. Ero disposta a lasciare che l'opinione di qualcun altro parlasse per me.

Poco tempo dopo, pensai a quell'incidente mentre stavo decidendo se leggere o meno un libro che aveva a che fare con Gesù, in effetti proprio *Un corso in miracoli*. Da bambina non me ne avevano mai parlato. Mi era stato detto soltanto che "noi non leggiamo certe cose, tesoro". Ma gli ebrei sono famosi per incoraggiare la crescita culturale dei loro bambini. Mi era stato insegnato (malgrado non lo avessi detto la sera di quella cena) di leggere e pensare con la mia testa, e così feci. Per me, *Un corso in miracoli* non è un libro su Gesù. 'Sebbene gli insegnamenti contenuti nelle sue pagine derivino da lui, è detto molto chiaramente che puoi essere un ottimo studioso del Corso senza essere personalmente legato a lui.'

Il Corso comprende le nostre resistenze ma non le accoglie. È giunto il momento di una grande rivoluzione nella nostra lettura della filosofia di Cristo, e soprattutto nella nostra comprensione di Gesù. La religione cristiana non ha il monopolio sulla figura di Cristo, o su quella di Gesù. Ogni generazione deve riscoprire la verità.

Chi è Gesù? È un simbolo dello Spirito Santo. Essendo stato guarito dallo Spirito Santo, Egli è diventato tutt'uno con Lui. Non è l'unico aspetto assunto dallo Spirito Santo. È *uno* dei suoi volti. Di certo è arrivato in cima alla montagna, ma non è il solo a trovarsi lassù.

Gesù ha vissuto in questo mondo di paura e ha percepito solo amore. Ogni sua azione, parola, pensiero era guidata dallo Spirito Santo invece che dall'ego. Era un essere completamente purificato. Pensare a lui significa pensare e invocare il perfetto amore dentro di noi.

Gesù ha raggiunto la completa attualizzazione della mente di Cristo e Dio gli ha conferito il potere di aiutarci a raggiungere quel posto dentro di noi. Come dice nel Corso: "Sono a capo del processo di Espiazione." Condividendo la visione delle cose di Dio, è diventato egli stesso quella visione. Ci vede come Dio, innocenti e perfetti, amorevoli e amabili, e ci insegna a guardarci nello stesso modo. È così che ci conduce fuori dall'inferno verso il Paradiso. Guardare con i suoi occhi significa espiare i nostri errori di percezione. Questo è il miracolo che compie nelle nostre vite, la luce mistica che ci sprigiona dentro l'anima. Le nostre menti sono state create come altari al figlio di Dio. Egli rappresenta il Figlio di Dio. Adorare Lui è adorare il potenziale di amore perfetto che risiede dentro di noi.

Le fiabe sono allusioni mistiche al potere del sé interiore, tramandate di generazione in generazione. Sono storie di trasformazione. Fiabe quali *Biancaneve* e *La bella addormentata nel bosco* sono metafore della relazione tra l'ego e la mente divina. La matrigna cattiva, che è l'ego, può far addormentare la Bella Addormentata o il Cristo dentro di noi, ma non può distruggerli. Ciò che è stato creato da Dio è indistruttibile. La cosa più distruttiva che può fare è gettare su di noi un incantesimo per far addormentare la bellezza. Ed è quello che fa. Ma l'amore dentro di noi non muore; solo che si assopisce per lungo tempo. In ogni fiaba arriva il Principe Azzurro. Il suo bacio ci ricorda chi siamo e perché siamo venuti al mondo. Il Principe Azzurro è lo Spirito Santo e sopraggiunge in varie forme e travestimenti per risvegliarci con il suo amore. Proprio quando sembra che non ci sia più speranza e che il male abbia trionfato, il nostro Salvatore compare e ci prende tra le braccia. Ha molti volti e uno è quello di Gesù. Non è un idolo, né un sostegno. È il nostro fratello maggiore. È un dono.

CAPITOLO 4
Arrendersi

"Perché nelle mani di Dio non corriamo pericoli...".

1. FEDE

"Non esistono problemi che la fede non possa risolvere."

Cosa succederebbe se credessimo davvero che esista un Dio, un ordine benefico nelle cose, una forza che tiene insieme tutto senza il nostro controllo consapevole? E se potessimo scorgere, nella vita quotidiana, l'azione di questa forza? Cosa succederebbe se credessimo nel suo amore, nella sua cura e nella sua protezione? Cosa succederebbe se credessimo di poterci rilassare?

Il corpo è sempre al lavoro, grazie a un dispiego di meccanismi assemblati in modo geniale ed efficiente, ma che impieghiamo solo in parte. Il cuore batte, i polmoni respirano, le orecchie ascoltano, i capelli crescono. Non dobbiamo fare nulla: succede e basta. I pianeti ruotano attorno al sole, i semi diventano fiori, gli embrioni diventano neonati senza il nostro aiuto. Il loro movimento è inserito in un sistema naturale. Anche tu e io siamo parte integrante di questo sistema. Possiamo lasciare che la stessa forza che fa crescere i fiori diriga la nostra vita, oppure possiamo farlo da soli.

Affidarsi alla forza che muove l'universo significa avere fede. La fede non è cieca ma visionaria. Fede significa credere che l'universo sia dalla nostra parte e che sa quel che fa. La fede è la consapevolezza che esiste una forza che agisce per il bene e che è costantemente in funzione in tutte le dimensioni. I nostri tentativi di dirigere questa forza non fanno altro che interferire con essa. Invece, essere disposti a rilassarci e ad arrenderci alla sua azione le permette di agire per conto nostro. Senza la fede tentiamo freneticamente di controllare ciò che non ci compete e di aggiustare ciò che non abbiamo il potere di aggiustare. Quello che cerchiamo di controllare va molto meglio senza di noi, e quello che cerchiamo di aggiustare non potrebbe comunque essere aggiustato da noi. Senza la fede non facciamo altro che perdere tempo.

Ci sono leggi oggettive che regolano i fenomeni fisici. Prendi la forza di gravità, per esempio, o la legge della termodinamica. Non hai fede nella legge di gravità, ma ci credi.

Esistono anche leggi oggettive e comprensibili di fenomeni non fisici. Questi due insiemi di leggi, che governano sia il mondo esteriore che quello interiore, sono paralleli.

A livello esteriore, l'universo sostiene la nostra sopravvivenza fisica. La fotosintesi nelle piante e nel plancton degli oceani produce l'ossigeno di cui abbiamo bisogno per respirare. È importante rispettare le leggi che regolano l'universo fisico, perché violarle rappresenta una minaccia alla nostra sopravvivenza. Quando inquiniamo gli oceani o distruggiamo la vita delle piante, distruggiamo il nostro sistema di sostentamento e quindi noi stessi.

Anche a livello interiore l'universo sostiene la nostra sopravvivenza, sia dal punto di vista emotivo che psicologico. L'equivalente interiore dell'ossigeno, ciò di cui necessitiamo per sopravvivere, è l'amore. Le relazioni umane esistono per produrre amore. Quando inquiniamo le nostre relazioni con pensieri privi di amore, o quando le roviniamo o le tronchiamo con comportamenti privi di amore, minacciamo la nostra sopravvivenza emotiva.

Quindi le leggi dell'universo non fanno altro che descrivere la realtà. Queste leggi non sono inventate, ma scoperte. Non dipendono dalla fede. Avere fede in esse serve solo a comprendere cosa siano. La violazione di queste leggi non è sintomo della mancanza di bontà, ma di intelligenza. Rispettiamo le leggi della natura al fine di sopravvivere. E qual è la legge interiore suprema? Amarsi l'un l'altro. Perché se non lo facciamo moriremo. Così come la mancanza di ossigeno ci porta a morte certa, lo stesso vale per la mancanza di amore.

2. RESISTENZA

"Mancare di fede significa avere fede nel nulla."

Un corso in miracoli ci dice che 'non esistono persone senza fede'. La fede è un aspetto della coscienza: o abbiamo fede nella paura o nell'amore, fede nel potere del mondo o nel potere di Dio.

Fondamentalmente ci hanno insegnato che è nostro compito di adulti responsabili essere attivi, virili (ottenere il lavoro che vogliamo; assumere il controllo della nostra vita; prendere il toro per le corna). Ci è stato detto che questo è il nostro potere. Pensiamo di essere potenti in virtù di ciò che abbiamo realizzato e non di quel che siamo. Così ci ritroviamo in un circolo vizioso: abbiamo bisogno di realizzare qualcosa per non sentirci incapaci.

Se sopraggiunge qualcuno a suggerirci di seguire la corrente, di lasciarci andare un tantino, diventiamo isterici. Dopo tutto, così come stanno le cose, non stiamo combinando niente. L'ultima cosa che possiamo immaginare è diventare ancora più passivi di quanto non lo siamo già.

L'energia passiva ha una sua forza. Il potere personale deriva dall'unione bilanciata di forze maschili e femminili. L'energia passiva senza la componente attiva diventa pigrizia, ma l'energia attiva senza la componente passiva diventa tirannia. L'energia aggressiva maschile in eccesso è troppo virile, dispotica, squilibrata e innaturale. Il problema è che è proprio questo tipo di energia che ci hanno insegnato a rispettare. Ci è stato inculcato che la vita è fatta per gli uomini forti e così esaltiamo la nostra coscienza maschile che, se non temperata dalla componente femminile, diventa rigida. È così che siamo, uomini e donne. Abbiamo sviluppato una mentalità combattiva. Lottiamo per tutto: il lavoro, i soldi, le relazioni in entrata e in uscita, per perdere peso, per non bere, per farci capire, per far restare qualcuno o per farlo andare via, e avanti così. Non riponiamo mai la spada.

Il luogo femminino della resa che è dentro di noi è passivo. Non *fa* nulla. Il processo spirituale (sia negli uomini che nelle donne), è un processo di femminilizzazione, un abbandono della mente. È la coltivazione del magnetismo personale.

Se hai un mucchio di trucioli di ferro e vuoi disporli in modo che formino delle belle figure, puoi fare due cose.

Puoi usare le dita e cercare di disporli a formare le linee di una ragnatela, oppure puoi comprare un magnete. Il magnete attrarrà i trucioli di ferro e simboleggerà il nostro inconscio femminino, che esercita il suo potere attraverso l'attrazione anziché l'attività.

Questo aspetto femminile attrattivo e ricettivo della nostra coscienza corrisponde allo spazio della resa mentale. Nella filosofia del Tao, yin è il principio femminile che rappresenta le forze della Terra, mentre yang è il principio maschile che rappresenta lo spirito. Se ci si riferisce a Dio con il pronome maschile "Lui", allora l'umanità diventa "Lei". Non è questione di uomo-donna. Riferirsi a Dio come a un principio maschile non calpesta assolutamente le convinzioni femministe. Il nostro sé femminile è importante quanto quello maschile.

Il giusto rapporto tra principio femminile e maschile consiste nella resa del femminile al maschile. Arrendersi non è segno di debolezza o perdita. È una forma potente di non-resistenza. Attraverso l'apertura e la ricettività della coscienza umana, lo spirito può infondersi nelle nostre vite per dare loro significato e direzione. Nella filosofia di Cristo, Maria simboleggia il femminino dentro di noi, gravido di Dio. Il femminino permette questo processo e si realizza arrendendosi a esso. Non è debolezza la sua, è forza. Il Cristo sulla Terra ha come padre Dio e come madre la nostra umanità. Tramite una connessione mistica tra umano e divino diamo alla luce il nostro Sé superiore.

3. RINUNCIARE AI RISULTATI

"Non perderai mai la strada perché è Dio a guidarti."

Quando ci arrendiamo a Dio, ci arrendiamo a qualcosa che è più grande di noi, a un universo che sa quel che fa. Quando smettiamo di cercare di controllare gli eventi, essi tornano a far parte dell'ordine naturale. Noi siamo a riposo quando un potere più grande del nostro prende il sopravvento e fa un lavoro migliore di quello che avremmo potuto fare noi. Dobbiamo imparare a fidarci del fatto che il potere che è in grado di tenere insieme le galassie, possa gestire le circostanze delle nostre piccole vite.

Arrendersi significa, per definizione, rinunciare all'attaccamento ai risultati. Quando ci arrendiamo a Dio non ci occupiamo più di come avvengono le cose all'esterno e ci concentriamo di più su ciò che accade dentro di noi.

L'esperienza dell'amore è una scelta; la decisione di considerare l'amore come il solo scopo e valore reale in qualsiasi situazione. Fino a quando non compiamo questa scelta, continueremo a lottare per ottenere risultati che pensiamo possano renderci felici. Ma tutti abbiamo ottenuto nella vita cose che pensavamo ci avrebbero resi felici, per poi scoprire che in verità non era così. La ricerca esteriore di ciò che serve a completarci ed essere la fonte della nostra felicità, che non è amore, coincide con l'idolatria. Soldi, sesso, potere o qualsiasi altra forma di appagamento terreno ci offrono solo un sollievo temporaneo alla sofferenza esistenziale.

"Dio" significa amore e "volontà" significa pensiero. La volontà di Dio, quindi, è un pensiero saturo d'amore. Se Dio è la fonte di ogni bene, allora anche l'amore dentro di noi lo è. Quando amiamo, comportamenti e attitudini si dispiegano verso un contesto che regala a ogni individuo coinvolto il massimo grado di bene. Non sempre sappiamo che forma assumerà quel dispiegamento, e non siamo nemmeno tenuti a saperlo. Dio farà la sua parte se noi faremo la nostra. Il nostro unico compito è lasciare andare la nostra resistenza all'amore. Quel che succederà poi dipende da Lui. Abbiamo rinunciato al controllo. Lasciamo che sia Lui a guidare. Abbiamo fede nel fatto che Lui sappia come agire.

Si dice che ci siano persone con più fede di altre. È vero che in certe aree, ci arrendiamo con maggior facilità. Prima di tutto, ovviamente, cediamo a Dio le cose che non ci importano granché. A qualcuno non dispiace l'idea di rinunciare all'attaccamento verso i propri obiettivi professionali, ma non riesce a fare a meno delle relazioni romantiche, o viceversa. Dio può benissimo ricevere tutto quello di cui non ci importa granché. Ma se si tratta di qualcosa di molto, molto importante, pensiamo che faremmo meglio a gestirlo di persona. La verità, però, è che quanto più è importante per noi, tanto più dovremmo cederlo a Dio. Ciò a cui si rinuncia viene curato al meglio. Rimettere qualcosa nelle mani di Dio significa affidarlo mentalmente alla protezione e cura dell'universo. Tenerlo per noi significa afferrare, stringere e manipolare. Ci ostiniamo a tenere il forno aperto per vedere se il pane sta cuocendo, ma così facendo otteniamo l'esatto contrario.

Quando siamo attaccati ai risultati, facciamo molta fatica a rinunciare al controllo. Come facciamo a sapere quali risultati cercare di ottenere, quando non sappiamo cosa succederà domani? Che cosa chiediamo? Invece di "Mio Dio, ti prego di farmi innamorare", oppure "Ti prego di farmi avere quel lavoro", dovremmo dire: "Mio Dio, il mio desiderio, la mia priorità è la pace interiore. Voglio vivere l'amore. Non so sotto quale forma giungeranno a me. Rimetto a te l'esito di questa situazione. Mi fido del tuo volere. Sia fatta la tua volontà. Amen."

Pensavo di non potermi rilassare perché Dio aveva cose più importanti a cui pensare della mia vita. Alla fine ho capito che Dio non è capriccioso, ma è piuttosto una forma d'amore impersonale che dura tutta la vita. La mia esistenza è preziosa per Lui, quanto quella di chiunque altro. Arrendersi a Dio è accettare il fatto che ci ami e provveda a noi, perché ama e provvede a tutta l'umanità. Arrenderci non ostacola il nostro potere, lo rafforza. Dio non è altro che l'amore dentro di noi, quindi ritornare a Lui significa ritornare a noi stessi.

4. LA VITA ARRESA

"Santo Figlio di Dio, quando imparerai che solo la santità può darti pace e soddisfazione?".

Rilassarsi, sentire l'amore nel cuore e tenerlo come focus in ogni situazione: questo è il significato della resa spirituale. Ci cambia. Diventiamo più profondi, più attraenti.

Nel buddismo zen c'è un principio chiamato "mente zen" o "mente di principiante". In esso si dice che la mente dovrebbe essere come una ciotola di riso vuota. Se fosse già piena l'universo non potrebbe riempirla. Se è vuota, ha spazio per ricevere. Ciò significa che quando pensiamo di avere già capito tutto, non possiamo apprendere nulla. L'intuizione non può sorgere in una mente che non è aperta a riceverla. Arrendersi è un processo di svuotamento della mente.

Nella tradizione cristica questo è il significato della frase "diventare come un bambino". I bambini non pensano di conoscere il senso delle cose. In effetti, sanno di non conoscerlo. Chiedono a chi è più grande e saggio di spiegarglielo. Siamo come bambini che non sanno, ma, a differenza loro, pensiamo di sapere.

Chi è saggio non pretende di sapere ciò che è impossibile conoscere. Dire: "Non lo so", può essere un'affermazione potenziante. Quando viviamo una situazione senza sapere, c'è qualcosa dentro di noi che lo *fa*. Con la mente conscia 'facciamo un passo indietro cosicché un potere superiore dentro di noi possa balzare in avanti e farci strada'.

Abbiamo bisogno di meno atteggiamenti e più carisma genuino. Carisma, originariamente, era un termine religioso che significava "dello spirito" oppure "ispirato". Si tratta di lasciare risplendere la luce di Dio attraverso noi. Si tratta di una scintilla dentro alle persone che i soldi non possono comprare. È un'energia invisibile dagli effetti evidenti. Lasciare andare, esaurirsi nell'amare non significa confondersi con la tappezzeria. È il contrario: quando lo facciamo iniziamo davvero a brillare. Permettiamo alla nostra stessa luce di splendere.

Siamo stati creati per essere così. Siamo nati per risplendere. Guarda i bambini. Sono unici prima che comincino a *cercare* di essere, perché dimostrano il potere della genuina umiltà. Questa è anche la spiegazione della cosiddetta "fortuna del principiante". Quando ci approcciamo a una situazione senza conoscerne le regole, non fingiamo di sapere tutto e non abbiamo nemmeno idea di cosa temere. Ciò permette alla mente di creare, attingendo al suo potere supremo. Le situazioni ingranano e le luci si accendono solo perché le nostri menti si sono dischiuse per ricevere amore. Ci siamo scostati dalla nostra stessa strada.

L'amore è vantaggioso per tutti, una vibrazione di successo capace di attrarre a sé. Pensiamo che il successo sia qualcosa di difficile da conseguire e così lo diventa davvero. Il successo nella vita non deve includere per forza tensioni negative. Non dobbiamo combattere tutto il tempo. Se ci pensi, la frase "prendere il toro per le corna" descrive un'azione molto pericolosa. Infatti, la tensione provocata dall'ambizione limita la nostra capacità di avere successo perché ci tiene in uno stato di agitazione emotiva e fisica. Sembra infonderci energia ma non lo fa; c'è un rapido picco seguito da una rovinosa caduta. Coltivare il riposo mentale, o arrendersi, è come mangiare cibo sano. Non ci dà una carica immediata, ma alla lunga ci rifornisce di molta più energia.

Non c'è bisogno di assumere la posizione del loto tutto il giorno. Continueremo a essere su di giri, ma in modo più pacato. Molte persone associano una vita spirituale ai film di serie B, ma Dio non elimina tutte le emozioni dalla nostra vita. Si disfa solo di quelle a *buon mercato*. Le emozioni più forti sono quelle relative alla vera crescita personale. Non c'è niente di più emozionante di un bambino che diventa un vero uomo e di una bambina che diventa una vera donna.

Accade qualcosa di sorprendente quando ci arrendiamo e ci limitiamo ad amare. Ci fondiamo con un altro mondo, un regno di potere già presente dentro di noi. Il mondo cambia se noi cambiamo. Il mondo si addolcisce se noi ci addolciamo. Il mondo ci ama se noi scegliamo di amarlo.

Arrendersi significa decidere di smettere di lottare contro il mondo e iniziare ad amarlo. È una delicata liberazione dal dolore. Ma liberarsi non significa fuggire da qualcosa; 'è una dolce fusione con ciò che siamo davvero'. Ci spogliamo dell'armatura e scopriamo la forza del nostro sé cristico. *Un corso in miracoli* ci dice che malgrado 'pensiamo che senza l'ego tutto sarebbe caos, è vero il contrario. Senza l'ego tutto sarebbe amore'.

Ci viene semplicemente chiesto di spostare la nostra attenzione e di assumere una prospettiva più dolce. È tutto ciò che serve a Dio. Un solo momento di resa nel quale l'amore conta più di qualsiasi altra cosa, così da comprendere che niente altro conta davvero. Ciò che Lui ci dà in cambio è un'infusione del Suo potere dentro di noi. Ci viene dato il Suo potere per condividerlo con il mondo, per guarire tutte le ferite, per risvegliare tutti i cuori.

CAPITOLO 5
Miracoli

"La tua santità rovescia tutte le leggi del mondo. Va al di là di ogni restrizione di tempo, spazio, distanza e oltre qualsiasi limite."

1. PERDONO

"Innanzi alla meravigliosa luminosità del regno, il senso di colpa svanisce e, trasformato in gentilezza, non sarà mai più ciò che era."

"I miracoli avvengono naturalmente in quanto espressioni di amore." Riflettono un cambiamento nel nostro modo di pensare, liberando il potere della mente nel processo di guarigione e redenzione.

La guarigione assume diverse forme. Talvolta un miracolo è un cambiamento nelle condizioni materiali, ad esempio una guarigione fisica. Altre volte si tratta di un cambiamento psicologico o emotivo. È una trasformazione che non riguarda tanto una situazione oggettiva (benché ciò accada spesso), quanto il modo in cui la *percepiamo*. Quel che cambia, fondamentalmente, è come tratteniamo un'esperienza nella mente: come la elaboriamo.

Il mondo della storia umana, tutto il nostro concentrarci sul comportamento e sulle cose che accadono all'esterno, è un mondo di illusione. È un velo innanzi a un mondo più reale, un sogno collettivo. Un miracolo non è una nuova disposizione dei personaggi nel sogno. Un miracolo è il risveglio dal sogno.

Chiedendo un miracolo cerchiamo un obiettivo concreto: un ritorno alla pace interiore. Non stiamo chiedendo che cambi qualcosa fuori di noi, ma qualcosa dentro di noi. Siamo in cerca di una visione più dolce della vita.

I vecchi fisici newtoniani sostenevano che le cose fossero dotate di una realtà oggettiva disgiunta dalla percezione di esse. La fisica quantistica, e in particolare il principio di indeterminazione di Heisenberg, rivela che, quando cambia la nostra percezione di un oggetto, l'oggetto stesso cambia. La scienza della religione effettivamente è la scienza della consapevolezza, perché alla fine ogni creazione viene espressa dalla mente. Quindi, come dice *Un corso in miracoli*, lo strumento più grande che abbiamo a disposizione per cambiare il mondo è la capacità di 'cambiare il modo in cui la nostra mente vede il mondo'.

Dal momento che il pensiero è la dimensione creativa delle cose, cambiare la mente è fondamentale per il potenziamento personale. Sebbene scegliere l'amore al posto della paura sia una decisione umana, il cambiamento radicale che ciò determina in ogni dimensione della nostra vita è un dono di Dio. I miracoli sono una 'intercessione della nostra santità, da parte di un sistema di pensiero che va al di là del nostro. In presenza di amore vengono trascese le leggi che governano il normale stato delle cose. Un pensiero non più limitato porta a vivere esperienze non più limitate.

Noi siamo gli eredi delle leggi che governano il mondo nel quale crediamo. Se pensiamo a noi stessi come esseri di questo mondo, allora le leggi della scarsità e della morte che lo governano governeranno anche noi. Se pensiamo a noi come figli di Dio, la cui vera casa si trova nel regno della consapevolezza al di là di questo mondo, allora scopriamo di vivere "sotto la legge di Dio".

La percezione di noi stessi determina il nostro comportamento. Se pensiamo di essere creature inferiori, limitate, inadeguate, allora tenderemo a comportarci come se lo fossimo e l'energia che emaniamo rifletterà quei pensieri a prescindere da ciò che facciamo. Se pensiamo di essere creature perfette capaci di donare infinito amore e potere, allora tenderemo ad agire come se lo fossimo. Ancora una volta, l'energia attorno a noi rifletterà la nostra consapevolezza.

'I miracoli non devono essere direzionati in modo conscio.' Avvengono in quanto effetti involontari di una personalità amorevole, come forza invisibile emanata da chi ha l'intenzione consapevole di dare e ricevere amore. Quando abbandoniamo le paure che bloccano l'amore dentro di noi, diventiamo strumenti di Dio. Facciamo miracoli per Suo conto.

Dio, in quanto amore, è in costante espansione; cresce e crea nuovi modelli di espressione e nuove strade per raggiungere la gioia. Quando le nostre menti, grazie al focus indirizzato verso l'amore, diventano canali aperti attraverso cui Dio si esprime, le nostre esistenze diventano tele su cui disegnare quella gioia. Questo è il senso della vita. Siamo qui in quanto rappresentazione fisica di un principio divino. Dire che siamo sulla Terra per servire Dio significa che siamo sulla Terra per amare.

Non siamo stati gettati a casaccio in un mare irto di scogli. Abbiamo una missione: salvare il mondo con la forza dell'amore. Il mondo ha bisogno disperatamente di guarire, come un uccello con un'ala spezzata. La gente lo sa e in milioni hanno pregato.

Dio ci ha sentiti. Ha inviato aiuti. Ha inviato te.

Diventare colui che opera il miracolo significa prendere parte a una corrente spirituale sotterranea che sta rivitalizzando il mondo, partecipando a una rivoluzione dei valori al livello più profondo possibile. Ciò non significa che devi annunciarlo a chiunque. Un membro di una cellula clandestina francese non sarebbe mai andato da un ufficiale tedesco che occupava Parigi a dirgli: "Salve, sono Jacques. Resistenza francese." Allo stesso modo, non vai dalle persone a dire cose di cui non hanno la minima idea, tipo: "Sono cambiato. Ora lavoro per Dio. Mi ha inviato sulla Terra per risanare le cose. Il mondo sta per vivere importanti cambiamenti." Coloro che operano i miracoli imparano a tenere per sé i loro consigli. Una cosa fondamentale da sapere sulla saggezza spirituale è che quando se ne parla al momento sbagliato, nel posto sbagliato, o alla persona sbagliata, si appare più come uno stupido che come un saggio.

Il Corso ci parla del piano di Dio per la salvezza del mondo, chiamato 'il piano dei maestri di Dio'. Il piano richiama i maestri di Dio a guarire il mondo attraverso il potere dell'amore. Questo insegnamento ha molto poco a che fare con la comunicazione orale e molto invece con una qualità specifica dell'energia umana. "Insegnare è dimostrare." Maestro di Dio è chiunque scelga di esserlo. "Provengono da tutte le parti del mondo, da tutte le religioni e da nessuna. Sono coloro i quali hanno risposto." L'adagio che dice "in molti sono stati chiamati ma pochi sono stati scelti", significa che 'tutti vengono chiamati, ma a pochi importa ascoltare'. La chiamata di Dio è universale, rivolta a tutte le menti in ogni istante. Non tutti però scelgono di prestare attenzione al richiamo del cuore. Come sappiamo fin troppo bene, le voci alte e convulse del mondo esteriore smorzano la tenue voce amorevole dentro di noi.

Il nostro compito in qualità di maestri di Dio, qualora decidessimo di accettarlo, è cercare costantemente dentro di noi una crescente capacità di amare e perdonare. Lo facciamo attraverso il "ricordo selettivo", la decisione consapevole di ricordare solo pensieri amorevoli e di lasciare andare quelli pieni di paura. Questo è il significato del perdono. Il perdono è un elemento fondamentale della filosofia di *Un corso in miracoli.* Come altri termini tradizionali presenti nel Corso, qui viene usato in modo non tradizionale.

Normalmente, pensiamo al perdono come a qualcosa che facciamo quando riconosciamo la colpa negli altri. Nel Corso, però, ci viene insegnato che è nostro compito ricordare che non c'è colpa in nessuno perché solo l'amore è reale. È nostro compito riuscire a scorgere, attraverso l'illusione della colpa, l'innocente che vi sta dietro. "Perdonare non è altro che ricordare solo i pensieri amorevoli che hai dispensato in passato e quelli che hai ricevuto a tua volta. Tutto il resto deve essere dimenticato." Ci viene chiesto di estendere la nostra percezione, oltre gli errori che i sensi fisici rivelano (ciò che hanno fatto e detto gli altri), cercando la santità che solo il cuore è in grado di scorgere. In realtà, quindi, non c'è nulla da perdonare. Il concetto tradizionale di perdono (ciò che *The Song of Prayer* [Il canto della preghiera] chiama "perdono-per-distruggere") corrisponde a una sentenza. Esprime l'arroganza di una persona che si sente migliore di un'altra, o forse altrettanto colpevole, e che altro non è se non un fraintendimento ed espressione della superbia dell'ego.

Dal momento che tutte le menti sono connesse tra loro, modificare la percezione di una corrisponde alla guarigione della mente umana universale. La pratica del perdono è il nostro più importante contributo alla guarigione del mondo. Individui pieni di rabbia non possono creare un pianeta pacifico. Mi diverte pensare a come mi arrabbiavo quando la gente si rifiutava di firmare le mie petizioni per la pace.

Il perdono è un lavoro a tempo pieno e a volte molto difficile. In pochi riescono sempre; eppure fare lo sforzo è la nostra più nobile vocazione. È l'unica vera possibilità per il mondo di ricominciare. Perdono radicale significa lasciare andare completamente il passato, nelle relazioni interpersonali così come in ogni dramma collettivo.

2. VIVERE NEL PRESENTE

"Tutto il passato, eccezion fatta per la sua bellezza, è andato e nulla rimane se non una benedizione."

Dio esiste in eterno. Il solo punto in cui l'eternità incontra il tempo è il presente. "Il presente è l'unico tempo che c'è." Il miracolo è un passaggio del pensiero da ciò che avremmo potuto fare in passato o ciò che dovremmo fare in futuro; su ciò che ci sentiamo liberi di fare proprio qui, adesso. Un miracolo è la liberazione dai vincoli interiori. La nostra capacità di brillare equivale a quella di dimenticare il passato e il futuro. Ecco perché i bambini sono geniali. Non ricordano il passato e non sono rivolti al futuro. Se fossimo come i bambini, allora il nostro mondo potrebbe crescere ed evolvere.

Una delle prove nell'Eserciziario del Corso dice: "Il passato è chiuso. Non può più toccarmi." Perdonare il passato è un passo fondamentale per permettere a noi stessi di sperimentare i miracoli. Il solo valore da attribuire alle cose del passato è quello di averci portati fino a qui e per questa ragione andrebbe rispettato. Ciò che è reale nel nostro passato è l'amore che abbiamo dato e quello che abbiamo ricevuto. Tutto il resto è un'illusione. Il passato non è altro che un pensiero. È solo nella nostra mente. Il Corso insegna: "Lascia il passato a Lui che può cambiare la tua opinione a riguardo." Cedere il passato allo Spirito Santo significa chiedere che restino nella mente solo pensieri amorevoli e utili, lasciando andare la presa sul resto.

Rimaniamo solo con il presente, l'unico momento temporale in cui accadono i miracoli. 'Mettiamo nelle mani di Dio sia il passato che il futuro.' L'affermazione biblica "il tempo non sarà più", significa che un giorno vivremo pienamente nel presente, senza ossessionarci sul passato e sul futuro.

L'universo ci dà una pagina bianca in ogni istante; nulla di ciò che Dio ha creato può farci del male. Il nostro problema è che non ci crediamo. Chiediamo perdono, non a 'Dio che non ci ha mai condannati', ma a noi stessi, per tutto quello che pensiamo di avere o di non avere fatto. Diamoci il permesso di ricominciare.

Capita a tutti di trovarsi in situazioni nelle quali vorremmo non aver fatto qualcosa, oppure il contrario. Sono momenti del passato, di ieri o di parecchi anni fa, che ci fanno sentire umiliati se ci ripensiamo. Una delle tecniche più liberatorie di *Un corso in miracoli* è una preghiera del Testo, con la quale istruiamo l'universo affinché corregga i nostri errori:

> *"... quindi il primo passo nel disfare è riconoscere di aver deciso attivamente in modo sbagliato, ma anche di poter attivamente decidere altrimenti. Devi essere risoluto con te stesso in questo, ed essere pienamente consapevole che il processo di disfare non deriva da te, ciononostante è dentro di te perché ce lo ha messo Dio. Il tuo compito è di ritornare con il pensiero al punto in cui fu fatto l'errore e affidarlo in pace all'Espiazione. Di' queste parole a te stesso nel modo più sincero possibile, ricordando che lo Spirito Santo risponderà in pieno all'invito più lieve:*
>
> *Devo aver deciso erroneamente, perché non sono in pace.*
> *Sono stato io a prendere la decisione, ma posso anche decidere altrimenti.*

Voglio decidere diversamente perché voglio essere in pace. Non mi sento in colpa perché lo Spirito Santo disferà le conseguenze della mia decisione sbagliata se glielo permetterò. Scelgo di lasciarglielo fare, permettendogli di decidere in favore di Dio per me."

Ed è proprio questo il libro che stai leggendo! È *Un corso in miracoli,* non *Un corso di arredamento d'interni.* 'I miracoli rovesciano le leggi fisiche. Tempo e spazio sono sotto il Suo comando.'

Per quanto riguarda il futuro, il Corso puntualizza che non abbiamo modo di sapere cosa accadrà domani, o dopodomani, o tra cinque anni. Solo l'ego specula sul domani. In Paradiso, 'mettiamo il nostro futuro nelle mani di Dio.' Lo Spirito Santo riporta le nostre menti ad avere fede e fiducia nel fatto che, se viviamo oggi con il cuore completamente aperto, il domani si farà da sé. Come disse Gesù nel Sermone del Monte: "Non siate mai ansiosi del domani, perché il domani avrà le proprie ansietà."

'L'ego basa la sua percezione della realtà su ciò che è accaduto nel passato, porta tali percezioni nel presente creando così un futuro simile al passato.' Se nel passato abbiamo sentito la mancanza di qualcosa, i nostri pensieri sul futuro si baseranno su questa percezione. Così facendo, entriamo nel presente sforzandoci di compensare il passato. Dal momento che questa sensazione rappresenta la nostra convinzione centrale, ne ricreiamo le condizioni in futuro. "Passato, presente e futuro non sono un continuum, a meno che tu non forzi in essi la continuità." Nel presente abbiamo l'opportunità di interrompere la continuità di passato e futuro chiedendo allo Spirito Santo di intervenire. Questo è un miracolo. Vogliamo una nuova vita, un nuovo inizio. Desideriamo una vita non più contaminata dall'oscurità del passato e abbiamo diritto a quel totale affrancamento perché abbiamo 'diritto ai miracoli'. Questo è ciò che significa dire che Gesù ci lava dei nostri peccati. Elimina del tutto ogni pensiero privo di amore. Rinunciamo a qualsiasi pensiero giudicante su tutti e tutto e che ci blocca nel passato. Rinunciamo a qualsiasi pensiero di attaccamento che ci porta continuamente ad aggrapparci al futuro.

Il mondo dell'ego è fatto di costanti cambiamenti, alti e bassi, oscurità e luce. Il Paradiso è un regno di pace costante perché si fonda sulla consapevolezza della realtà che sta al di là del cambiamento. "E il Paradiso non cambierà, perché la nascita nel presente santo rappresenta la salvezza dal cambiamento."

Il mondo che ci rivela lo Spirito Santo sta al di là della nostra percezione e ci viene mostrato attraverso una diversa visuale. Moriamo in un mondo per nascere in un altro. "Rinascere è lasciare andare il passato e guardare il presente senza disapprovazione." Il mondo del tempo non è quello reale; la nostra vera casa è il mondo dell'eternità. Siamo sulla strada per raggiungerla. Siamo pieni di possibilità.

3. RESURREZIONE

"La tua resurrezione è il tuo risveglio."

Il proposito della nostra vita è di dare alla luce il meglio dentro di noi.

Cristo è un neonato perché è simbolo di un individuo la cui innocenza non è corrotta dalla storia passata o dalla colpa. Il Cristo bambino dentro di noi non ha una storia. È il simbolo di una persona a cui viene data la possibilità di ricominciare. Il solo modo di guarire le ferite del passato, alla fine, è di perdonarle e lasciarle andare. Colui che opera il miracolo comprende che il suo scopo nella vita è di essere usato al servizio del perdono, per risvegliarci dal sonno collettivo.

Il Corso ci dice: "La Bibbia tramanda che un sonno profondo è caduto su Adamo e da nessuna parte si parla del suo risveglio." Fino ad ora non c'è stato un "risveglio o una rinascita globale". Possiamo contribuire alla rinascita globale nella misura in cui permettiamo a noi stessi di essere svegliati dal nostro sogno personale di separazione e colpa, per lasciare andare il passato e accettare una nuova vita nel presente. È solo tramite il nostro risveglio personale che il mondo intero può risvegliarsi. Non possiamo donare ciò che non abbiamo.

A tutti noi è stato assegnato un pezzo di giardino, un angolo di universo che è nostro compito trasformare. Il nostro angolo di universo è la nostra vita, le nostre relazioni interpersonali, le nostre case, il lavoro, le circostanze attuali. Ogni situazione nella quale ci veniamo a trovare è un'opportunità perfettamente pianificata dallo Spirito Santo per insegnare amore al posto della paura. Qualsiasi sia il sistema energetico di cui facciamo parte, è nostro compito guarirlo: purificare le forme di pensiero attraverso la sua stessa purificazione. Non è mai una circostanza ad avere bisogno di cambiare: siamo noi ad averne bisogno. La preghiera non viene rivolta a Dio affinché cambi la nostra vita, ma perché cambi noi.

Questo è il miracolo più grande e, in ultima analisi, l'unico: risvegliarsi dal sogno della separazione e diventare un tipo diverso di persona. Gli esseri umani sono costantemente preoccupati di ciò che *fanno*: ho realizzato abbastanza, scritto una sceneggiatura memorabile, formato la società più potente? Ma il mondo non verrà salvato da un altro grande romanzo, film o azienda. Verrà salvato solo dalla comparsa di grandi persone.

Un vaso di vetro è stato creato per contenere l'acqua. Se viene versata al suo interno più acqua di quanto possa contenere, il vaso andrà in frantumi. Lo stesso accade con le nostre personalità. Il potere di Dio, soprattutto ora, si sta riversando dentro di noi rapidamente. Se il nostro contenitore, il veicolo, il canale umano, non è preparato a dovere tramite la devozione e il profondo rispetto per la vita, allora lo stesso potere che può salvarci ci distruggerà. La creatività, anziché renderci forti, ci renderà isterici. Ecco perché il potere creativo (Dio dentro di noi) viene percepito come una lama a doppio taglio: se ricevuto con grazia è per noi una benedizione; se ricevuto senza grazia ci fa impazzire. Questa è una delle ragioni per cui così tante persone creative hanno iniziato a fare un uso distruttivo della droga: ottundere l'esperienza della ricezione del potere di Dio invece che potenziarla. Il potere di Dio che penetra dentro di noi, in una cultura spirituale non preparata ad accoglierlo, ci ha spaventati al punto da spingerci verso la droga e l'alcol per evitare di sentire ciò che stava accadendo davvero. Solo quando eravamo sotto l'effetto di queste sostanze avevamo il coraggio di rivendicare la nostra stessa esperienza.

"I miracoli sono un diritto di tutti", dice *Un corso in miracoli,* "ma prima di tutto è necessaria la purificazione." Le impurità, sia mentali che chimiche, inquinano il sistema e dissacrano l'altare dentro di noi. Il nostro veicolo allora non riesce a gestire l'esperienza di Dio. Le acque dello spirito straripano e il vaso inizia a creparsi. Non dobbiamo lavorare sul flusso del potere (l'amore di Dio si sta già riversando dentro di noi tanto rapidamente quanto riusciamo a gestirlo), ma sulla preparazione con la quale lo accogliamo.

Un corso in miracoli ci paragona a persone che si trovano in una stanza luminosissima ma che si tengono le mani sugli occhi lamentandosi dell'oscurità. C'è luce ma non la vediamo. A volte, guardandoci indietro, riusciamo a vedere che abbiamo avuto altre possibilità nella vita, una diversa relazione o qualsiasi altra cosa, ma dal momento che eravamo troppo presi a reagire al passato, abbiamo perso l'opportunità di ricevere qualcosa di radicalmente nuovo.

Se siamo onesti con noi stessi, capiamo che il problema non risiede nel fatto che ci sono mancate le occasioni di successo. Dio le elargisce continuamente. Ce ne vengono date in quantità, ma abbiamo la tendenza a indebolirle. Le nostre energie conflittuali boicottano ogni cosa. Chiedere una nuova relazione, o un altro lavoro, non è utile se affronteremo la nuova esperienza così come abbiamo affrontato quella precedente. Fino a quando non verremo guariti dai nostri demoni interiori, dalle nostre abitudini mentali piene di paure, trasformeremo ogni situazione nello stesso dramma doloroso di prima. Tutto quello che facciamo è infuso dell'energia con cui lo facciamo. Se siamo confusionari, la vita sarà nel caos. Se siamo pacifici, la vita sarà in pace. L'obiettivo, in ogni situazione, è la pace interiore. È lo stato interiore a determinare le esperienze della nostra vita, non il contrario.

Il termine "crocifissione" esprime lo schema energetico della paura. Rappresenta il pensiero limitato e negativo dell'ego. Un pensiero che cerca sempre di restringere, osteggiare o annientare l'amore. Il termine "resurrezione" esprime lo schema energetico dell'amore, che trascende la paura sostituendosi a essa. La funzione che opera il miracolo è il perdono. Nello svolgere la nostra funzione diventiamo canali per la resurrezione.

Dio e l'uomo sono una squadra perfetta. Dio è come l'elettricità. Una casa può avere l'impianto elettrico, ma se non ci sono le lampadine a che cosa serve? Se Dio viene visto come l'elettricità, allora noi siamo le Sue lampadine. Non importa quali siano le dimensioni o le forme, o il design. Quel che conta è che vengano collegate all'elettricità. Non importa chi siamo, o quali siano i nostri doni. Quel che importa è che siamo disposti a servirLo. La nostra disponibilità, la nostra convinzione, ci dà un potere miracoloso. I servi di Dio portano l'impronta del Maestro.

Lampade senza elettricità non fanno luce, e nemmeno l'elettricità senza lampade. Insieme, però, cacciano via l'oscurità.

4. ETÀ ADULTA COSMICA

"Figlio di Dio, sei stato creato per realizzare ciò che è buono, bello e santo."

Diventando puri canali per la luce di Dio, sviluppiamo il desiderio della dolcezza che è possibile realizzare nel mondo. Colui che opera il miracolo non ha gli strumenti per combattere il mondo così com'è, ma per creare il mondo come potrebbe essere.

Trattare i sintomi di un problema non significa trattare il problema medesimo. Prendi le bombe nucleari, per esempio. Se ci diamo da fare, firmiamo un numero sufficiente di petizioni ed eleggiamo nuovi governanti, possiamo mettere al bando la bomba atomica. Ma a che cosa servirebbe, se non ci liberiamo dell'odio nei nostri cuori? I nostri figli, o i figli dei nostri figli, porteranno dentro di loro abbastanza paura e disaccordo da fabbricare una bomba ancora più potente.

Ogni elemento dell'universo fisico diventa, in base a come viene utilizzato dalla mente, parte del viaggio nella paura o nell'amore. Ciò che dedichiamo all'amore è usato ai fini dell'amore. Così noi operiamo all'interno dell'illusione terrena, politica, sociale, ambientale ecc., ma comprendiamo che la vera trasformazione del mondo non deriva da ciò che stiamo facendo, bensì dalla consapevolezza con cui lo facciamo. In effetti guadagniamo tempo affinché la vera trasformazione delle energie globali abbia l'opportunità di subentrare.

Lo scopo di colui che opera il miracolo è grandioso in senso spirituale, non personale. Il dramma supremo cosmico non riguarda la *tua* carriera, il *tuo* denaro o qualsiasi altra *tua* esperienza terrena. La tua carriera di certo è importante, così come il tuo denaro, il tuo talento, la tua energia e le tue relazioni personali. Ma lo sono solo nella misura in cui le dedichi a Dio e le utilizzi per assolvere ai Suoi scopi. Quando superiamo la nostra preoccupazione immatura del sé limitato, trascendiamo il nostro egoismo e diventiamo maturi in senso cosmico.

Fino a che non troviamo quella maturità cosmica, restiamo infantili. Ci preoccupiamo delle rate della macchina, degli avanzamenti nella carriera, della chirurgia plastica, delle nostre misere ferite; intanto le situazioni politiche virano verso il disastro e il buco nell'ozono sembra peggiorare giorno dopo giorno. Essere infantili significa preoccuparsi di cose che alla fine non contano, tanto da perdere la nostra connessione fondamentale con le cose da fare.

C'è una differenza tra infantile e candido. Candido evoca la spiritualità, come nella tenerezza, e un profondo non-sapere che ci apre a nuove impressioni. Candidi è come ci vediamo da bambini tra le braccia di Dio. Impariamo a fare un passo indietro e a lasciare che sia Lui a condurre.

Dio non è separato da noi, perché è l'amore nella nostra mente. Ogni problema, dentro e fuori, è dovuto alla separazione dall'amore. Trentacinquemila persone ogni giorno muoiono di fame sulla Terra, eppure non c'è carenza di cibo. La domanda non è: "Quale Dio lascerebbe morire di fame dei bambini?", ma "Che razza di persona lascia morire di fame dei bambini?". Colui che opera il miracolo rende il mondo a Dio seguendo consapevolmente uno stile di vita più amorevole. Aspettare con cinica rassegnazione che il mondo collassi ci rende parte del problema, non della soluzione. Dobbiamo riconoscere in modo consapevole che per Dio "non ci sono livelli di difficoltà nei miracoli". L'amore guarisce tutte le ferite. Non esiste un troppo piccolo o un troppo grande da gestire per Lui.

Ogni sistema del mondo, sociale, politico, economico, biologico, sta iniziando a sgretolarsi sotto il peso della nostra stessa crudeltà. Senza miracoli, si potrebbe obiettare che ormai si sono aperte le danze e che è troppo tardi per salvare il mondo. Molte persone sono convinte che il mondo si stia dirigendo verso un inevitabile collasso. Ogni individuo pensante sa che, per molti versi, il mondo si sta muovendo in una spirale discendente, e che un oggetto privo di rotta è destinato a essere attratto da quella spirale. Solo l'applicazione di una strenua forza contraria può cambiarne la traiettoria. I miracoli rappresentano quella forza contraria. Quando l'amore raggiungerà una massa critica, quando un numero sufficiente di persone orienterà la propria mente al miracolo, il mondo vivrà un cambiamento radicale.

Questo è l'ultimo minuto a nostra disposizione. Il Corso afferma che ciò che impariamo non dipende da noi, ma è nostro compito scegliere se apprendere nella gioia o nel dolore. Impareremo ad amarci l'un l'altro, ma siamo noi a decidere se farlo dolorosamente o in pace. Se perseveriamo con i nostri modi oscuri e procediamo verso la guerra nucleare, alla fine potrebbero non restare che cinque persone sul pianeta, ma almeno capiranno come stanno le cose. Sicuramente si guarderebbero l'un l'altra e direbbero: "Cerchiamo di andare d'accordo." Tuttavia, possiamo evitare lo scenario di un Armageddon nucleare se lo vogliamo. Non c'è bisogno di affrontare l'intera faccenda a livello collettivo. Possiamo giungere al nocciolo della questione dopo, oppure possiamo farlo ora. Sapere di avere una scelta è un approccio al mondo sincero e maturo.

Dopo che Dorothy aveva affrontato il suo emozionante viaggio verso Oz, la strega buona le rivelò che tutto quello che avrebbe dovuto fare era battere insieme i tacchi tre volte e dire: "Voglio andare a casa", "Voglio andare a casa", "Voglio andare a casa." Quel lungo trascinarsi per la strada di mattoni gialli era stato del tutto inutile. Dorothy, che di certo si offese, chiese: "Perché non me l'hai detto prima?". E la strega rispose: "Non mi avresti creduto!".

Nelle tragedie dell'antica Grecia c'è uno stratagemma ricorrente che si chiama "Deus ex machina". La trama giunge al culmine attraverso un climax di eventi drammatici, e proprio quando sembra che non ci sia più speranza compare un dio a salvare la situazione. È un'importante informazione archetipica. All'ultimo momento, quando le cose sembrano volgere al peggio, Dio tende a comparire. Non perché ha un sadico senso dell'umorismo e aspetta fino a che non siamo del tutto disperati prima di mostrarci i suoi muscoli. Ci mette così tanto perché è solo allora che ci prendiamo la briga di pensare a Lui. Per tutto il tempo, ci limitavamo ad aspettarLo. Non avevamo la minima idea, invece, che era Lui ad aspettare noi.

5. RINASCITA

"Ecco cosa si intende con 'Beati i miti, perché erediteranno la Terra': grazie alla loro forza ne assumeranno letteralmente il controllo."

È giunto il tempo di realizzare il nostro proposito, vivere sulla Terra e pensare solo al Paradiso. 'Allora il Paradiso e la Terra diventeranno una cosa sola. Non saranno più due regni separati.'

Ci sono delle volte in cui il pensiero miracoloso non è di facile accesso, perché i nostri abituali schemi mentali sono pieni di paura. Se questo è il caso, se la rabbia, l'invidia e l'offesa sembrano bloccate nel cuore e non riusciamo a lasciarle andare, come possiamo riuscire a fare i miracoli? Chiedendo aiuto allo Spirito Santo.

Il Corso ci dice che possiamo fare molte cose, ma ce n'è una che non possiamo assolutamente fare, ed è invocare lo Spirito Santo invano. Ci viene detto che 'non chiediamo mai troppo a Dio; in effetti, chiediamo troppo poco.' Tutte le volte che ci sentiamo persi, o folli, o spaventati, ciò che dobbiamo fare è chiedere il Suo aiuto, che potrebbe non giungere nella forma che ci aspettiamo, o nel pensiero che desideriamo, bensì lo riconosceremo attraverso il modo in cui ci sentiamo. Nonostante tutto, ci sentiremo in pace.

Pensiamo che esistano diversi valori nella vita, come il denaro, la salute, le relazioni e poi, per qualcuno, un valore chiamato "vita spirituale". Ma è solo l'ego che spinge a suddividere. C'è un solo dramma che si svolge nel corso dell'esistenza: il nostro allontanamento da Dio, e il nostro ritorno. Solo che ciascuno di noi mette in scena lo stesso dramma con modalità diverse.

Il Corso dice 'pensiamo di avere problemi diversi, ma in verità ne abbiamo uno solo'. La negazione dell'amore è l'unico problema, e accoglierlo è l'unica soluzione. L'amore guarisce tutte le relazioni (con il denaro, il corpo, il lavoro, il sesso, la morte, noi stessi e gli altri). Attraverso il miracoloso potere dell'amore puro, lasciamo andare ogni aspetto della nostra storia e ricominciamo.

Se trattiamo i principi miracolosi come giocattoli, saranno come giocattoli nella nostra esistenza. Ma se li trattiamo come espressione della forza dell'universo, allora saranno tali. Il passato è passato. Non importa chi siamo, da dove veniamo, cosa diceva la mamma, cosa faceva il papà, quali errori abbiamo commesso, che malattie abbiamo avuto o quanto ci sentiamo depressi. Il futuro può essere riprogrammato in qualsiasi momento. Non abbiamo bisogno di un altro seminario, di un altro diploma, di un'altra vita, né dell'approvazione di nessuno per farlo accadere. Tutto quello che dobbiamo fare è chiedere un miracolo e permettere che avvenga, non resistergli. Può esserci un nuovo inizio, una vita diversa dal passato. Le nostre relazioni verranno rimesse a nuovo. Il nostro corpo verrà rimesso a nuovo. Il nostro pianeta verrà rimesso a nuovo. Così verrà fatta la volontà di Dio, come in Cielo così in Terra. Adesso, non dopo. Qui, non da un'altra parte. Attraverso la pace, non con il dolore. E così sia. Amen.

PRIMA SECONDA
PRATICA

CAPITOLO 6
Relazioni

"Il tempio dello Spirito Santo non è il corpo, ma la relazione."

1. INCONTRO SACRO

"Quando incontri qualcuno, ricorda che si tratta di un incontro sacro. Come vedi lui, così vedrai te stesso. Come tratti lui, così tratterai te stesso. Come pensi a lui, così penserai a te stesso. Non dimenticarlo mai, perché in lui troverai te stesso o ti perderai."

Prima di leggere *Un corso in miracoli* ho studiato molti altri scritti spirituali e filosofici. È stato come se mi avessero condotto in cima a un'altissima rampa di scale fino a una gigantesca cattedrale racchiusa nella mia mente, ma una volta in cima scoprivo che i battenti della chiesa erano chiusi. Il Corso mi ha dato la chiave per aprire quella porta. La chiave, molto semplicemente, sono le altre persone.

Il Paradiso, secondo il Corso, non è né una condizione né un luogo, ma piuttosto la "consapevolezza della perfetta unità". Dal momento che Padre e Figlio sono tutt'uno, allora amare uno è amare anche l'altro. L'amore di Dio non è fuori di noi. C'è un verso in una canzone dell'opera *Les Misérables* che dice: "Amare un'altra persona è come vedere il volto di Dio." Il "volto di Cristo" è l'innocenza, è l'amore dietro alle maschere che tutti noi indossiamo. Vedere quel viso, toccarlo e amarlo in noi e negli altri, significa fare esperienza di Dio. È la nostra umanità divina. È l'altezza a cui tutti noi aspiriamo.

In ogni relazione, in ogni istante, insegniamo sia l'amore che la paura. "Insegnare è dimostrare." Dimostrando amore agli altri, impariamo che noi stessi siamo degni d'amore e capaci di amare più profondamente. Dimostrando paura o negatività impariamo ad autocondannarci e a sentirci sempre più spaventati dalla vita. Impariamo ciò che abbiamo scelto di insegnare. "Le idee non abbandonano mai la loro fonte", che è la ragione per cui siamo sempre una parte di Dio e del perché le nostre idee fanno sempre parte di noi. Se scelgo di benedire un'altra persona, mi sentirò più benedetto. Se proietto il senso di colpa sull'altro, finirò sempre col sentirmi più in colpa.

Le relazioni esistono per affrettare il nostro passo sul sentiero di Dio. Se ci arrendiamo allo Spirito Santo, se è Lui al comando delle nostre percezioni, gli incontri che faremo diventeranno incontri sacri con il perfetto Figlio di Dio. *Un corso in miracoli* dice che le persone che incontriamo saranno nostri crocifissori o nostri salvatori, a seconda di ciò che scegliamo di essere per loro. Se ci focalizziamo sulla loro colpa, infiliamo i chiodi del disprezzo più a fondo nella nostra carne. Se ci focalizziamo sulla loro innocenza, ci liberiamo. Dal momento che non esistono pensieri "neutri", ogni relazione ci fa sprofondare sempre più nel Paradiso o nell'inferno.

2. IL PERDONO NELLE RELAZIONI

"Il perdono elimina ciò che si frappone tra tuo fratello e te."

Un corso in miracoli è orgoglioso di essere un Corso pratico con uno scopo altrettanto pratico: il raggiungimento della pace interiore. Il perdono è la chiave per la pace interiore; è la tecnica mentale con cui trasportare i pensieri dalla paura all'amore. Le percezioni che abbiamo degli altri diventano terreno di battaglia tra il desiderio dell'ego di giudicare e quello dello Spirito Santo di accettare le persone così come sono. L'ego è bravissimo a individuare le colpe. Lo Spirito Santo svela la nostra innocenza. Ci vede come siamo veramente, e siccome siamo le creature perfette di Dio, ama ciò che vede. Gli aspetti della nostra personalità ci spingono a deviare dall'amore e non rappresentano le colpe, ma le nostre ferite. Dio non vuole punirci, ma guarirci. Ed è così che vorrebbe che noi considerassimo le ferite degli altri.

Il perdono è una forma di "memoria selettiva": una decisione consapevole di focalizzarsi sull'amore lasciando andare tutto il resto. Tuttavia, l'ego è implacabile: è "bravissimo a sospettare ed è capace delle peggiori meschinità". Offre le argomentazioni più sottili e insidiose per cacciare via dai nostri cuori le altre persone. La pietra miliare degli insegnamenti dell'ego è: "Il Figlio di Dio è colpevole." La pietra miliare degli insegnamenti dello Spirito Santo è: "Il Figlio di Dio è innocente."

Colui che opera il miracolo invita consciamente lo Spirito Santo a penetrare ogni relazione e a liberarci dalla tentazione di giudicare per trovare la colpa. Gli chiediamo di salvarci dalla tendenza a condannare. Gli chiediamo di rivelarci l'innocenza insita negli altri, così da poter la scorgere anche in noi.

"Mio Dio, rimetto a te questa relazione", significa "Mio Dio, fammi vedere questa persona attraverso i tuoi occhi." Accettando l'Espiazione, chiediamo di vedere come Dio, di pensare come Lui, di amare come Lui. Chiediamo aiuto per vedere l'innocenza dell'altro.

Una volta mi trovavo in vacanza in Europa con la mia famiglia. Sebbene mia madre e io stessimo facendo nobili sforzi per andare d'accordo, i risultati non arrivavano. Vecchi schemi di attacco e difesa continuavano a frapporsi tra noi. Lei voleva una figlia più conservatrice e io una madre più illuminata. Continuavo ad aprire il Corso per cercare aiuto e ispirazione, ma, con mia grande delusione, sembrava che lo aprissi sempre nella stessa sezione. Leggevo: "Rifletti sinceramente sui pensieri che hai fatto e che Dio non avrebbe pensato; rifletti anche su quelli che non hai fatto, ma che Dio avrebbe voluto che tu pensassi." In altre parole, dove i miei pensieri non si allineavano a quelli di Dio? Questa domanda mi stava facendo impazzire. Volevo un sostegno ai miei sentimenti di difesa. L'ultima cosa che desideravo sentirmi dire era che l'unico errore presente risiedeva nel mio modo di pensare.

Alla fine, gettando uno sguardo attraverso Piazza San Marco a Venezia, guardai attentamente mia madre e dissi a me stessa: "È vero, Dio guardandola non pensa 'Sophie Ann è una stronza'." Fino a che sceglievo di vederla così, fino a che non ero disposta a smettere di focalizzarmi sui suoi errori, non potevo essere in pace perché non stavo condividendo la percezione di Dio. Non appena capii questa cosa, abbandonai la mia fissazione su ciò che percepivo essere la sua colpa. Da quel momento in avanti la situazione iniziò a cambiare. Grazie a quel miracolo, era più gentile con me e io lo ero con lei.

È facile perdonare chi non ha fatto nulla per farci arrabbiare. Tuttavia, le persone che ci hanno fatto arrabbiare sono i nostri più grandi maestri. Indicano il limite della nostra capacità di perdonare. "Covare rancore è un attacco al piano salvifico di Dio." La decisione di lasciare andare il rancore nei confronti delle altre persone è la decisione di vederci come siamo veramente, poiché l'oscurità a cui permettiamo di nascondere la perfezione dell'altro, ci rende ciechi a nostra volta.

Può essere molto difficile rinunciare alla percezione della colpa negli altri quando sai che in base all'etica, alla morale e alle forme d'integrità correnti, hai ragione nel considerarli colpevoli. Ma il Corso chiede: "Preferisci avere ragione o essere felice?". Se stai giudicando un fratello, hai torto anche se hai ragione. Ci sono state volte in cui ho fatto molta fatica a rinunciare al mio giudizio su qualcuno, protestando "Ma ho *ragione*." Sentivo che se avessi rinunciato al mio giudizio avrei condonato il suo comportamento. Pensavo: "Be', *qualcuno* dovrà pur difendere i principi a questo mondo. Se perdoniamo sempre tutto, spariranno i comportamenti virtuosi!".

Ma Dio non ha bisogno che noi pattugliamo l'universo. Puntare il dito contro qualcuno non lo aiuterà a cambiare, anzi; la nostra percezione della sua colpa non farà altro che tenerlo bloccato in quello stato. Quando puntiamo il dito contro qualcuno, sia in senso figurato che letterale, non siamo più in grado di correggerne il comportamento sbagliato. È molto più probabile, invece, che se trattiamo l'altro con compassione e perdono suscitiamo in lui una reazione positiva. Così facendo le persone saranno meno inclini a mettersi sulla difensiva e più aperte alla correzione. La maggior parte di noi, a un certo livello, è consapevole quando sbaglia. Faremmo le cose diversamente se sapessimo come. Il perdono crea un nuovo contesto nel quale le persone possono cambiare con più facilità.

Il perdono è la scelta che ci permette di vedere le persone come sono *adesso*. Quando siamo arrabbiati con qualcuno, la nostra rabbia dipende da cose che ha detto o fatto prima di quel momento. Ma quello che le persone dicono o fanno non è ciò che sono. Le relazioni rinascono quando lasciamo andare la percezione relativa al comportamento passato di nostro fratello. 'Portando il passato nel presente, creiamo un futuro identico al passato.' Lasciando andare il passato, facciamo spazio ai miracoli.

L'attacco a un fratello è inflitto in memoria di un passato colpevole. Affermando la colpa di un fratello, scegliamo di viverla ancora di più. Il futuro è programmato nel presente. Lasciare andare il passato significa ricordare che nel presente mio fratello è innocente. Accettare una persona basandoci su ciò che sappiamo essere vero di lei è un atto di generosità a prescindere che essa sia in contatto o meno con quella verità.

Solo l'amore è reale. Nient'altro esiste davvero. Se una persona agisce senza amore significa che, a prescindere dalla sua negatività, rabbia o altro, il suo comportamento dipende dalla paura e non poggia sulla realtà. È come se avesse un'allucinazione. Perdona quella persona perché non c'è niente da perdonare. Il perdono esprime la comprensione tra ciò che è reale e ciò che non lo è.

Quando le persone si comportano senza amore, hanno dimenticato chi sono. Sono diventate cieche e sorde al Cristo dentro di loro. Il compito di colui che opera il miracolo è rimanere sveglio. Scegliamo di non addormentarci e di non sognare la colpa di nostro fratello. In questo modo ci viene dato il potere di svegliarlo.

Un ottimo esempio di operatrice di miracoli è Pollyanna. L'ego lo sa ed è per questo che la sua figura viene costantemente confutata nella nostra cultura. Si è spinta in un contesto sociale in cui tutti erano insoddisfatti da anni. Scelse di non vedere la cattiveria. Aveva fede in ciò che stava dietro. Estese la sua percezione oltre a quello che i sensi fisici rivelavano, a ciò che il suo cuore sapeva essere vero in ogni essere umano. Non guardava al comportamento del singolo individuo. Pollyanna aveva fede nell'amore che sapeva esistere dietro la paura di ciascuno, e così invocava quell'amore affinché venisse espresso. Esercitò il potere del perdono. Ci volle poco tempo affinché tutti diventassero gentili e felici! Ogni volta che qualcuno mi dice: "Marianne, tu sei come Pollyanna", penso tra me e me: "Se solo avessi il suo potere…".

3. RINUNCIARE AL GIUDIZIO

"Il giudizio non è una caratteristica di Dio."

Un corso in miracoli ci dice che quando stiamo meditando di attaccare qualcuno è come se tenessimo una spada sospesa sopra la sua testa. Tuttavia, la spada non ricade su di lui ma su di noi. Visto che tutti i pensieri che facciamo riguardano noi, condannare un altro significa condannare se stessi.

In che modo fuggire dal giudizio? Soprattutto attraverso una reinterpretazione di ciò che stiamo giudicando. *Un corso in miracoli* descrive la differenza tra peccato ed errore. 'Peccare significa che abbiamo fatto qualcosa di talmente brutto da aver suscitato la rabbia di Dio nei nostri confronti.' Ma dal momento che non possiamo fare niente che cambi la nostra natura essenziale, Dio non ha motivo di essere arrabbiato. Solo l'amore è reale. Nient'altro esiste. 'Il Figlio di Dio non può peccare. Può sbagliare', per essere precisi, ed è ciò che ovviamente accade. Ma Dio desidera guarirci dall'errore. Siccome siamo i primi a essere severi e pieni di rabbia, abbiamo creato l'idea di un Dio arrabbiato e severo. Tuttavia, siamo noi a essere stati creati a immagine di Dio, e non il contrario. In quanto estensioni di Dio, incarniamo lo spirito di compassione; nelle nostre menti giuste non cerchiamo di giudicare, ma di guarire. Lo facciamo attraverso il perdono. Quando qualcuno si è comportato senza amore (se ci rimprovera, mente, o ci deruba) ha perso il contatto con la sua essenza. Ha dimenticato chi è. Ma tutto quello che una persona fa, dice il Corso, è 'amore o una richiesta d'amore'. Se qualcuno ci tratta con amore, allora risponderemo naturalmente con amore. Se ci tratta con paura, dobbiamo intendere il suo comportamento come una richiesta d'amore.

Il sistema carcerario americano è un esempio che dimostra la differenza filosofica e pratica tra la scelta di vedere il peccato o l'errore. Consideriamo colpevoli i criminali e cerchiamo di punirli. Ma ciò che facciamo agli altri lo facciamo a noi stessi. Le statistiche dimostrano dolorosamente che le nostre prigioni sono scuole di criminalità; un enorme numero di crimini viene commesso da chi è già stato in prigione. Punendo gli altri finiamo con il punire noi stessi. Ciò significa che dobbiamo perdonare uno stupratore? Dirgli che sappiamo che ha avuto soltanto una brutta giornata e rispedirlo a casa? Ovviamente no. Dobbiamo chiedere un miracolo. Il miracolo, in questo caso, sarebbe trasformare il carcere da istituto punitivo a luogo di riabilitazione. Se trasformiamo in modo consapevole lo scopo di quel luogo dalla paura all'amore, creiamo infinite possibilità di guarigione.

Il perdono è come l'arte marziale della coscienza. Nell'aikido e in altre arti marziali, schiviamo la forza di chi attacca invece che resistergli. Così facendo, l'energia dell'attacco ritorna come un boomerang in direzione dell'attaccante. Il nostro potere sta nel non reagire. Il perdono agisce nello stesso modo. Se reagiamo attaccando, e la difesa è una forma di attacco, avviamo una guerra che nessuno può vincere. Dal momento che la mancanza di amore non è reale, non ne subiamo l'effetto. Cercando un miracolo, non prendiamo parte alle battaglie della vita, ma piuttosto chiediamo di essere sollevati sopra loro. Lo Spirito Santo ci ricorda che la battaglia non è reale.

"La vendetta è mia", disse il Signore, ovvero "Abbandona l'idea di vendetta." Dio bilancia tutti i torti, ma non con l'attacco, il giudizio o la punizione. Contrariamente a come sembra quando siamo in balìa delle emozioni che ci portano a giudicare, non esiste una rabbia legittima. Quando ero piccola, litigavo con i miei fratelli e sorelle; mia mamma era infastidita dalle nostre discussioni. Ognuno si difendeva affermando: "Hanno cominciato loro." In effetti non importa "chi ha cominciato per primo". Sia che tu attacchi o ti difendi, sei comunque uno strumento di attacco e non di amore.

Parecchi anni fa ero a un cocktail party e fui coinvolta in un acceso dibattito sulla politica estera americana. Più tardi, durante la notte, ebbi una specie di sogno a occhi aperti. Mi apparve un uomo distinto che mi disse: "Mi scusi, signora Williamson, ma pensavamo di doverglielo dire: nell'appello cosmico lei è considerata un falco, non una colomba." Mi irritai. "Assolutamente no", dissi con indignazione. "Io sono per la pace. Sono al cento per cento una colomba."

"Temo di no", ribatté l'uomo. "Sto guardando le nostre carte e qui è scritto molto chiaramente: Marianne Williamson, guerrafondaia. Lei è in guerra contro Ronald Reagan, Caspar Weinberger, la CIA, in effetti contro l'intero establishment della difesa americana. Sono spiacente. Lei è senza dubbio un falco."

Naturalmente capii che aveva ragione. Nella mia testa avevo tanti missili quanti ne aveva Ronald Reagan nella sua. Pensavo che fosse sbagliato da parte sua giudicare i comunisti, ma credevo di avere il diritto di giudicare lui. Perché? Perché io avevo *ragione*, naturalmente!

Ho passato anni e anni da donna arrabbiata di sinistra prima di capire che una generazione piena di rabbia non può portare la pace. Tutto quello che facciamo è impregnato dell'energia con cui lo realizziamo. Come diceva Gandhi: "Dobbiamo *essere* il cambiamento." Ciò che l'ego non vuole permetterci di capire è che le pistole di cui dobbiamo disfarci prima di tutto sono quelle che abbiamo nella nostra testa.

4. LA SCELTA DI AMARE

"L'ego rappresenta la scelta della colpa, lo Spirito Santo della mancanza di colpa."

L'ego enfatizza sempre ciò che gli altri hanno fatto male. Lo Spirito Santo enfatizza sempre ciò che hanno fatto bene. Il Corso paragona l'ego a un cane segugio alla ricerca della più piccola prova a carico di nostro fratello e la depone ai piedi del suo padrone. Analogamente, lo Spirito Santo invia i suoi messaggeri per cercare le prove dell'innocenza di nostro fratello. La cosa importante è decidere cosa scegliamo di vedere. Riceviamo ciò che chiediamo. "La proiezione crea la percezione." Possiamo trovare (e lo troveremo) tutto quello che stiamo cercando nella vita. Il Corso dice che pensiamo di conoscere una persona a sufficienza da sapere se meriti amore, ma che se non la amiamo noi per primi non potremo mai capirla. Il cammino spirituale richiede di assumerci consapevolmente la responsabilità di ciò che scegliamo di sentire: la colpa o l'innocenza di nostro fratello. Ne riconosciamo l'innocenza se è quello che *vogliamo* vedere. Le persone non sono perfette, ovvero non esprimono ancora a livello esteriore la loro intima perfezione. Sta a noi decidere se focalizzarci sulla colpa espressa dalla loro personalità, o sull'innocenza nascosta nella loro anima.

Ciò che consideriamo come colpa in verità è paura. Tutta la negatività deriva dalla paura. Se qualcuno è arrabbiato, significa che ha paura. Se è scortese, è perché ha paura. Se è manipolativo, è perché ha paura. Se è crudele, è perché ha paura. Non esiste paura che l'amore non dissolva. Non c'è negatività che il perdono non trasformi.

L'oscurità non è altro che assenza di luce e la paura non è altro che assenza di amore. Non possiamo liberarci dell'oscurità colpendola con una mazza da baseball, perché non c'è niente da colpire. Se vogliamo liberarcene, dobbiamo accendere la luce. Allo stesso modo, se vogliamo liberarci della paura, non possiamo combatterla ma sostituirla con l'amore.

Non è sempre facile scegliere di amare. L'ego si oppone strenuamente alla rinuncia delle reazioni cariche di paura. Ed è qui che entra in gioco lo Spirito Santo. Non spetta a noi cambiare le nostre percezioni, ma dobbiamo ricordarci di chiedere a Lui di farlo per noi.

Supponiamo che tuo marito ti abbia lasciata per un'altra donna. Non puoi cambiare gli altri e non puoi nemmeno chiedere a Dio di farlo. Però puoi chiederGli di farti guardare a questa situazione in modo diverso. Puoi chiedere la pace. Puoi chiedere allo Spirito Santo di cambiare le tue percezioni. Il miracolo avviene quando, lasciando andare il giudizio su tuo marito e l'altra donna, il dolore allo stomaco inizia a placarsi.

In questa situazione, l'ego potrebbe dirti che non sarai mai in pace fino a che tuo marito non torna. Ma la pace non deriva da circostanze esteriori. Essa nasce dal perdono. Il dolore non germina dall'amore che ci viene negato dagli altri, ma dall'amore che noi neghiamo loro. In casi simili, ci sentiamo feriti da ciò che ha fatto un'altra persona. Ma la verità è che il cuore chiuso dell'altro ci ha spinto a chiudere il nostro, ed è la negazione stessa dell'amore a ferirci. Ecco perché il miracolo sta nel cambiamento del nostro modo di pensare: la disponibilità a tenere aperto il cuore, a prescindere da quello che accade all'esterno.

Un miracolo può avvenire sempre e in qualsiasi situazione perché nessuno può decidere per noi come interpretare quel che ci succede. 'Esistono solo due emozioni: amore e paura.' Possiamo interpretare la paura come una richiesta d'amore. Colui che opera il miracolo, dice il Corso, è generoso non per convenienza personale. Diamo tregua a qualcuno in modo da poter stare in pace con noi stessi.

L'ego sostiene che possiamo proiettare la nostra rabbia su un'altra persona senza coinvolgerla, ma dal momento che tutte le menti sono collegate in un continuum, ciò che proiettiamo sugli altri continuiamo a sentirlo anche noi. Arrabbiarci con qualcuno potrebbe farci stare meglio per un attimo, ma alla fine la paura e il senso di colpa ritornano. Se giudichiamo un'altra persona, quella a sua volta giudicherà noi. E anche se non lo facesse, *a noi sembrerà che sia così!*

Come creature di questo mondo abbiamo imparato a reagire istintivamente da uno spazio che non ci è congeniale, passando subito alla rabbia, alla paranoia, alla difesa, o a qualche altra forma di paura. Pensare in modo innaturale ci sembra naturale e viceversa.

Un corso in miracoli non dice di colorare di rosa la rabbia fingendo che non esista. Ciò che è psicologicamente sbagliato lo è anche spiritualmente. La negazione o la soppressione delle emozioni è sbagliata. Se dentro stai ribollendo, non puoi dire: "Non sono arrabbiato, davvero. Sto leggendo *Un corso in miracoli* e non mi arrabbierò più." Lo Spirito Santo ammonisce: "Non cercare di purificarti prima di venire a me. Io sono il purificatore." Una volta mi stavo recando a una conferenza dove avrei parlato del Corso e pensavo a una donna che avevo conosciuto e che mi suscitava una certa irritazione. Subito cercai di nascondere quel pensiero, come se non fosse abbastanza puro per essere pensato da me in quel momento. Poi fu come se una voce nella mia testa dicesse: "Ehi, sono amico tuo, ricordi?". Lo Spirito Santo non mi stava giudicando per la mia rabbia; era lì per aiutarmi a superarla.

Non dobbiamo dimenticarci a che cosa serve lo Spirito Santo. Non dobbiamo negare di essere sconvolti, ma allo stesso tempo dobbiamo riconoscere che tutti i nostri sentimenti sorgono da pensieri privi di amore, e che siamo disposti a guarire da quella mancanza di amore. Crescere non consiste nel focalizzarsi sulle lezioni di qualcun altro, ma sulle nostre. Non siamo vittime del mondo esterno. Per quanto possa essere difficile da credere, noi siamo sempre responsabili di come vediamo le cose. Non ci sarebbe un salvatore se non ce ne fosse bisogno. Ovviamente, nel mondo succedono cose che rendono quasi impossibile amare (cose orribili e crudeli), ma lo Spirito

Santo è dentro di noi per fare l'impossibile. Fa per noi ciò che non possiamo fare da soli per noi stessi. Ci presterà la Sua forza, e quando la Sua mente si unirà alla nostra, il pensiero dell'ego verrà rigettato.

Tuttavia, dobbiamo essere consapevoli dei sentimenti dell'ego per lasciarli andare. "Egli non può spazzare via con la luce ciò che tieni nascosto, perché non può prendere da te ciò che non Gli hai offerto." Sarebbe una violazione del libero arbitrio se lo Spirito Santo cambiasse i nostri schemi mentali senza che gli venisse chiesto. Ma quando Glielo chiediamo, Lui lo farà. Quando siamo arrabbiati, o turbati per qualche ragione, ci viene chiesto di dire: "Sono arrabbiato, ma non voglio esserlo. Vorrei vedere questa situazione in modo diverso." Chiediamo allo Spirito Santo di penetrare dentro la situazione e di mostrarcela da una prospettiva diversa.

Una volta ero dall'estetista per una manicure e a un certo punto entrò nella stanza l'amica della manicurista. Non sopportavo il suo modo di fare. Dall'istante in cui aprì bocca mi sentii come se qualcuno stesse grattando le unghie contro una lavagna. Visto che avevo le mani bloccate, non potevo lasciare la stanza, e siccome la manicurista frequentava le mie conferenze mi vergognai della reazione. Pregai e chiesi aiuto a Dio. La sua risposta fu drammatica. Infatti, poco dopo, quella donna "fastidiosa" iniziò a parlare della sua infanzia e in particolare della sua relazione con il padre. Mentre descriveva l'educazione che aveva ricevuto, capii che doveva essere cresciuta con pochissima autostima e un malsano bisogno di dimostrarsi forte ed essere sempre al centro della scena. Le sue difese non funzionavano, naturalmente. Visto che erano frutto della paura, riuscivano solo ad allontanare gli altri. Improvvisamente, lo stesso comportamento che cinque minuti prima mi aveva così irritata, ora suscitava in me una profonda compassione. Lo Spirito Santo mi aveva indicato l'informazione che avrebbe fatto sciogliere il mio cuore. Ora la vedevo in modo diverso. È stato un miracolo: il suo comportamento non era cambiato, ma *io* sì.

5. LIVELLI DI INSEGNAMENTO

"Quindi, il piano comprende contatti molto specifici da instaurare a opera di ogni maestro di Dio."

Le relazioni sono compiti. Fanno parte di un vasto piano per la nostra illuminazione, il progetto dello Spirito Santo tramite il quale ogni anima è spinta verso una maggiore consapevolezza e verso l'amore. Le relazioni sono palestre nelle quali Egli raduna le persone che hanno il massimo potenziale di crescita comune. Valuta in ogni istante chi può imparare di più e da chi; quindi assegna l'uno all'altro. Come un gigantesco computer universale, Egli sa esattamente quale combinazione di energia, in quale preciso contesto, darebbe il massimo per favorire il piano di Dio per conquistare la salvezza. Non esistono incontri casuali. "Chi si deve incontrare s'incontrerà, perché insieme dispongono del potenziale per una relazione santa."

Il Corso afferma che esistono 'tre livelli di insegnamento' nelle relazioni. Il primo livello è un incontro fortuito: due estranei che si incontrano in ascensore o degli studenti a cui "capita" di tornare a casa da scuola insieme. Il secondo livello è una "relazione più prolungata nella quale, per un certo periodo di tempo, due persone instaurano un rapporto piuttosto intenso (come quello insegnante-allievo) e poi sembrano separarsi". Il terzo livello di insegnamento è una relazione che, una volta stabilita, dura tutta la vita. In questo livello, "a ogni persona viene dato un compagno di formazione che presenta illimitate capacità di apprendimento".

Anche nel primo livello le persone in ascensore potrebbero sorridersi a vicenda, oppure gli studenti potrebbero diventare amici. È soprattutto negli incontri casuali che ci viene data l'opportunità di praticare la sottile arte di smussare gli spigoli vivi della nostra personalità. I punti deboli evidenti nelle interazioni casuali appariranno inevitabilmente amplificati in relazioni più intense. Se siamo scorbutici con lo sportellista della banca sarà difficile essere gentili con le persone che amiamo di più.

Al secondo livello di insegnamento, gli individui vengono fatti incontrare per progetti più intensi. Nel tempo trascorso insieme, affronteranno esperienze che daranno loro altre lezioni da imparare. Quando la vicinanza fisica non serve più alla forma più alta di insegnamento e apprendimento, l'incarico richiederà la loro separazione. Ciò che sembrerà essere la fine della relazione in verità non lo è. Le relazioni sono eterne. Sono della mente, non del corpo, visto che le persone sono fatte di energia e non di sostanza materiale. Non è detto che l'unione dei corpi esprima anche un concreto congiungimento, visto che l'unione reale è solo nella mente. Persone che hanno dormito nello stesso letto per venticinque anni potrebbero non essere veramente unite, e persone separate da centinaia di chilometri potrebbero non essere separate affatto.

Spesso vediamo coppie che si sono lasciate o che hanno divorziato e guardiamo con tristezza al "fallimento" della loro relazione. Ma se entrambe le persone hanno imparato quel che dovevano imparare, allora la loro relazione sarà stata un successo. A volte la separazione fisica può essere necessaria così da poter imparare dall'altro, in altri modi. Questo non significa necessariamente imparare altrove, da altre persone; significa anche apprendere le lezioni dell'amore puro che derivano dal dover lasciare andare le spoglie di una relazione esistente.

Le relazioni del terzo livello che durano una vita in generale sono poche perché "la loro esistenza implica che coloro che ne sono coinvolti abbiano raggiunto insieme una fase in cui l'equilibrio tra insegnamento e apprendimento è perfetto". Tuttavia, ciò non significa che riconosceremo sicuramente le persone speciali che ci vengono assegnate al terzo livello; anzi, di solito non lo facciamo. Potremmo addirittura provare ostilità nei loro confronti. Le persone con le quali abbiamo la possibilità di imparare lezioni utili per tutta la vita sono anche quelle la cui presenza ci costringe a crescere. A volte si tratta di una persona con cui condividiamo amorevolmente l'intera vita; altre, invece, è qualcuno che rappresenta per noi una spina nel fianco. Solo perché ci sono persone che hanno molto da insegnarci, non significa che ci piacciano. Chi ha molto da insegnarci spesso è anche chi riflette i limiti della nostra stessa capacità di amare; si tratta di persone che, in modo consapevole o inconsapevole, mettono alla prova le posizioni che abbiamo assunto a causa della paura. Ci mostrano i nostri muri. I muri sono le nostre ferite: i luoghi dentro di noi dove sentiamo di non poter più amare, con cui non riusciamo a connetterci in profondità, e in cui oltre a un certo punto non possiamo più perdonare. Siamo l'uno nella vita dell'altro per capire insieme dove abbiamo più bisogno di cure e per aiutarci a guarire.

6. LA RELAZIONE SPECIALE

"La relazione d'amore speciale è l'arma principale dell'ego per tenerti lontano dal Paradiso."

Tutti noi possiamo comprendere l'umano desiderio di trovare la persona giusta. È quasi un'ossessione culturale. Ma, secondo *Un corso in miracoli*, la ricerca della persona perfetta che ci "completi" è una delle nostre più grandi ferite psichiche e delle più potenti illusioni dell'ego. Rappresenta un concetto che *Un corso in miracoli* chiama "relazione speciale". Malgrado l'aggettivo "speciale" di norma implichi qualcosa di meraviglioso, nel Corso "speciale" significa "diverso", quindi separato, cioè una caratteristica dell'ego piuttosto che dello spirito. Una relazione speciale si basa sulla paura.

'Dio ha creato solo un Figlio Unigenito' e ama tutti come se fossero uno solo. Per Lui, nessuno è speciale o diverso perché nessuno è realmente separato dall'altro. Dal momento che la nostra pace deriva dall'amare come Dio ama, dobbiamo cercare di amare tutti. Il nostro desiderio di trovare una "persona speciale", un individuo della sua Prole che ci completi, provoca danno perché è un'illusione. Significa che stiamo cercando la salvezza attraverso la separazione invece che nell'unità. L'unico amore capace di completarci è quello di Dio, e l'amore di Dio è di tutti. Ciò non significa che la forma delle relazioni interpersonali sia uguale per ciascuno, ma vuol dire che ognuno cerca lo stesso contenuto in ogni rapporto, ovvero: l'essenza di un amore e di un'amicizia fraterni che vada al di là dei cambiamenti di forma e sostanza.

Proprio come lo 'Spirito Santo è stato la risposta di Dio alla separazione, la relazione speciale è stata la risposta dell'ego alla creazione dello Spirito Santo'. Dopo la separazione abbiamo iniziato a sentire un enorme vuoto dentro, e la maggior parte di noi continua a sentirlo. L'unico antidoto possibile è l'Espiazione, o ritorno a Dio, perché il dolore che proviamo non è altro che la negazione dell'amore. Tuttavia, l'ego ci dice qualcosa di diverso. Ribatte che l'amore di cui abbiamo bisogno deve provenire da un'altra persona, e che là fuori c'è qualcuno di speciale capace di riempire quel vuoto. Siccome il desiderio di quella persona nasce effettivamente dalla nostra convinzione di essere separati da Dio, allora il desiderio stesso simboleggia la separazione e la colpa che proviamo a causa sua. La nostra ricerca quindi ha in sé l'energia della separazione. Sta per trasformarsi in senso di colpa. Ecco perché spesso, nelle relazioni più intime, emerge così tanta rabbia. Proiettiamo sull'altro la rabbia che proviamo verso noi stessi per aver bloccato il nostro amore.

Spesso, quando pensiamo di essere "innamorati" di una persona, come evidenzia *Un corso in miracoli,* siamo tutto tranne che innamorati. La relazione speciale non è basata sull'amore, ma sulla colpa. La relazione speciale è la spinta dell'ego per allontanarci da Dio. È un'importante forma di idolatria, o la tentazione di pensare che qualcosa di diverso da Dio possa completarci e darci pace. L'ego ci dice che là fuori c'è una persona speciale capace di far sparire il dolore. Non ci crediamo davvero, ovviamente, ma lo prendiamo sul serio. La nostra cultura ha fatto crescere in noi questa idea attraverso i libri, le canzoni, i film, la pubblicità e soprattutto attraverso la cospirazione di altri ego. È compito dello Spirito Santo trasformare l'energia dell'amore speciale dalla slealtà alla purezza. La relazione speciale rende le altre persone (il loro comportamento, le loro scelte, le loro opinioni di noi) troppo importanti. Ci fa pensare di avere bisogno di un'altra persona, quando invece siamo completi e integri così come siamo. L'amore speciale è "cieco" perché cerca di guarire la ferita sbagliata. Si occupa del divario tra noi e Dio che in realtà non esiste. Approcciandosi a questa spaccatura come se fosse reale, e spostandone l'origine ad altre persone, creiamo ad arte l'esperienza che cerchiamo di correggere.

Sotto la guida dello Spirito Santo, ci riuniamo per condividere la gioia. Sotto le direttive dell'ego, ci riuniamo per condividere la disperazione. La negatività, tuttavia, non può essere condivisa perché è un'illusione. "Una relazione speciale è una specie di unione che preclude l'unione medesima."

Una relazione non è da intendersi come l'unione di due invalidi dal punto di vista emotivo. Lo scopo di una relazione non è quello di far diventare un intero due persone incomplete, ma rappresenta piuttosto due persone integre che si uniscono per una maggiore gloria di Dio.

La relazione speciale è uno strumento con il quale l'ego ci separa anziché unirci. Si basa sulla convinzione del vuoto interiore e continua a chiedere: "Cosa posso ottenere?", mentre lo Spirito Santo chiede: "Cosa posso dare?". L'ego cerca di usare gli altri per soddisfare i propri bisogni. Di questi tempi, riferendosi alle relazioni, si parla continuamente di "esigenze soddisfatte". Ma quando proviamo a usare una relazione per servire i nostri scopi vacilliamo perché rafforziamo l'illusione del bisogno. Sotto il controllo dell'ego siamo sempre alla ricerca di qualcosa, sabotando costantemente ciò che troviamo.

Un giorno un'amica mi telefonò per raccontarmi dell'appuntamento con un uomo che le piaceva molto. La settimana successiva, mi chiamò ancora per dirmi dell'incontro disdetto da lui a causa di un impegno fuori città. Evidentemente non le piaceva poi molto. "Non ho bisogno di lui", mi spiegò. "Io sono pronta per una *relazione*."

"No, non sei pronta per una relazione", ribattei io. "Non se all'altra persona non è concesso fare errori."

L'ego le aveva detto di respingere quell'uomo perché lei era pronta per una relazione; quel che stava facendo in realtà era assicurarsi di non averne. L'ego non cerca qualcuno da amare, ma da attaccare. Il suo ordine in amore è "cercare e non trovare". È alla ricerca di un riflesso di sé, un'altra maschera che nasconda il viso di Cristo. In una relazione speciale ho paura di mostrarti la verità su di me, le mie paure, le mie debolezze, perché temo che vedendole mi lascerai. Do per scontato che tu giudichi quanto me. E non faccio i salti di gioia nemmeno all'idea di vedere i tuoi punti deboli, perché mi rende nervosa pensare di avere a che fare con qualcuno che li ha. Tutto questo attenua l'autenticità e impedisce la crescita reale. Una relazione speciale perpetua il mascheramento autopunitivo tramite il quale tutti noi cerchiamo disperatamente di attrarre amore senza essere ciò che siamo davvero. Cerchiamo amore, ma in realtà stiamo fomentando l'odio e la mancanza di autostima verso noi stessi.

Qual è il miracolo in questo caso? Passare da pensieri speciali a pensieri puri. I nostri schemi mentali rispetto alle relazioni sono talmente pregni di paura (attacco e difesa, colpa ed egoismo), per quanto ben camuffati, che spesso cadiamo in ginocchio. Come sempre, questo è un buon posto in cui trovarsi. Preghiamo Dio affinché guidi i nostri pensieri e sentimenti. 'Puoi rimettere alla cura dello Spirito Santo qualsiasi relazione ed essere certo che non ti farà soffrire.'

7. LA RELAZIONE SANTA

"La relazione santa è la vecchia relazione impura trasformata e rinnovata."

Se la relazione speciale è la risposta dell'ego alla creazione dello Spirito Santo, la relazione santa è la risposta dello Spirito Santo. La 'relazione santa è la vecchia relazione speciale trasformata'. Nella relazione speciale, l'ego guida i nostri pensieri verso la paura, ponendoci maschera contro maschera. Nella relazione santa, lo Spirito Santo ha trasformato la nostra mente e lo scopo dell'amore, facendoci incontrare cuore a cuore.

Un corso in miracoli descrive la differenza tra relazione impura e santa:

"Una relazione impura si basa sulle differenze, quando ognuno pensa che l'altro abbia ciò che lui non ha. Ci si mette insieme per completarsi derubando l'altro. Si resta insieme fino a quando si crede che ci sia qualcosa da rubare, e poi ci si allontana. Così facendo, le persone vagano per un mondo di estranei, di diversi, vivendo con il corpo sotto lo stesso tetto senza per questo avere un riparo; nella stessa stanza eppure in un altro mondo.
Una relazione santa parte da un presupposto diverso. Ciascuno si è guardato dentro e non ha trovato nessuna mancanza. Accettando la propria completezza, l'ha estesa unendosi a un altro essere, integro come lui."

Lo scopo di una relazione speciale è insegnarci a odiare noi stessi, mentre quello di una relazione santa è guarirci dal disprezzo di sé. Nella relazione speciale cerchiamo costantemente di nascondere le nostre debolezze. Nella relazione santa le nostre zone non guarite appaiono in modo trasparente e lo scopo di stare insieme diventa proprio la guarigione. Non cerchiamo di nascondere le nostre debolezze, ma piuttosto capiamo che la relazione è il luogo dove guarire attraverso il perdono reciproco. Adamo ed Eva erano nudi nel giardino dell'Eden, ma non erano imbarazzati. Non significa che erano nudi fisicamente. Lo erano dal punto di vista emotivo; erano cioè genuini e sinceri, ma non imbarazzati perché si sentivano completamente accettati per quello che erano. Il Corso descrive la relazione speciale come una fotografia in una cornice. L'ego è interessato alla cornice, cioè all'idea di una persona perfetta capace di "risolvere" tutto, più di quanto lo siamo noi alla fotografia, ovvero alla persona stessa. La cornice è barocca, decorata con rubini e diamanti. Ma il Corso spiega che i rubini sono il nostro sangue e i diamanti le lacrime. Questa è l'essenza di ciò che è speciale. Non l'amore, ma lo sfruttamento. Quello che chiamiamo amore spesso è odio o, nel migliore dei casi, furto. Sebbene potremmo non saperlo a livello consapevole, la nostra ricerca spesso è indirizzata verso qualcuno che possiede ciò che noi crediamo di non avere, e una volta ottenuto siamo pronti ad andarcene. In una relazione santa, siamo interessati alla fotografia. Tutto quello che ci aspettiamo da una cornice è che faccia da supporto quel tanto che basta per tenere a posto la fotografia. Non siamo interessati al nostro fratello per quello che può fare per noi. Ci interessa lui, punto.

Una relazione santa è, soprattutto, un'amicizia tra fratelli. Non siamo al mondo per metterci alla prova l'un l'altro o per gratificare il nostro ego usando il prossimo. Non siamo qui per aggiustare, cambiare o sminuire l'altro. Siamo qui per sostenerlo, perdonarlo e guarirlo. Una volta stavo facendo consulenza a una coppia alle prese con la difficoltosa conclusione della loro relazione. L'uomo aveva cominciato a vedersi con un'altra e la donna era arrabbiata. Durante la seduta, parlando della sua nuova fidanzata, gli disse: "Ti piace solo perché non fa altro che ripeterti quanto sei *meraviglioso*!". Lui la guardò serio e rispose piano: "Be', sì, penso che sia anche per questo."

Come facciamo a trovare una relazione santa? Non chiedendo a Dio di cambiare i nostri compagni, ma di cambiare le nostre menti. Non rifuggiamo da qualcuno da cui siamo attratti perché siamo impauriti da ciò che è speciale. Tutte le volte che compare un amore potenziale, compare anche una potenziale relazione speciale. Spesso chiedo al pubblico: "Qual è la prima cosa che dovreste fare quando siete attratti da una persona?", e loro rispondono in modo retorico: "Pregare!". La preghiera dovrebbe essere qualcosa di simile: "Mio Dio, Tu sai, e lo so anch'io, che in quest'ambito ho più possibilità di avere una nevrosi che in altri. Ti prego, prendi la mia attrazione, i miei pensieri e i sentimenti per questa persona e usali per i tuoi scopi. Fai in modo che questa relazione si svolga secondo la tua volontà, Amen."

L'evoluzione spirituale è come una disintossicazione. Affinché vengano eliminate, le cose devono venire a galla. Una volta che abbiamo chiesto di essere guariti, le nostre zone non ancora risanate verranno portate in superficie. Una relazione gestita dallo Spirito Santo diventa un posto dove le resistenze ad amare non vengono soppresse o negate, ma piuttosto portate alla nostra consapevolezza. Non perdiamo la testa come al solito per le persone verso cui siamo attratti. Riusciamo a individuare con chiarezza le nostre disfunzioni e, quando siamo pronti, chiediamo a Dio di mostrarci un'altra strada.

In quanto templi di guarigione, le relazioni sono come una visita nello studio del Medico divino. Come potrebbe aiutarci un medico se non gli mostriamo le nostre ferite? Le zone dominate dalla paura devono uscire allo scoperto per essere guarite. *Un corso in miracoli* spiega che 'l'oscurità deve essere portata alla luce e non il contrario'. Se una relazione ci permette soltanto di evitare le nostre zone malate, significa che ci stiamo nascondendo e che non stiamo crescendo. L'universo non ci sosterrà.

Per l'ego una relazione è perfetta quando tutti mostrano una facciata perfetta. Ma le cose non stanno necessariamente così; una dimostrazione di forza non sempre è sinonimo di sincerità. Non sempre è la genuina espressione di chi siamo. Se fingo di possedere quella forza da qualche parte dentro di me, sto favorendo un'illusione. Lo faccio per paura che, se tu vedessi la verità, mi respingeresti.

L'idea di "buona relazione" che hanno Dio e l'ego sono completamente differenti. Per l'ego si ha una relazione perfetta quando l'altra persona si comporta come vogliamo, non cerca di comandarci e non viola mai le nostre comfort zone. Ma se una relazione sussiste per favorire la nostra crescita, allora in un certo senso deve spingerci proprio in quella direzione: costringerci a uscire dai limiti della nostra tolleranza e dall'incapacità di amare incondizionatamente. Non saremo allineati con lo Spirito Santo fino a che le persone non potranno comportarsi come vogliono e la nostra pace interiore non sia stabile. Ci sono state volte nella mia vita in cui pensavo che le mie relazioni fossero terribili, ma, dopo una riflessione ulteriore, capivo che Dio probabilmente avrebbe detto: "Oh, è buona." In altre parole, ora Marianne vede con maggior lucidità le sue nevrosi.

Un'amica un giorno mi disse di aver rotto con il suo fidanzato.

"Come mai?", le chiesi.

"Non mi ha chiamata per cinque giorni."

Non aggiunsi altro.

"Sa che ho bisogno di essere rassicurata a voce ogni giorno", continuò lei, "ho stabilito i miei limiti. Non pensi che abbia fatto bene?".

"No", le risposi. "Penso che sia una cosa infantile." E feci una pausa.

"Non hai mai preso in considerazione l'idea di accettarlo così com'è?".

"Be', grazie per il sostegno", chiuse lei.

Risposi: "Quando vuoi sono qui."

Sapevo che "sostegno" per lei significava sentir dire anche dagli altri che il suo fidanzato aveva sbagliato. È molto facile trovare sostegno nell'attribuzione di una colpa. Ma il vero sostegno è quando ci aiutiamo l'un l'altro a vedere al di là degli errori di una persona, a mettere da parte i giudizi e a riconoscere l'amore che vi sta dietro.

Le nostre nevrosi di solito nascono dal fatto che abbiamo un secondo fine nei confronti di un'altra persona, o della relazione stessa. Non è compito nostro cercare di trasformare una relazione in ciò che pensiamo dovrebbe essere. Se l'altro non si comporta come un partner romantico, allora forse significa che non deve esserlo per noi. Non vuol dire che sia sbagliato. Non tutte le relazioni sono destinate a essere romantiche: se il treno non si ferma alla tua stazione, allora non è il tuo treno. L'ego cerca di usare una relazione per soddisfare i nostri bisogni mano a mano che li definiamo; lo Spirito Santo chiede che la relazione venga usata da Dio per servire i Suoi scopi. Il Suo scopo è aiutarci ad amare gli altri in modo più puro. Amiamo in modo puro quando lasciamo liberi gli altri di essere ciò che sono. L'ego ricerca l'intimità attraverso il controllo e la colpa. Lo Spirito Santo attraverso l'accettazione e l'affrancamento.

In una relazione santa, non cerchiamo di cambiare l'altro, ma piuttosto di vedere quanto sia già bello. La nostra preghiera diventa: "Mio Dio, toglimi da davanti agli occhi la bilancia. Aiutami a vedere la bellezza di mio fratello." È la nostra incapacità ad accettare gli altri per come sono a farci provare dolore in una relazione.

L'ego non è altro che la nostra paura. Tutti noi abbiamo l'ego, il che non ci rende cattive persone. L'ego non rappresenta la nostra cattiveria, ma le nostre ferite. Il Corso afferma che 'a un certo livello, tutti noi temiamo che se la gente ci vedesse per ciò che siamo in realtà, arretrerebbe con orrore'.

Ecco perché inventiamo la maschera, per nascondere il nostro vero Sé. Ma il nostro vero Sé, Cristo dentro di noi, è la cosa più bella. Dobbiamo rivelarci a livello più profondo per scoprire quanto siamo meritevoli di amore. Se scaviamo a fondo nella nostra vera natura non troviamo oscurità, ma luce infinita. Ed è ciò che l'ego non vuole capire: che la nostra salvezza sta proprio nel far cadere la maschera. Tuttavia, se abbiamo il costante terrore di essere giudicati, non ci riusciremo. La relazione santa ci offre un contesto nel quale non aver paura di essere noi stessi perché sappiamo che i nostri lati oscuri non verranno giudicati ma perdonati. È in questo luogo che riusciamo a guarire e siamo liberi di accedere alla luce del nostro vero essere. Siamo stimolati a crescere. Una relazione santa è questo: "Uno stato mentale comune in cui entrambe le persone offrono i propri errori affinché vengano corretti, in cui entrambe le persone possano essere felicemente risanate nell'unità."

8. AMORE ROMANTICO

"Non c'è amore se non quello di Dio."

'Non esistono diverse categorie di amore. Non c'è un tipo di amore tra madre e figlio, un altro tra amanti, un altro tra amici. L'amore vero è quello che sta alla base di tutte le relazioni. È l'amore di Dio e non cambia a seconda della forma o delle circostanze.'

Un'amica di recente mi ha fatto notare: "Il rapporto con il tuo bambino ti sta mostrando un nuovo tipo di amore." "No, non è così", le ho risposto. "Mi sta mostrando le insondate profondità della tenerezza, il che mi insegna di più sull'amore."

La gente chiede: "Perché non riesco a trovare una profonda e intensa relazione romantica?". Ma a questa domanda non c'è risposta, perché la gente è sola. Un amore intenso e romantico è un po' come una laurea nel campo dell'amore, e molti di noi sono ancora fermi alle elementari. Quando non siamo impegnati in una relazione, l'ego ci fa credere che il dolore provato possa svanire solo se ne inizieremo una. Tuttavia, se la relazione dura, porterà in superficie molto del nostro disagio esistenziale. È parte del suo scopo. Richiederà tutte le nostre doti di compassione, accettazione, liberazione, perdono e altruismo. Quando siamo soli, potremmo avere la tendenza a dimenticare le difficoltà implicite in una relazione; le stesse difficoltà, al contrario, le ricordiamo piuttosto chiaramente quando viviamo la relazione. Le relazioni non cancellano necessariamente il dolore. L'unica cosa che porta via il dolore è la guarigione di ciò che lo causa. Non è l'assenza delle altre persone nella nostra vita a causare il dolore, ma ciò che facciamo con loro quando sono presenti. L'amore puro non chiede altro che pace per il fratello, perché solo così possiamo stare in pace con noi stessi. Quante volte ho dovuto chiedermi: "Voglio che stia in pace o voglio che mi chiami?". Provare amore puro per l'altro ripristina la linea del cuore. L'ego invece si schiera contro. Farà tutto quanto in suo potere per bloccare l'esperienza d'amore in ogni sua forma. Quando due persone si uniscono a Dio, i muri che sembrano separarle svaniscono. L'amato non sembra più solo un essere mortale. Per un attimo sembra qualcos'altro, qualcosa di più. In verità è proprio così. Nessuno è meno del perfetto Figlio di Dio, e quando ci innamoriamo c'è un istante nel quale vediamo l'assoluta verità dell'altra persona: la *sua* perfezione. Non è solo frutto della nostra immaginazione.

Ma la follia entra rapidamente in funzione. Non appena compaiono le prime luci, l'ego inizia a incalzare con forza per oscurarle. All'improvviso, la perfezione che percepivamo sul piano spirituale viene proiettata su quello fisico. Invece di accorgerci che la perfezione spirituale e l'imperfezione fisica esistono simultaneamente, iniziamo a cercare la perfezione materiale. Pensiamo che la perfezione spirituale dell'altro non sia sufficiente. Anche il suo aspetto deve essere perfetto. Deve essere alla moda, deve stupire. E così nessuno riesce più a essere una creatura umana. Ci idealizziamo a vicenda; e se qualcuno non corrisponde all'ideale restiamo delusi.

Respingere un'altra persona solo perché è un essere umano è diventata una specie di nevrosi collettiva. La gente si chiede: "Quando incontrerò l'anima gemella?". Ma pregare non servirà a nulla se non siamo pronti a riceverla. Le nostre anime gemelle sono esseri umani proprio come noi, che affrontano il normale processo di sviluppo e di crescita. Nessuno raggiunge mai il "completamento". La cima di una montagna è sempre l'inizio di un'altra, e anche se conosceremo qualcuno all'apice del nostro percorso, ci sono buone probabilità che presto ci ritroveremo ad affrontare una nuova sfida. È il nostro impegno a evolvere e a crescere che rende inevitabile l'alternarsi di difficoltà e successi. Ma all'ego non piace l'aspetto delle persone quando "affrontano un percorso". Come in ogni altro ambito, raramente nelle relazioni il problema risiede nel non aver avuto ottime occasioni o non aver incontrato persone meravigliose. Il problema è che non abbiamo saputo ottenere il massimo dalle opportunità che ci sono state offerte. Non ci siamo resi conto di quanto fossero meravigliose quelle persone. L'amore è ovunque. L'ego ci impedisce di riconoscere la presenza dell'amore. L'idea che esista una persona perfetta che deve ancora arrivare è un ostacolo ancora più grande.

La nostra vulnerabilità in relazione al mito della "persona giusta" deriva dalla glorificazione dell'amore romantico. L'ego sfrutta l'amore romantico per i suoi scopi "speciali", inducendoci a minare la relazione sopravvalutandone il contenuto romantico. La differenza tra un'amicizia e una storia romantica può essere illustrata con l'immagine di una rosa a stelo lungo. Lo stelo è l'amicizia; il fiore è l'amore. Dal momento che l'ego è orientato alle sensazioni, la nostra attenzione viene attratta automaticamente dal fiore. Ma il nutrimento di cui il fiore ha bisogno per vivere passa attraverso lo stelo, che rispetto al fiore può sembrare privo di attrattive. Ma se recidi il fiore dal gambo non durerà a lungo. Ho condiviso questa metafora durante una conferenza, e una donna aggiunse questa bella riflessione: "Una lunga storia d'amore è come un cespuglio di rose. In certi periodi dell'anno potrebbe perdere qualche fiore. Ma se la pianta è ben nutrita, quando tornerà la bella stagione ci saranno nuovi boccioli. La scomparsa della passione romantica non segna necessariamente la fine di una meravigliosa relazione, tranne che per l'ego. Lo Spirito scorge i semi della rinascita in ogni declino."

Un corso in miracoli dice che 'non è nostro compito cercare l'amore, ma rintracciare tutte le barriere che ne impediscono l'avvento. Pensare che là fuori ci sia una persona speciale che ci salverà è un ostacolo al puro amore. È una potente arma nell'arsenale dell'ego. È un modo in cui l'ego ci tiene lontani dall'amore, malgrado tenti di nascondere i suoi intenti. Cerchiamo disperatamente l'amore, ma è proprio la disperazione che ci porta a distruggerlo quando lo troviamo. Pensare che una persona speciale ci salverà significa abbandonarsi alla tentazione di caricare di un peso emotivo enorme chiunque potrebbe soddisfare questo compito.

Non dobbiamo ricordare a Dio che ci piacerebbe una relazione meravigliosa. Lo sa già. *Un corso in miracoli* ci insegna che un desiderio è una preghiera. La preghiera più illuminata non è: "Mio Dio, mandami qualcuno di meraviglioso", ma "Mio Dio, aiutami a capire che sono una persona meravigliosa." Anni fa avrei pregato Dio di farmi conoscere un uomo magnifico che facesse sparire tutta la mia disperazione. Ma poi mi sono detta: "Perché non cerchi di affrontare il disagio prima che lui arrivi?". Non riesco a immaginarmi un uomo che racconta a un amico: "Caspita! Ieri sera ho conosciuto una fantastica donna disperata." Cercare la persona giusta porta alla disperazione perché la "persona giusta" non esiste, così come non esiste la persona sbagliata. Davanti a noi c'è solo un individuo e le lezioni perfette che possiamo apprendere da lui.

Se il desiderio del tuo cuore è di avere un partner, lo Spirito Santo potrebbe inviarti qualcuno che non è il tuo partner decisivo, ma qualcosa di meglio: una persona con cui hai la possibilità di affrontare le zone dentro di te che hanno bisogno di essere guarite prima che tu sia *pronto* per una intimità più profonda. Credere nell'amore speciale ci porta a dare per scontato ciò che non si presenta come elemento di una possibile "relazione decisiva". Così facendo ho ignorato vere e proprie perle, perdendo l'occasione di agevolare la mia crescita. A volte non riusciamo a lavorare su noi stessi nelle relazioni in cui siamo coinvolti, perché pensiamo che la "vita reale" inizierà con l'arrivo della persona giusta. Ma si tratta di un espediente dell'ego per assicurarsi che continueremo la ricerca senza approdare a nulla. Il problema di non prendere seriamente le relazioni se non sembrano "speciali" è che, di tanto in tanto, la persona "speciale" poi arriva davvero (talvolta sembra solo la trasformazione di quella sbagliata) ma sprechiamo l'occasione perché non ci accorgiamo del suo arrivo. È qui, ma non siamo pronti. Non abbiamo lavorato su noi stessi. Eravamo in attesa della persona giusta.

Un corso in miracoli dice che un giorno ci renderemo conto che nulla accade al di fuori della nostra mente. Il modo in cui una persona sembra mostrarsi a noi è intimamente connesso al modo in cui scegliamo di mostrarci a lei. Ho imparato che le mie reazioni più efficaci nell'ambito delle relazioni non derivano dall'attenzione che riverso su aspetti particolari dell'altra persona, ma dall'impegno a svolgere la mia parte ai livelli più alti possibili. L'amore è un sentimento di partecipazione. In una relazione santa, il nostro ruolo è attivo nel creare un contesto nel quale l'interazione possa avvenire in modo costruttivo. Generiamo attivamente le condizioni che suscitano interesse piuttosto che aspettare passivamente di vedere se qualcuno si interessi o meno a noi.

Nessuno è sempre e comunque affascinante o sexy. Ma l'amore è una decisione. Aspettare per scoprire se una persona va abbastanza bene per noi è puerile, e rappresenta un atteggiamento destinato a far sentire l'altro come se fosse messo alla prova. Così facendo ci sentiamo nervosi e quindi non possiamo dare il meglio di noi. L'ego cerca qualcuno da sostenere che sia abbastanza attraente. Chi è maturo e possiede una mente orientata al miracolo sostiene gli altri affinché siano attraenti. Per essere pronti a una relazione profonda, è necessario che parte del lavoro sia volto ad apprendere gli strumenti per essere di supporto all'altro affinché possa dare il suo meglio. Il partner ha un ruolo sacerdotale nella vita dell'altro. Ha il compito di aiutarlo a raggiungere le parti più elevate di sé.

Sono stata con uomini che sembravano pensare che io non andassi abbastanza bene. Sono stata anche con uomini abbastanza intelligenti da dire: "Sei bellissima stasera", con una frequenza tale da accrescere la mia autostima e aiutarmi a mostrarmi alla vita in modi sempre più belli. Nessuno di noi è oggettivamente attraente o non attraente. Non esistono cose simili. Ci sono persone che manifestano lo splendore che tutti noi condividiamo, e altre che invece non lo fanno. Chi lo fa di solito a un certo punto del cammino, si è sentito dire dai genitori o dal partner: "Sei meraviglioso e bellissimo." L'amore è per le persone ciò che l'acqua è per le piante.

Esaminare il passato può aiutarci a chiarire molti dei nostri problemi, ma la guarigione non avviene nel passato, bensì nel presente. Oggigiorno c'è una vera e propria mania di incolpare eventi che risalgono alla nostra infanzia per giustificare la disperazione del presente. Ciò che l'ego non vuole farci vedere è che la sofferenza non deriva dall'amore che ci è stato negato in passato, ma dall'amore che noi stessi ci neghiamo nel presente. La salvezza è nel momento attuale. In ogni istante abbiamo la possibilità di cambiare il passato e il futuro riprogrammando il presente. Una simile prospettiva è blasfema per l'ego e, se la condividiamo, veniamo giudicati duramente. Anche se abbiamo imparato dai nostri genitori a negare l'amore "perpetuando i loro schemi" negare a loro ora il nostro amore non risolverà il problema. Non raggiungeremo la luce se ci limitiamo ad analizzare senza fine l'oscurità. A un certo punto la discussione diventa circolare. L'unica via per raggiungere la luce è entrarci dentro.

"I miei genitori non mi dicevano che ero bella. Povera me." Questo non è il pensiero di una mente orientata al miracolo. Piuttosto, incentiva a fare la vittima. Una mente aperta al miracolo penserebbe: "I miei genitori non mi dicevano che ero bella. Ora capisco perché faccio fatica a permettere agli altri di dirmelo, e a dirlo io stessa a loro.

Posso imparare a farlo ora. La scelta di dare ciò che non ho ricevuto è sempre un'opzione disponibile." Un uomo, di recente, mi ha raccontato che da piccolo suo padre non gli fece mai un regalo. Gli ho suggerito che avrebbe potuto guarire spedendo ora tanti regali a suo padre.

Mi preoccupavo di avere supporto dagli altri, ma mai di darlo io stessa. Poi compresi che dovevo aiutare un uomo a sentirsi in pace con se stesso, anziché passare il tempo a preoccuparmi se lo fosse abbastanza. Aiutiamo l'altra persona ad accedere ai massimi livelli raggiungendo noi per primi i nostri. Lo sviluppo personale sta nel focalizzarsi sulle proprie lezioni, non su quelle dell'altro. *Un corso in miracoli* spiega che "solo ciò che non hai dato può mancare". Ho passato anni ad aspettare l'arrivo di un uomo che mi facesse "sentire una vera donna". Solo quando ho capito che la mia energia femminile non poteva essermi donata da un uomo, ma piuttosto un dono che potevo fare io, sia a me stessa che a lui, gli uomini che mi giravano attorno cominciarono a mostrare l'energia maschile che desideravo.

La fiaba intitolata *Il principe ranocchio* rivela la profonda connessione psicologica tra i nostri atteggiamenti nei confronti delle persone e la loro capacità di trasformazione. Nella fiaba, una principessa bacia un ranocchio che si trasforma in principe. Ciò esprime il potere miracoloso dell'amore nel creare un contesto dove le persone sbocciano naturalmente raggiungendo il loro massimo potenziale. Assillare, cercare di cambiare, di sistemare, criticare non possono farlo. Il Corso dice che desideriamo capire le persone per determinare se siano degne del nostro amore o meno, ma, in verità, fino a che non le amiamo non potremo mai capirle. Ciò che non è amato non può essere capito. Teniamo le persone a distanza e aspettiamo che si guadagnino il nostro amore. Ma il nostro amore lo meritano in virtù dello scopo per il quale Dio le ha create. Fintanto che aspetteremo che diventino qualcosa di meglio, verremo costantemente delusi. Quando decideremo di unirci a loro tramite l'approvazione e l'amore incondizionato, avverrà il miracolo per entrambe le parti. Questa è la chiave principale, il miracolo fondamentale nelle relazioni.

9. ABBANDONARE LA PAURA

"Il perfetto amore scaccia la paura."

Una bella relazione non è sempre rose e fiori. È un processo di nascita, spesso doloroso, spesso difficile. Quando è nata, mia figlia era ricoperta di sangue e altri liquidi. Ci fu molto da fare prima che comparisse il neonato della Plasmon.

In una "relazione spirituale" le due persone non si sorridono necessariamente tutto il tempo. Spirituale, per me, significa soprattutto autentico. In una delle funzioni che ho tenuto alla vigilia di Capodanno, dissi che eravamo insieme non per festeggiare in modo noncurante, bensì consapevole. Ciò includeva anche il riconoscimento del dolore e delle delusioni dell'anno appena trascorso, che dovevano essere elaborate e perdonate prima di poter festeggiare sinceramente la mezzanotte e l'inizio del nuovo anno.

Anche nelle relazioni ci troviamo insieme per svolgere un compito reale che può realizzarsi solo in presenza di una profonda onestà. Tutti noi desideriamo essere genuini, ma abbiamo paura di comunicare onestamente con l'altra persona perché pensiamo che, se vedesse davvero chi siamo, ci lascerebbe.

Una coppia venne da me per una consulenza dopo aver assistito a una mia conferenza. All'inizio della giornata, l'uomo aveva detto alla donna che aveva intenzione di interrompere la loro relazione. Lei ne fu scioccata e ferita e gli chiese se sarebbe venuto da me per aiutarla a superare la perdita. Seduti sul divano del mio studio, rassicurai Bob sul fatto che non ero lì per cercare di riconciliarli, ma per unirmi alla loro richiesta di pace.

Ricordai una situazione simile nella quale mi ero trovata e del modo brillante in cui la mia terapeuta l'aveva gestita. Ripetei loro le stesse cose che erano state dette a me. Chiesi all'uomo: "Bob, perché sei tanto arrabbiato con Deborah?".

"Non sono arrabbiato con lei", rispose.

"Be', ti assicuro che sembri arrabbiato", ribattei.

"So che non spetta a me risolvere i problemi di Deborah", continuò. "Non voglio cambiarla, voglio solo andarmene."

"Oh, scommetto che pensi sia una cosa molto spirituale", commentai.

Sembrò sorpreso. Penso che credesse di essere un buon studioso di *Un corso in miracoli.*

"Non hai smesso di giudicare Deborah", aggiunsi. "Le hai nascosto informazioni vitali, dati senza i quali lei non avrebbe potuto funzionare bene nella relazione. Perché non le dici il motivo della tua rabbia?".

Ripeté ancora una volta: "Non sono arrabbiato."

"Bene", dissi io. "Sei un attore. Allora fingi di esserlo. Avanti, Bob. Siamo al sicuro qui. Diglielo."

Ragazzi! Una volta iniziato, ha lasciato andare tutto quanto. Le disse che non aveva idea di come si poteva vivere con un'altra persona. Lei si comportava come le pareva, e a lui non restava altro che farselo andare bene. Non ricordo esattamente cosa aggiunse poi, ma emersero tantissime altre cose. Quando ebbe finito, Deborah, molto commossa, disse con calma e sincerità: "Non lo sapevo. Grazie per avermelo detto."

Se ne andarono dal mio ufficio e non si lasciarono. La loro relazione, come mi confidarono in seguito, rinacque durante la nostra seduta. La rabbia che provava Bob era energia repressa derivante dal fatto che aveva ritenuto poco spirituale condividere i suoi veri sentimenti con Deborah mentre stavano insieme.

È molto meglio comunicare i sentimenti invece che reprimerli. Spesso la rabbia è il risultato di una serie di sentimenti non espressi che si accumulano dentro di te e che alla fine esplodono. In una relazione santa, consideriamo che parte del nostro impegno debba essere destinato a esprimere con sincerità i sentimenti che proviamo, e sostenere il nostro compagno affinché faccia lo stesso. Grazie alla comunicazione si riducono le possibilità che la rabbia si accumuli dentro di noi.

Fino ad allora, dobbiamo affrontare la realtà. Se proviamo rabbia, dobbiamo accettarla. Se pensiamo che arrabbiandoci il nostro compagno smetterà di amarci, allora rinunceremo a essere sinceri e la relazione sarà condannata. Ho suggerito a due coppie di non rompere a causa di una lite. È molto importante avere uno spazio sicuro nel quale litigare. Lo dico perché non sempre litigare significa farsi del male. Una volta stavo avendo un "acceso diverbio" con un amico. Un conoscente comune alzò la voce e disse: "Non sopporto il modo in cui voi due litigate continuamente." "Non stiamo litigando", precisai. "Siamo ebrei." Credeva che stessimo litigando; noi invece intrattenevamo una conversazione appassionata.

La rabbia è un tema caldo per chi ricerca la spiritualità. In molti, per esempio, non riescono a farsi una ragione della rabbia di Gesù verso i mercanti del Tempio; se Gesù era così puro, chiedono, come ha potuto arrabbiarsi? Ma nessun ebreo o italiano ha problemi con questo racconto. La rimozione dell'ego non è la rimozione della personalità. Ciò che chiamiamo "la rabbia di Gesù" era la sua energia. Uno scoppio emotivo non deve essere rapidamente etichettato come rabbia. È un rilascio di energia e non deve essere considerato come una emozione negativa o non spirituale.

Solo perché qualcuno non esprime rabbia, non significa che non la provi. La rabbia rivolta all'esterno si chiama rabbia. Quella rivolta all'interno si chiama ulcera, cancro e altre cose simili. La cosa più malsana che puoi fare con la rabbia è negare di provarla. La prospettiva miracolosa non consiste nel fingere di non essere arrabbiati, bensì nel dire "Sono arrabbiato ma vorrei non esserlo. Signore, ti prego, mostrami ciò che non vedo." C'è un modo per condividere la nostra rabbia con gli altri senza esprimerla sotto forma di attacco. Al posto di dire, per esempio: "Mi hai fatto sentire così o cosà", prova ad affermare: "Mi sento così. Non sto dicendo che *sei stato tu a farmi sentire così*, o che sia colpa tua. Sto condividendo insieme a te il mio stato affinché possa essere parte della mia guarigione, così da poter rilasciare questo sentimento e andare oltre." In questo modo ti assumi la responsabilità dei tuoi sentimenti, trasformando un motivo di discussione (evitato perché sgradevole) in una parte importante del potere di guarigione delle relazioni. Non siamo avversari nella conversazione, ma compagni. Le relazioni sincere richiedono una comunicazione onesta, a prescindere da quanto sia dolorosa o da quanto faccia paura. *Un corso in miracoli* dice che i miracoli avvengono quando si offre e si riceve una comunicazione completa.

Quando chiedi a Dio di guarire la tua vita, Egli fa risplendere una luce molto intensa su tutto quello che dovresti vedere. Così potrai vedere cose di te che forse avresti preferito restassero nell'ombra. Abbiamo rivestito il cuore di una pesante armatura per proteggerci dagli altri. Come sa bene chi ha fatto sedute di psicoterapia, il processo di crescita personale non è sempre facile. Dobbiamo affrontare la nostra stessa bruttezza. Spesso dobbiamo essere dolorosamente consapevoli della impraticabilità di uno schema prima di essere disposti a rinunciarvi. Spesso, infatti, sembra che quando iniziamo a lavorare in profondità dentro di noi, le nostre vite peggiorino anziché migliorare. Ma la vita non peggiora davvero, è solo che percepiamo più vivamente le nostre trasgressioni perché non siamo più anestetizzati dall'inconsapevolezza. Non siamo più lontani dalla nostra stessa esperienza a causa del rifiuto o della dissociazione. Iniziamo a vedere la verità del gioco a cui stiamo giocando.

Questo processo può essere talmente doloroso da essere tentati di tornare sui nostri passi. Ci vuole coraggio (spesso viene chiamato il sentiero del guerriero spirituale) per decidere di sopportare l'acuta sofferenza della scoperta di sé, abbandonando il dolore annacquato dell'inconsapevolezza che durerebbe per il resto della nostra vita. Rido quando sento dire alla gente che *Un corso in miracoli* è una facile scappatoia. È molte cose, ma non è facile. Dobbiamo guardare l'ego dritto negli occhi prima di avere il potere di abbandonarlo.

L'ego non è un mostro. È solo l'*idea* di un mostro. Tutti abbiamo mostri e demoni dentro di noi, ma possediamo anche l'affascinante principe. Non ho mai sentito di una fiaba in cui i draghi trionfino sui principi. E non mi è mai capitato di cercare di superare uno schema senza ricevere la grazia di Dio, quando la chiedevo con sincerità e umiltà. "Dentro di te c'è sia il bene che il male", ci diceva nostro padre quando eravamo bambini. Più impariamo sulla luce dentro di noi, più è facile perdonarci per il fatto di non essere ancora perfetti. Se fossimo perfetti non saremmo nati. Diventare perfetti e soffermarci sulle zone dove non lo siamo è la nostra missione e una parte importante del processo. Accettando la perfezione spirituale che già esiste dentro di noi, diventiamo personalità perfette. C'è una storia su Leonardo da Vinci che mi ha sempre commossa. Agli albori della sua carriera, stava dipingendo un quadro di Cristo e aveva trovato un ragazzo molto bello che gli faceva da modello. Parecchi anni dopo, Leonardo era impegnato con un quadro che aveva tra i suoi protagonisti anche Giuda. Camminando per le vie di Firenze alla ricerca della persona perfetta che potesse rappresentare il grande traditore, trovò un uomo abbastanza tenebroso e in apparenza malvagio che poteva fare al caso suo. Alla richiesta di fargli da modello, l'uomo lo guardò e disse: "Non ti ricordi di me, ma io ti conosco. Anni fa, ti ho fatto da modello per il quadro di Gesù."

Nel film *Star Wars – Guerre Stellari*, Darth Vader si rivela essere stato un tipo simpatico dopo tutto, molto tempo prima. E Lucifero era il più bell'angelo del Paradiso prima di cadere. L'ego c'è sempre quando avviene un inconveniente, dove si intrecciano i cavi, dove l'amore si blocca. C'è una cosa di cui sono sicura al cento per cento, dopo ogni volta che ho espresso negatività al posto di amore: se avessi saputo come, mi sarei comportata diversamente e meglio. Mi sarei espressa con amore se in quel momento avessi sentito di poterlo fare soddisfacendo contemporaneamente i miei bisogni.

Fino a che non accettiamo completamente il fatto che l'ego è l'impostore dentro di noi, proveremo imbarazzo ad ammettere a noi stessi, per non dire agli altri, il gioco a cui stiamo giocando. Al posto di provare compassione per noi stessi, ricordando che le nevrosi sono le nostre ferite, tendiamo a vergognarci troppo per riuscire a guardarle. Pensiamo di essere cattivi. 'Pensiamo che se scorgessimo la verità su di noi, arretreremmo disgustati.' In realtà, verremmo accecati dalla luce. Esplorando le profondità del nostro Sé, tuttavia, dobbiamo prima di tutto affrontare ciò che *Un corso in miracoli* chiama 'anello di fuoco'. Prima che il principe possa salvare la damigella in pericolo, deve uccidere i draghi che circondano il castello. Ed è quello che dobbiamo fare tutti noi. Questi draghi sono i nostri demoni, le nostre ferite, il nostro ego, i modi sagaci che utilizziamo per negare l'amore a noi stessi e agli altri. Gli schemi dell'ego devono essere estirpati, eliminati dal nostro sistema, prima che il puro amore dentro di noi possa avere la possibilità di uscire allo scoperto.

Un maestro spirituale indiano una volta ha precisato che non esistono cieli grigi. Il cielo è sempre azzurro. A volte, però, sopraggiungono nuvole grigie a coprire l'azzurro del cielo. Lo stesso accade con la nostra mente. I nostri schemi di paura, le abitudini disfunzionali, prendono il sopravvento sulla mente e nascondono la perfezione. In modo temporaneo, però. Questo è tutto. Noi restiamo sempre i perfetti figli di Dio. Non c'è mai stata tempesta che non sia passata. Le nuvole grigie non durano per sempre. Il cielo azzurro sì.

Quindi, che cosa dobbiamo fare della paura, della rabbia, delle nuvole che coprono l'amore dentro di noi? Abbandonarle allo Spirito Santo che le trasforma con l'amore e mai con l'attacco a un'altra persona. È l'attacco, non la rabbia in sé, a essere distruttivo. Urlare contro dei cuscini è diventato di moda in alcuni centri, e per ottime ragioni. Far alzare e abbassare l'energia spesso è un buon modo per stemperare la tensione fisica che rende così difficile pregare quando ne hai più bisogno. La rabbia si oppone al nostro amore. Lasciarla uscire fa parte del processo per abbandonarla. L'ultima cosa che devi fare è credere all'insidiosa illusione che tutte le vite e le relazioni spirituali siano sempre serene o beate.

10. LAVORARE SU NOI STESSI

"Solo ciò che non hai dato può venire a mancare."

Le relazioni sono importanti perché rappresentano l'opportunità di espandere i nostri cuori e amare più in profondità. Lo Spirito Santo è un mediatore di miracoli, è la guida per vedere noi stessi in modo diverso nelle relazioni con le altre persone. Guardo la mia bambina trasmettere amore a chi incontra. Non ha ancora imparato che non tutti sono affidabili. Non ci sono ostacoli tra il suo naturale impulso ad amare e l'espressione di quell'amore. Sorride con la tenerezza dei suoi sentimenti sinceri. Un giorno le dovrò insegnare che non tutte le espressioni d'amore sono appropriate. Ma chiudere la porta è molto diverso che chiudere il cuore. La prova più grande dell'essere genitore sarà quella di incoraggiarla a tenere aperto il suo cuore mentre vive in un mondo così pieno di paure.

Non possiamo dare ai nostri figli ciò che non abbiamo noi per primi. In questo senso, il dono più grande che posso fare a mia figlia è continuare a lavorare su di me. I bambini imparano molto di più attraverso l'imitazione che da qualsiasi altra forma di insegnamento. La più grande opportunità che abbiamo di influenzare positivamente la vita di un'altra persona è accettare l'amore di Dio nella nostra.

Questo è uno dei principi fondamentali dei miracoli nelle relazioni: per trovare la pace con un'altra persona, dobbiamo conoscere noi stessi, i nostri pensieri, le nostre lezioni e il nostro comportamento. "La sola responsabilità di colui che opera il miracolo è di accettare l'Espiazione per sé." L'ego ci spingerà sempre a credere che la fine di una relazione è dipesa dagli errori dell'altro, o da ciò che non ha capito, da ciò che non ha imparato. Invece il focus deve restare su di noi. La mancanza di amore degli altri ci condiziona solo nella misura in cui li giudichiamo per questo. Altrimenti siamo invulnerabili, così come ci si aspetta che sia il Figlio di Dio, e l'ego non ci può toccare.

A volte la gente mi dice: "Ma Marianne, io penso che al novanta per cento sia colpa dell'altro." "Bene", rispondo. "Allora ci resta un dieci per cento su cui investigare e da cui imparare." Quel dieci per cento è la "tua" parte ed è ciò che devi analizzare per imparare. È ciò che porterai con te nella prossima relazione. L'ego lo sa ed è per questo che cerca di spostare il focus sull'altra persona. Lo scopo dell'ego è quello di portarci all'autodistruzione senza che ce ne accorgiamo. È già abbastanza difficile fare chiarezza nelle proprie azioni. Cercare di farlo in quelle degli altri è solo uno stratagemma dell'ego per impedirti di mettere in pratica le tue lezioni. Per imparare il massimo dalle relazioni, devi focalizzarti sulle tue problematiche.

La gente spesso si lamenta del fatto che sceglie sempre le persone "sbagliate". L'ego in questo caso è molto scaltro. Sta cercando di convincerci che stiamo assumendo la responsabilità del problema, quando in verità lo stiamo facendo molto poco. Addossando la colpa a qualcun altro, non possiamo che affondare ancora di più nell'oscurità, non nella luce. Affermare: "Continuo a scegliere persone che non si vogliono impegnare", non è la percezione di una mente aperta al miracolo. Una domanda più illuminata potrebbe essere: "Quanto sono di stimolo a una relazione impegnata? Quanto sono preparato nei recessi più profondi del mio essere a dare e ricevere amore in modo intimo e impegnato?". Oppure: "Come posso perdonare chi non riesce ad andare oltre un certo muro di paura quando ha a che fare con me? Come posso perdonare me stesso per il modo in cui ho contribuito alla sua paura?".

A volte è come se avessi delle fissazioni: sei ossessionato o hai atteggiamenti compulsivi nei confronti dell'altra persona. Quando succede, c'è una buona probabilità che a qualche livello tu non stia lasciando andare la presa. Malgrado la tentazione di cercare all'esterno la fonte del problema, così come la sua soluzione, orienti la mente al miracolo ma non scacci il pensiero fisso che hai dentro. Il prezzo che paghi nel non assumerti la responsabilità del tuo dolore è l'incapacità di capire che puoi cambiare la tua condizione cambiando i pensieri. A prescindere da chi abbia iniziato un'interazione dolorosa, o quale percentuale di errore risieda ancora nel modo di pensare dell'altro, lo Spirito Santo ti offre sempre una via di fuga dal dolore attraverso il tuo perdono. L'altra persona non deve unirsi consapevolmente al cambiamento. 'Chi è più sano', dice *Un corso in miracoli,* 'deve invitare lo Spirito Santo nella circostanza.' Non importa se l'altra persona condivida la nostra disponibilità a far entrare Dio. Tutto ciò che ti serve nella vita è già nella tua testa.

Una volta mi sono presa una cotta per un gay. Sarà anche stato irragionevole, ma non riuscivo a togliermelo dalla testa. Chiesi un miracolo e ricevetti i seguenti pensieri: "Sai, Marianne, sei ossessionata; non riesci a liberarti di questa cosa perché non stai liberando *lui*. Accettalo per quello che è. Permettigli di essere quel che vuole, di fare ciò che vuole, con chi preferisce. Ciò che manca in questa situazione è quello che non stai dando *tu*. È quello che *tu* gli stai facendo a causare il tuo dolore. A livello emotivo, il tuo ego sta cercando di controllare quest'uomo, ed è per questo che ti senti in balìa delle tue emozioni." Finalmente capii. Lo lasciai andare via dalla mia testa, e poi mi sentii libera.

11. CUORI CHIUSI

"Nessuno può dubitare della bravura dell'ego nel costruire falsi casi."

Una volta conobbi un uomo che all'inizio di ogni relazione appariva sempre molto coinvolto; ma, appena una donna apriva il proprio cuore, lui chiudeva il suo. Ho sentito parlare di questo tipo di comportamento come di una "dipendenza dalla fase dell'attrazione". Quest'uomo non andava in giro a fare del male alle donne con cattiveria. Desiderava sinceramente avere una relazione impegnata e autentica. Ciò che gli mancava erano le doti spirituali necessarie a fermarsi in un posto abbastanza a lungo da costruire qualcosa di solido con la propria compagna. Non appena scorgeva in una donna i difetti e le debolezze umane, scappava a gambe levate. La personalità narcisistica cerca la perfezione, ed è un modo per assicurarsi che l'amore non abbia mai la possibilità di sbocciare. Il picco iniziale può essere esaltante e allettante; ma il vero processo di crescita che segue la fase iniziale dell'attrazione può sembrare fiacco e troppo difficile per dedicarci impegno. Non appena l'altra persona viene vista come un essere umano vero e proprio, l'ego prova repulsione e vuole trovare qualcun altro con cui giocare.

Alla fine di una relazione con un partner di questo tipo, ci sentiamo come se avessimo assunto cocaina. Abbiamo fatto una cavalcata eccitante a tutta velocità e ci è sembrato che stesse accadendo qualcosa di importante. Poi siamo caduti e ci siamo resi conto che non è successo proprio niente di importante. Era tutta una finzione. Quel che ci resta è solo un brutto mal di testa e la consapevolezza che questo genere di esperienze non vanno bene, non sono salutari e non vogliamo più ripeterle.

Ma c'è una ragione per cui siamo attratti da relazioni simili. Siamo attratti dall'illusione del loro valore. A volte capita che persone che non hanno nulla da offrire in una relazione reale si presentano come se ti stessero offrendo il mondo. Sono individui talmente dissociati dai loro sentimenti da essere diventati attori di prima categoria, recitando inconsciamente le parti prescritte dalla nostra fantasia. Tuttavia, la responsabilità del dolore che proviamo resta su di noi. Se non avessimo cercato un brivido a buon mercato non saremmo stati vulnerabili alla menzogna.

Come abbiamo potuto essere così stupidi? Questa è la domanda che ci facciamo sempre alla fine di esperienze simili. Ma una volta che ne abbiamo accumulate un certo numero, ammetteremo con noi stessi che non siamo stati affatto stupidi. Sospettavamo che fosse una droga. Il problema era che la volevamo. Sapevamo perfettamente che gioco avremmo giocato con quella persona, di solito ci bastano i primi quindici minuti per capirlo, eppure eravamo così attratte dall'altro che siamo state disposte a fingere di non vedere, per una sera sola, per una settimana, o per il tempo che è durata. Il fatto che qualcuno ci abbia detto: "Sei meravigliosa. Sei una donna bellissima. Sto così bene con te. Che fortuna ho avuto a conoscerti", quando magari ci conosceva solo da un'ora, avrebbe dovuto accendere una luce rossa di allarme. Il problema è che la profondità delle nostre ferite può essere tale che sentire queste parole ci spinge a mettere da parte qualsiasi considerazione razionale. Possiamo esserne così affamate che finiamo per crederci, anche se dentro di noi sospettiamo che non siano vere. Quando soffriamo la fame siamo disperate.

Le donne a volte mi dicono: "Marianne, perché conosco sempre uomini che calpestano i miei sentimenti?". Di solito rispondo così: "Il problema non è conoscerli: il problema è che dai loro il tuo numero di telefono." Il problema, in altre parole, non è che attraiamo un certo tipo di persone, ma che siamo noi per prime a essere attratte da loro. Un uomo o una donna emotivamente distanti, per esempio, potrebbero ricordarci uno o entrambi i genitori. "La sua energia è distante e mi disapprova in modo sottile: è come sentirsi a casa." Il problema quindi non è che ci viene offerto il dolore, ma che *ci troviamo a nostro agio* nel dolore. È qualcosa di familiare.

Il rovescio della medaglia è la tendenza a sentirci annoiati da chi invece avrebbe qualcosa da offrirci. Ciò che è alieno al nostro sistema non può penetrare dentro di noi e restarci a lungo. Questo vale sia se parliamo di qualcosa che entra nel corpo, sia nella mente. Se ingoio un pezzo di alluminio, il mio corpo lo rigurgiterà. Se mi viene chiesto di ingoiare un'idea che non è in "sintonia" con il mio modo di essere, allora il mio sistema psicologico affronterà lo stesso processo di espulsione dell'alluminio.

Se mi convinco di non essere abbastanza brava, avrò difficoltà ad accettare nella mia vita qualcuno che pensa che lo sia. È la sindrome di Groucho Marx quando dice di non apprezzare le persone che lo accetterebbero nel loro club. L'unico modo in cui posso accettare qualcuno che mi trova meravigliosa è di pensare principalmente di esserlo. Ma per l'ego l'accettazione di se stessi equivale alla morte.

Ecco perché siamo attratti dalle persone che non ci vogliono. Poi fingiamo di essere sorpresi quando scopriamo di essere stati traditi o quando la persona ci lascia dopo un'intensa quanto breve relazione. Corrisponde perfettamente ai piani del nostro ego: non sarò amato. Il motivo per cui le persone gentili e disponibili ci sembrano noiose è perché non sono pericolose. L'ego considera il pericolo emotivo come una forma di eccitazione, e si lamenta che la persona gentile e disponibile non sia abbastanza pericolosa. Il buffo è che è vero proprio il contrario: le persone disponibili sono quelle veramente pericolose perché ci mettono alla prova offrendoci la possibilità di una relazione intima. Potrebbero stare con noi abbastanza a lungo da conoscerci. Potrebbero penetrare le nostre difese, non con la violenza ma con l'amore. Questo è ciò che l'ego non vuole farci vedere. Le persone disponibili fanno paura. Minacciano la roccaforte dell'ego. La ragione per cui non siamo attratti da loro è che noi per primi non siamo disponibili.

12. GUARIRE LE NOSTRE FERITE

"Attraverso la guarigione si supera la separazione."

Di rado scegliamo consapevolmente le barriere che poniamo all'amore. Sono lo sforzo di proteggere i punti in cui il cuore è ferito. A volte, in alcune circostanze, abbiamo sentito che un cuore aperto ci causava dolore o umiliazione. Siamo stati capaci di amare con la disponibilità di un bambino, eppure a qualcuno non è importato, ne ha riso, addirittura ci ha punito per averlo fatto. In un istante, forse in una frazione di secondo, abbiamo deciso di proteggerci da quel sentimento così da non provare più un dolore simile. Non ci saremmo più permessi di essere vulnerabili a tal punto. Abbiamo costruito delle difese emotive. Abbiamo cercato di realizzare una fortezza attorno al nostro cuore per proteggerci dagli assalti improvvisi. L'unico problema è che, secondo il Corso, siamo noi a creare ciò da cui ci difendiamo.

C'è stato un tempo nella mia vita in cui sentivo di non dovermi aprire troppo alle persone che non rispettavano il mio cuore come volevo. Provavo rabbia nei confronti di chi sentivo che mi feriva, ma, anziché entrare in contatto con essa e rimetterla a Dio, negavo quella rabbia. Questa è una trappola comune per gli studiosi del Corso. Se la rabbia non viene fatta emergere a livello conscio, non può andare da nessuna parte. Si trasforma così in un attacco contro se stessi oppure in un attacco ingiustificato contro gli altri.

Quindi, non riconoscendo le dimensioni della mia rabbia, e pensando che la lezione consistesse soltanto nel non dover rivelare fino in fondo i miei veri sentimenti, entravo nelle relazioni con due blocchi: ero chiusa (cioè fredda) e armata di coltelli emotivi nascosti provenienti dalla mia rabbia inconscia. A prescindere dal fronte contro cui mi sarei potuta scontrare, il mio non era certo un armamentario piacevole. Freddezza e rabbia avrebbero potuto spegnere anche l'uomo più santo. E questo, ovviamente, non faceva altro che accrescere la rabbia e la sfiducia.

Una volta mi sono trovata a parlare con una terapeuta molto saggia. Feci un commento del genere: "Be', molte donne della mia età fanno fatica a trovare uomini affettuosi, disponibili e che vogliano impegnarsi in una relazione." La sua risposta risuonò nella mia testa come le campane di una chiesa: "Quando una donna dice queste cose", disse, "se guardiamo attentamente, scopriamo che in verità disprezza gli uomini."

Disprezzo degli uomini. Disprezzo degli uomini. Quelle parole mi risuonarono nel cranio. Non so se quello fosse il problema di tutte le donne che avevano parlato con lei, ma sapevo che ci aveva preso in pieno nel mio caso. Avevo riflettuto spesso sull'idea suggerita dal Corso secondo la quale noi pensiamo di essere arrabbiati per ciò che ci ha fatto nostro fratello, ma in verità ce l'abbiamo per ciò che noi gli abbiamo fatto. Avevo capito vagamente quanto fosse vero, ma mi ci vollero un bel po' di esperienze per vedere quello che stavo facendo a quegli uomini, incolpandoli di cose orribili nei miei confronti! Il Corso parla di "figure ombra" che portiamo con noi dal passato. Dice che tendiamo a non vedere nessuno per com'è ora. Continuiamo a biasimare qualcuno nel presente per qualcosa che altri hanno fatto in passato. Qualche poveraccio avrebbe potuto dirmi: "Tesoro, non ce la faccio a tornare domenica sera come ti avevo detto. Devo lavorare a un progetto. Non tornerò fino a martedì." Be', sarebbe stato come dirmi che il mio gatto era morto, o che il mio cane era in punto di morte. Il problema non era che quell'uomo sarebbe tornato a casa con qualche giorno di ritardo. Il problema era quello che provavo dentro di me sentendoglielo dire. Il mio cuore si riempiva di profonda disperazione, non riesco nemmeno a descriverla. Non mi stavo relazionando con quell'uomo, o con quella situazione. Mi stavo ricordando di tutte le volte in cui avevo sentito che non contavo, che non ero attraente, che mio papà non voleva abbracciarmi, o che qualcun altro non voleva più fare l'amore con me.

Secondo il Corso, questa situazione riemergeva ora per farmi provare quel sentimento e per aiutarmi a capire che non aveva niente a che fare con il presente. Ho chiesto un miracolo: 'Sono disposta a vedere le cose in modo diverso. Sono disposta a ricordare chi sono.' La risposta di Dio al mio dolore non sarebbe stata, al contrario di ciò che l'ego continuava a presentarmi come l'unica via d'uscita dalla sofferenza, un uomo che mi avrebbe ripetuto sessanta volte al giorno "Sei fantastica, sei meravigliosa, ti amo, ti desidero", e che poi mi avrebbe dimostrato coi fatti quanto fossi desiderabile, due o preferibilmente tre volte al giorno. La guarigione, in verità, era destinata ad arrivare da uomini che non avrebbero tollerato (perché nessuno può farlo) il mio stato di bisogno, o la colpa che avrei tentato di proiettare su di loro affinché i miei bisogni venissero soddisfatti. Ciò di cui avevo veramente bisogno, naturalmente, era capire che non necessitavo di un uomo per soddisfare quelle che sembravano essere solo insaziabili esigenze emotive. Esse non erano reali, bensì un mero riflesso del fatto che pensavo di non essere perfetta. La salvezza sarebbe giunta soltanto se avessi abbandonato l'idea di non essere all'altezza. Difendendomi dalla possibilità di essere abbandonata, continuavo a ricreare le condizioni per esserlo.

Perché gli uomini non si possono impegnare? Posso solo rispondere per quelli che ho conosciuto, e in quei casi, così come nei casi di molte donne che ho osservato, gli uomini non si sono impegnati perché le donne glielo hanno impedito. La nostra armatura è l'oscurità: il buio del cuore, del dolore, dell'istante in cui abbiamo fatto quel commento cattivo o quella richiesta ingiusta.

Le nostre difese riflettono le nostre ferite. Ma nessuno può guarirle. Le persone possono darci amore in modo innocente e sincero, ma se siamo già persuase di non poterci fidare, se questa è la decisione che abbiamo preso, allora la nostra mente ci dimostrerà che il comportamento di quella persona, qualunque esso sia, è la prova che le nostre conclusioni iniziali erano corrette. Il Corso ci dice che scegliamo cosa vogliamo vedere prima ancora di vederlo. Se vogliamo focalizzarci sulla mancanza di rispetto dell'altro per i nostri sentimenti, di certo riscontreremo questo atteggiamento nell'altro, dato che oggi sono ben pochi i maestri illuminati disponibili per un appuntamento. Ma ci sono un sacco di persone che fanno grandi sforzi, più di quanto siamo disposti a riconoscere, e che si scontrano con incredibili avversità quando il nostro ego ci convince che gli uomini o le donne sono degli idioti, o che non ci piacciono, o che ci lasciano sempre, o che non sono sufficientemente buoni.

13. CAMBIARE LA NOSTRA MENTE

"Il cambiamento fondamentale avverrà insieme al cambiamento dello schema mentale dell'individuo."

Lo scopo della pratica spirituale è la piena guarigione, e l'unica cosa da cui devi guarire è il senso scomposto del Sé. Se non lo credi tu per primo, nessun altro potrà convincerti che vai bene come sei. Anche se gli altri lo dimostrassero con le loro azioni, o non gli crederai, oppure diventerai talmente dipendente dal loro supporto che cercherai di fargli cambiare idea. In entrambi i casi, manterrai la convinzione di non andare bene. L'unico esercizio ripetuto più volte in *Un corso in miracoli* è: "Io sono come Dio mi ha creato." Come ho detto prima, il Corso afferma che il tuo unico problema è aver dimenticato chi sei.

Osservando la perfezione negli altri, ridesterai anche la tua. A volte non è facile. Talvolta sento la vecchia familiare oscurità scendere su di me; ad esempio, quando un uomo fa un commento che io so essere innocente, ma che mi fa sentire abbandonata, trascurata o rifiutata. Ne ho passate abbastanza nella mia vita da capire che non c'è nulla di male in quello che ha appena detto. Non è lui il nemico. Il nemico è il sentimento che in passato mi ha spinto ad attaccare o a difendermi così da fargli provare esattamente la stessa sensazione che pensavo mi stesse infliggendo. Posso scegliere di vedere le cose in modo diverso. Questo è il mio muro. È qui che dobbiamo essere molto consapevoli e invocare Dio. Chiedi il miracolo: "Mio Dio, ti prego, aiutami. È qui che la spada penetra nel mio cuore. È qui che la infilo tutte le volte."

L'istante in cui il dolore è al massimo rappresenta una meravigliosa opportunità. L'ego vorrebbe che non guardassimo direttamente in faccia il dolore. Quando siamo in crisi, c'è una buona probabilità che commetteremo un errore e chiederemo aiuto al Cielo. L'ego vorrebbe che non andassimo mai in crisi e che un mite fiume di tristezza scorresse sullo sfondo delle nostre esistenze in modo da non spingerci mai a chiederci se siamo noi a creare il nostro dolore. Quando proviamo dolore è il momento di "sconfiggere Satana ed eliminarlo per sempre". Un uomo una volta mi ha detto: "Sai, Marianne, puoi lavorare su questa cosa con la tua terapeuta, con *Un corso in miracoli,* con la tua editor, con i tuoi colleghi e tutte le tue amiche, ma nessuno di loro ti darà l'opportunità che hai affrontandola con me." Ciò che intendeva dire, ovviamente, è che con gli altri potevo solo descrivere il dolore, mentre con lui potevo provarlo. In quell'istante, se non avessi tirato fuori un infantile e narcisistico pretesto e non fossi fuggita, ma se fossi rimasta ad affrontare e superare la paura, allora lo scopo della relazione sarebbe stato realizzato. Quando la nostra oscurità vede la luce e riceve il perdono, allora possiamo andare avanti.

Guariamo attraverso la comunicazione e la preghiera. La consapevolezza, da sola, non ci guarisce. Se l'analisi di per sé potesse curare le nostre ferite, a quest'ora saremmo tutti guariti. Le nostre nevrosi sono radicate profondamente nella psiche, come un tumore che avvolge un organo vitale.

Il processo del cambiamento miracoloso è duplice:

1. riconosco il mio errore o il mio schema disfunzionale;

2. chiedo a Dio di togliermelo.

Il primo punto senza il secondo non serve a niente. Come dicono negli Alcolisti Anonimi: "Il tuo pensiero migliore ti ha fatto arrivare fino a qui." Tu sei il problema, ma non la risposta.

Nemmeno il solo secondo principio basta a cambiarci. Lo Spirito Santo non può prendere da noi ciò che non rimettiamo a Lui. Non farà nulla senza il nostro consenso. Non può eliminare i difetti del nostro carattere senza il nostro volere, perché ciò significherebbe violare il libero arbitrio. Abbiamo scelto quegli schemi sbagliando e Lui non ci costringerà a rinunciarvi.

Chiedendo a Dio di guarirti, ti impegni a scegliere di guarire. Ciò significa che scegli di cambiare. L'ego oppone una strenua resistenza. Vuole farci credere che un cane vecchio non cambia. Dire ad esempio: "Sono arrabbiato perché sono alcolizzato", potrebbe descrivere la tua rabbia, ma non giustificarla. L'unico vantaggio nell'essere arrabbiati è che puoi *scegliere di non esserlo* più.

Puoi passare anni in terapia, ma fino a che non scegli di fare le cose in modo diverso, continuerai a girare in cerchio. Ovviamente ti sembra innaturale essere gentile se per anni sei stato scorbutico, ma questa non è una buona scusa per non provarci.

Un corso in miracoli dice che il modo più efficace di insegnare a un bambino non è dire: 'Non fare questo, fai quello.' Non raggiungiamo la luce sondando all'infinito l'oscurità. Raggiungiamo la luce solo se la scegliamo. Luce significa comprensione. E attraverso la comprensione veniamo guariti.

Se per le persone lo scopo della relazione è guarire, e la guarigione può avvenire solo portando allo scoperto le nostre ferite, allora l'ego si opporrà a noi con una terribile situazione di stallo. Se non mi rivelo non può esserci crescita. Senza crescita, alla fine non ci sarà che noia, la morte per una relazione. Ma, mostrandomi all'altro con sincerità, potrei non apparire attraente e il mio compagno potrebbe lasciarmi.

Il narcisismo dell'ego ci fa attendere l'arrivo della persona perfetta. Lo Spirito Santo sa che la ricerca della perfezione nell'altro è solo una cortina fumogena che nasconde il nostro bisogno di sviluppare la perfezione dentro di noi.

Ma se anche ci fosse una persona perfetta là fuori (e non è così), uscirebbe con *te*? Quando abbandoniamo l'ossessione infantile di setacciare l'intero pianeta alla ricerca della persona perfetta, possiamo iniziare a sviluppare i pregi di una relazione compassionevole. Smettiamo di giudicare gli altri e iniziamo a relazionarci con loro. Ci rendiamo conto anzitutto che non viviamo una relazione per focalizzarci su quanto l'altra persona stia imparando le proprie lezioni, ma piuttosto sull'apprendimento delle nostre.

L'ego ci difende contro l'amore, non contro la paura. Il dolore nelle relazioni può essere perversamente confortevole, perché rappresenta qualcosa che conosciamo. Ci siamo abituati a esso. Una volta ho sentito una registrazione di Ram Dass, un maestro spirituale americano, nella quale parlava di un articolo di giornale in cui si raccontava di un bambino maltrattato tolto alla madre. La foto mostrava una poliziotta che cercava di strappare il bambino dalle braccia delle madre, mentre questi lottava per restare dov'era. Malgrado fosse proprio la madre a picchiarlo, era la sola che lui conosceva. Era abituato a lei. Voleva restare in un territorio familiare.

Questa vicenda mostra la nostra relazione con l'ego. L'ego è il nostro dolore, ma è anche ciò che conosciamo; opponiamo resistenza quando veniamo spinti fuori dal suo abbraccio. Lo sforzo necessario per uscire dai suoi schemi dolorosi spesso sembra farci stare peggio del semplice mantenerli. La crescita personale può essere dolorosa perché affrontare la nostra oscurità può farci provare vergogna e umiliazione. Ma lo scopo della crescita personale è il viaggio che ci porta lontano dagli schemi emotivi oscuri che causano dolore, verso quelli che creano pace. *Psychotherapy: Purpose, Process and Practice* [Psicoterapia: finalità, processo e pratica] spiega che, al loro culmine, religione e psicoterapia sono tutt'uno. Rappresentano entrambe la relazione tra pensiero ed esperienza, e sono usate dallo Spirito Santo per celebrare una delle più meravigliose potenzialità umane: la nostra capacità di cambiare.

Oggigiorno abbiamo la tendenza ad analizzare le nostre nevrosi all'infinito, eppure usiamo l'analisi stessa per giustificare la ferita, anziché guarirla. A un certo punto, dopo aver individuato l'origine di uno schema mentale ("Mio padre era chiuso emotivamente", o "Mia madre mi maltrattava") e l'effetto che ha avuto sulla nostra personalità ("Non so come permettere a un uomo di avvicinarsi a me", oppure "Ora faccio molta fatica a fidarmi di qualsiasi autorità"), comprendiamo che il cambiamento avviene per via di una nostra decisione: la decisione di guarire, la decisione di cambiare. Alla fine non importa molto perché sono cresciuta piena di rabbia o sulla difensiva. Ciò che conta è che ho deciso di guarire e chiedo a Dio di aiutarmi.

Come un attore che legge le battute da un copione, posso scegliere una nuova risposta da dare alla vita, una nuova lettura. Qualcuno a questo punto potrebbe urlare: "Non è vero!". Ma ciò che neghiamo è l'esistenza dell'impostore dentro di noi. Solo perché proviamo sentimenti genuini non significa che essi rappresentino veramente ciò che siamo. Il mio Io arrabbiato *non* è me. Deve essere riconosciuto? Sì, ma solo per superarlo. Una volta che ho riconosciuto la mia rabbia, sono pronto, come dicono gli Alcolisti Anonimi, ad "agire come se" potessi fare diversamente. Perché è così. L'ego ha creato ad arte un personaggio fittizio che ora pensiamo sia la nostra personalità. Ma siamo noi a creare costantemente quella personalità, e se non scegliamo diversamente continueremo a ricrearla.

Una volta, parlando con un amico, mi disse di avere paura che se ci fossimo lasciati coinvolgere troppo l'uno dall'altra avremmo potuto soffrire. "Per chi ti stai preoccupando esattamente?" gli chiesi. E lui rispose: "Per te."

Ebbi la sensazione che volesse scaricarmi. Ero arrabbiata e glielo dissi.

"È proprio quello che voglio dire", rispose. "Prendi le cose troppo sul personale e non penso che potrei sopportarlo a lungo."

Sapevo di aver già vissuto questa scena in vari modi con altre persone e avevo più volte chiesto una guarigione. Ero aperta. Gli chiesi: "Dimmi sinceramente: come avrei potuto fare le cose in modo diverso? Cos'altro avrei potuto dire?".

"Avresti potuto solo sorridere e dire: 'Non compiacerti'."

Ero eccitatissima. Ero come una volenterosa attrice al lavoro con un grande regista. "Oh, è meraviglioso", risposi. "Torniamo indietro e ripetiamo la scena ancora una volta. Ripeti quello che hai detto prima."

"Sai Marianne, ho la brutta sensazione che se ci mettiamo insieme, uno di noi due si farà male."

"Per chi di noi hai paura?", chiesi.

"Per te."

Lo guardai serena. "Non compiacerti."

Lui rise e io ululai dall'entusiasmo. Non era stato un piccolo risveglio. Si era trattato di un autentico rafforzamento, una riprogrammazione del mio computer emotivo in una zona dove, inconsciamente, ero andata tutte le volte che mi appellavo a uno schema di risposta impraticabile. Ora avevo stabilito una nuova routine, un nuovo insieme di possibilità. All'inizio avevo scelto la via della rabbia. In quel momento scelsi la via dell'amore. Non dovevo recitare la parte dell'animale ferito. Potevo decidere di identificarmi con la mia nuova forza, che in effetti era il ruolo più naturale che potessi interpretare. Mio fratello non era qui per attaccarmi. Era qui per amarmi. Stava solo a me scegliere se fidarmi e ricambiare il suo amore.

Accettando l'Espiazione, la correzione delle nostre percezioni, torniamo a essere chi siamo veramente. Il nostro vero Io pieno di amore puro non può mai essere smantellato. Tutte le illusioni cadranno. Malgrado i traumi dell'infanzia possano portarci a deviare dalla nostra vera natura, la verità è tenuta in serbo per noi dallo Spirito Santo fino a che non scegliamo di farvi ritorno.

14. PRATICARE IL PERDONO

"Il perdono è l'unica risposta sana."

Per l'ego, l'amore è un crimine. Cerca di convincerci che il perdono è una posizione pericolosa che richiede un sacrificio ingiusto da parte nostra. L'ego afferma che il perdono può portarci a diventare lo zerbino di un'altra persona. 'Per l'ego, l'amore è debolezza. Per lo Spirito Santo, l'amore è forza.'

Molti anni fa uscivo con un uomo, Mike, nel periodo delle Olimpiadi di Los Angeles. La cerimonia di apertura fu meravigliosa; trovare un biglietto era quasi impossibile. Dal momento che lavorava nei media, all'ultimo minuto riuscì ad avere un pass che gli avrebbe permesso di entrare.

Ero molto eccitata per lui. Tutti in città sapevano che sarebbe stato un evento memorabile. Decidemmo che avrei guardato la cerimonia in Tv e che ci saremmo visti più tardi. Concluso lo spettacolo iniziai a vestirmi immaginando che ci sarebbe voluta un'ora e anche più prima che arrivasse, dal momento che il traffico attorno allo stadio doveva essere molto intenso.

Passò un'ora e poi un'altra. Be', pensai, lavora in televisione, potrebbe essere successo qualcosa. Passarono altre due ore. Scoccò la mezzanotte. Mi spogliai e struccai. Erano le due, poi le tre. A tratti mi addormentavo, o restavo sdraiata al buio fissando il soffitto; ero livida di rabbia e, al tempo stesso, temevo che fosse finito in un fosso. Iniziai a chiamarlo a casa. Nessuna risposta. Chiamavo di nuovo. Niente. Alla fine, senza quasi aver chiuso occhio per tutta la notte, verso le sei del mattino, rispose.

"Pronto", disse.

"Mike?", chiesi io. "Sono Marianne."

"Oh, ciao."

"Stai bene?".

"Certo, perché?".

"Avevamo un appuntamento ieri. Te ne sei dimenticato?".

"Oh, è vero", rispose. "Ho fatto parecchio tardi."

Non so cosa ho detto prima di mettere giù il telefono, ma so come mi sono sentita e non è stato il massimo. Ero rimasta in piedi tutta la notte e la mia autostima aveva subìto un duro colpo che dallo stomaco sparava inchiostro emotivo nero nelle vene. Sconvolta, non so come riuscii ad addormentarmi. Quando mi svegliai, avevo una nuova visione dell'accaduto. Ero certa che si sentiva dispiaciuto per come si era comportato. Sarebbe comparso alla porta in pochi minuti con un mazzo di rose, dicendo: "Ciao, piccola, posso offrirti la colazione?". Lo scenario nella mia testa prevedeva che io a quel punto pronunciassi un grazioso: "Certo, tesoro", con voce da bambina. In realtà, non si presentò e nemmeno mi chiamò.

Crollai in una zona buia. Cosa avrebbe detto *Un corso in miracoli* di questo episodio? Sapevo di avere bisogno di un miracolo. Ma mi venivano in mente solo due cose da fare per gestire la situazione, e le avevo già provate entrambe in situazioni simili senza che mi portassero ad alcun risultato.

La prima opzione prevedeva lasciarsi sopraffare dalla rabbia e farglielo sapere. "Chi ti credi di essere per trattarmi così, figlio di puttana?". Il problema di questa opzione era che avrebbe inficiato la mia posizione. "Marianne è una cara ragazza, ma il suo modo di fare non fa per me. Diventa isterica se le cose non vanno come dice lei."

L'altra sola opzione disponibile prevedeva che lo perdonassi e lasciassi andare. Ma anche questa non mi faceva sentire bene. "Non importa se sono rimasta in piedi tutta la notte, Mike. Non m'interessa. Non fa niente." Potevo comprendere l'amore incondizionato, ma non gli appuntamenti incondizionati. Non sapevo cosa fare. Chiesi un miracolo. Considerai la possibilità di un'altra possibilità. Rimisi la situazione a Dio e ricordai che a me non spettava fare nulla.

Dal punto di vista del Corso, la prima cosa che dovevo gestire era il mio stesso giudizio. Fino a che non fossi stata in pace, il mio comportamento avrebbe risentito dell'energia conflittuale che stavo vivendo. Comportamenti aggressivi non possono portare pace. Non fanno altro che aumentare il conflitto. Per prima cosa dovevo gestire le mie stesse sensazioni. Il resto sarebbe venuto da sé.

Così decisi di fare un esercizio: avrei ripetuto costantemente, a voce alta o in silenzio e in presenza di altre persone: "Ti perdono Mike, e ti rimetto allo Spirito Santo. Ti perdono Mike, e ti rimetto allo Spirito Santo. Ti perdono Mike, e ti rimetto allo Spirito Santo."

Dal momento che Mike non mi aveva chiamato il giorno successivo alla nostra conversazione telefonica, né il giorno dopo o quello dopo ancora, accumulavo sentimenti negativi da dissipare. La mia recitazione ripetuta del perdono, una specie di mantra, o affermazione di saggezza spirituale, agiva come un balsamo lenitivo sulla mia agitazione emotiva. Era un deterrente alla tentazione di focalizzarmi sul comportamento di Mike e mi faceva concentrare sui miei stessi sentimenti. Il mio obiettivo era raggiungere la pace interiore, e sapevo che non l'avrei ottenuta fino a quando lo avessi ritenuto colpevole.

Nel caso te lo stessi chiedendo, ci mise due settimane a chiamarmi. La ripetizione costante di "Ti perdono Mike, e ti rimetto allo Spirito Santo", la volontà di perdonare qualcuno, avevano agito sul mio cervello come un farmaco efficace. Non m'importava sapere se avrei più avuto sue notizie.

Così un giorno squillò il telefono, alzai il ricevitore e sentii la voce familiare di Mike: "Marianne?".

Calore e amore genuini mi riempirono il petto, prima ancora che potessi pensarci consapevolmente: "Mike? Ciao! Che bello sentirti!". Ed era proprio così. Era meraviglioso sentire la sua voce.

"Come stai? Mi sei mancata." (Ci *credi*? Ha detto proprio così!!!).

Forse gli risposi che anche lui mi era mancato. Le sue parole erano talmente ridicole che probabilmente non dissi nulla. Ma ricordo che continuò: "Be', quando posso vederti?".

Gli risposi: "Quando ti piacerebbe?".

E lui: "Che ne dici di stasera?".

La mia risposta sorprese entrambi. Dissi con amore e gentilezza: "Mike, ci tengo a te e questo non cambierà. Sono sempre tua amica, a prescindere. Ma se si tratta di uscire insieme non siamo sulla stessa lunghezza d'onda. Quindi, se vuoi pranzare insieme ogni tanto, chiamami. Ma per quanto riguarda uscire, devo dirti di no."

Borbottammo entrambi qualche altro convenevole e poi ci salutammo. Ero preoccupata di aver respinto un fratello, ma, allo stesso tempo, era come se tante bottiglie di champagne si stappassero nel mezzo del Paradiso.

Non avevo respinto un fratello. Avevo semplicemente accettato me stessa in un modo del tutto nuovo. Lui aveva vinto (una lezione di vita e un'amica, se l'avesse voluta) e io lo stesso. Il perdono non mi aveva trasformata in uno zerbino. Mi aveva insegnato a esprimere i miei sì e i miei no senza rabbia, con dignità e amore.

15. COMUNICARE AMORE

"Comunicare è unire, attaccare è separare."

Lo Spirito Santo accetta le persone incondizionatamente. Per l'ego, questo è un pensiero oltraggioso, perché l'amore incondizionato lo condanna alla morte. Come può la gente crescere se ci accettiamo così per quello che siamo? Accettare gli altri per come sono ha l'effetto miracoloso di aiutarle a migliorarsi. L'accettazione non inibisce la crescita, anzi, la favorisce.

Chi ci fa notare di continuo i nostri limiti ci paralizza nella vergogna e nel senso di colpa. Chi ci accetta, ci aiuta a sentirci bene con noi stessi, a rilassarci, a trovare la nostra strada. Accettare l'altro non significa non condividere suggerimenti costruttivi. Non si tratta del nostro comportamento, quanto dell'energia che trasmettiamo. Se critico qualcuno per cambiarlo, è l'ego che parla. Se prego, chiedo a Dio di guarirmi dal pregiudizio e intendo ancora comunicare qualcosa, la mia condivisione sarà all'insegna dell'amore invece che della paura. Non comunicherò l'energia dell'attacco ma del sostegno. Il cambiamento comportamentale non è sufficiente. Nascondere un attacco sotto una dolcezza simulata, con un tono di voce gentile e un gergo da terapeuta non è un miracolo. Un miracolo è il passaggio totale dalla paura all'amore. Quando parliamo tramite il nostro ego, richiamiamo l'ego negli altri. Quando parliamo tramite lo Spirito Santo, richiamiamo il loro amore. Un fratello in errore, dice il Corso, chiede di imparare, non di essere attaccato.

La seguente sezione del Corso è una portentosa guida per una corretta comunicazione nelle relazioni:

"Gli errori appartengono all'ego e la loro correzione sta nel suo abbandono. Quando correggi un fratello, gli stai dicendo che sbaglia. In quel momento potrebbe non capire, e se ti sta parlando tramite l'ego non capirà di certo. Ma il tuo compito è sempre quello di ricordargli che è nel giusto. Non farlo a voce, se dice cose sciocche. Ha bisogno di una correzione a un altro livello, laddove si trova il suo errore. Ma lui è nel giusto, perché è un Figlio di Dio."

I miracoli avvengono in un regno invisibile. Lo Spirito Santo migliora il nostro stile. Ci insegna a comunicare con amore anziché con aggressività. Spesso le persone diranno: "Be', gliel'ho detto. Ho parlato chiaro!". Ma la comunicazione è una strada a doppio senso. Avviene solo se uno parla e l'altro può sentirlo. È capitato a tutti di trovarsi in conversazioni dove due persone parlavano senza ascoltarsi a vicenda. Al contrario ci saranno capitate senz'altro conversazioni in cui nessuno diceva niente ed entrambi capivamo tutto alla perfezione. Per poter comunicare davvero, dobbiamo dar vita allo spazio del cuore tra noi e gli altri. È quello spazio, o la sua assenza, a determinare una comunicazione miracolosa o piena di paura. A volte, ovviamente, ciò comporta saper tenere la bocca chiusa. Il silenzio può essere una portentosa forma di comunicazione d'amore. Ci sono state occasioni nelle quali avevo torto e ne ero consapevole tanto quanto gli altri; li ho amati per aver avuto l'accortezza di non dire niente. In questo modo ho avuto la possibilità di rimediare con dignità.

Quando parliamo, in effetti, la chiave della comunicazione non è ciò che diciamo, ma piuttosto l'intenzione che vi sta dietro. Dal momento che esiste una e una sola mente, tutti noi, in ogni istante, comunichiamo telepaticamente. La persona con cui stiamo parlando percepisce quel che abbiamo deciso, se congiungerci o separarci, a prescindere dalle nostre parole. La scelta di congiungerci con l'altro è la chiave per comunicare, perché è la chiave della comunione stessa. In una comunicazione, il punto non sta nel perseguire il proprio obiettivo, ma nel trovare un territorio dell'essere puro su cui far sorgere il proprio messaggio. Non cerchiamo di congiungerci all'altro con le parole, accettiamo l'idea di essere uniti all'altra persona prima ancora di parlare. Questa accettazione è di per sé un miracolo.

Il maestro inviato da Dio è uno strumento intuitivo finemente accordato. *Un corso in miracoli* dice che dobbiamo ascoltare nostro fratello, prima e soprattutto. Se spetta a noi parlare, Lui ce lo farà sapere. Gesù una volta inviò i Suoi discepoli per le campagne con il compito di diffondere il Vangelo: "Cosa dobbiamo dire?", gli chiesero. Questa fu la Sua risposta: "Ve lo dirò quando sarete lì." Non spetta a noi cercare di capire cosa dire a un fratello. Il nostro compito è solo quello di chiedere allo Spirito Santo di purificare le nostre tentazioni relative a quella persona. In virtù di quel luogo che abbiamo dentro di noi, e solo a partire da lì, troveremo il potere delle parole e del silenzio che infondono la pace di Dio.

16. IMPEGNO

"Coloro che Dio ha unito, l'ego non può dividerli."

Un corso in miracoli dice che dobbiamo impegnarci al cento per cento nelle nostre relazioni e che non saranno mai in competizione fra loro. Impegnarsi in una relazione significa impegnarsi nel processo di comprensione e perdono reciproci: non importa quante conversazioni servano, né quanto spiacevoli possano essere.

Se ci separiamo fisicamente da qualcuno con cui abbiamo avuto una relazione, non significa che la relazione stessa sia finita. Le relazioni sono eterne. La "separazione" è soltanto un altro capitolo della relazione. Spesso, lasciare andare la vecchia forma della relazione diventa una lezione di puro amore molto più profonda di quelle che potrebbero essere apprese se la coppia restasse insieme. Qualche volta mi sono sentita profondamente innamorata della persona che stavo lasciando più di quanto avessi mai provato prima. Ciò che ho scoperto è che lo Spirito Santo a volte schiaccia il freno in quel momento solo perché serve tutto l'amore di cui siamo capaci per lasciare andare qualcuno. "Ti amo così tanto da renderti libero di essere dove devi essere e di andare dove devi andare." È un passaggio della relazione che non riguarda la fine, ma la realizzazione ultima dello scopo della relazione: capire il significato del puro amore.

A volte la lezione da imparare in una relazione è come tenere duro e far funzionare le cose. Altre volte, la lezione da imparare è come uscire da una situazione che non serve. Nessuno può stabilire quali principi applicare in una data circostanza. È solo la connessione con lo Spirito Santo, la nostra guida intuitiva, che può condurci al supremo svolgimento degli eventi con la massima comprensione.

Durante le mie conferenze ho detto spesso: "Non abbandonare mai una persona quando te ne stai andando." Cosa significa? Significa che è importante per noi rispettare la natura eterna delle relazioni. Quando le relazioni cambiano forma, non è necessario sminuire il loro valore. L'ego dice: "Guarda, è finita. Non ha funzionato. Non siamo più insieme. Quel che è stato è stato. Starò con qualcuno di nuovo, adesso." L'"ex" diventa un cittadino di seconda categoria. Spesso il nuovo compagno si sente giustificato nel dire: "Perché gli parli ancora? Ora siamo insieme io e te." Merita dolore chi non sostiene la riappacificazione tra un uomo o una donna e il suo ex. Alla fine capirai che il nuovo partner ti tratterà esattamente come ha trattato il suo ultimo compagno. Sentiamo il bisogno di aggrapparci con gelosia a ciò che abbiamo perché in quest'ambito, così come in ogni altro, l'ego sostiene che l'amore sia limitato e che il bene di un'altra persona va a scapito del nostro. L'ego crede che le risorse siano finite, ma l'amore è infinito. Ogni qualvolta si aggiunge amore all'esistenza, tutte le sue parti crescono. L'amore fa nascere altro amore. Se mio marito o il mio fidanzato si riconcilia con le sue relazioni passate, ciò non fa altro che incrementare la sua capacità di amarmi. L'ultima donna della sua vita non è una mia avversaria. È mia sorella.

Una volta venne a cena da me un uomo. Ci frequentavamo da un po' di tempo e gli chiesi che cosa avesse fatto nel corso della giornata. Mi raccontò che aveva lavorato a un copione con la sua precedente fidanzata che collaborava ancora con lui. Mi disse che avevano avuto una conversazione piuttosto sgradevole a proposito della loro relazione. Lei si sentiva ancora ferita, faceva fatica a chiudere, insomma tutte cose che conosciamo. Gli chiesi come si fosse conclusa la loro discussione. Disse che lei era alquanto sconvolta. Smisi di cucinare, lo guardai negli occhi e dissi: "Chiamala." Il pensiero di quella donna, da qualche parte all'altro capo della città, a consumarsi nell'angoscia mentre noi facevamo la nostra cena romantica, era per me una cosa difficile da sopportare. Avevo vissuto la sua stessa esperienza in passato. Quanto sarebbe stato poco etico da parte mia non aiutare quella donna?

"Non ti dispiace?" disse lui.

"Niente affatto", risposi.

"La cena può aspettare."

I nostri bisogni non sono disgiunti. Se contribuiamo al dolore di un'altra persona lo riceveremo a nostra volta. Se aiutiamo gli altri, ci sarà sempre qualcuno pronto ad aiutare noi. Non si può restare passivi mentre gli altri soffrono, usando la giustificazione "Non è una mia responsabilità", oppure "Non spetta a me farmi coinvolgere". È un atteggiamento egoista. Una conoscente una volta, dopo una situazione in cui mi ero sentita tradita, mi disse: "Non era mia intenzione ferirti." Le risposi: "Ma non era nemmeno tua intenzione amarmi." L'amore non è neutrale, necessita di una presa di posizione. È l'impegno a raggiungere la pace per tutti quelli che sono coinvolti in una certa esperienza.

17. FEDE NELLE RELAZIONI.

"La fede è il riconoscimento dell'unione."

Spesso desideriamo un'altra persona perché, in un regno invisibile e intangibile, continuiamo a comunicare, a esprimere e a cercare il completamento di noi stessi. La gente potrà dire: "Ti comporti da nevrotico. È ora di lasciar perdere." Ma un tempo le vedove portavano il lutto per un anno, eppure il loro dolore era capito, riconosciuto, accettato. Non è da nevrotici soffrire per una relazione; è da nevrotici non farlo. A un certo livello, a prescindere da quanto potremmo essere dissociati dai nostri sentimenti, ogni relazione ci dà la speranza che possa essere un luogo sicuro, un porto, un punto di ristoro dopo tante battaglie.

Se una relazione, per qualsiasi motivo, non funziona, la nostra delusione è normale. Ogni incontro che ci coinvolge in profondità rappresenta un'intensa e complessa connessione karmica. La fine di una relazione è simile alla morte e talvolta la tristezza che procura è anche maggiore. Quando muore qualcuno spesso subentra un tipo di rassegnazione e comprensione che non si sviluppa quando le persone si separano senza aver raggiunto una consapevolezza superiore. Magari ora la persona che amiamo si trova semplicemente all'altro capo della città, dorme con qualcun altro; eppure per noi, dal giorno della separazione, è come se fosse lontana anni luce. È inutile fare finta che non sia una spina nel cuore. Lo è e non c'è nient'altro da fare se non piangere lacrime che zampillano come sangue da una ferita.

'Ora è il momento della fede.' Lasciamoci addolcire dalle nostre lacrime. Quando le emozioni ci trafiggono il cuore, quei muri che non avrebbero mai dovuto erigersi iniziano a sbriciolarsi. È allora che possiamo imparare. Impariamo cosa è illusorio e cosa è reale. Possiamo imparare che non dobbiamo mai fidarci degli idoli e possiamo conoscere un tipo di amore che non ci abbandonerà mai.

Nelle relazioni ci sono tanti conflitti che mettono alla prova la nostra fede. Uno di essi è il tradimento. "Tradimento" è una parola che non comprendiamo del tutto fino a quando non ci capita. Quando è un amico a impugnare il coltello, il dolore che proviamo è ineguagliabile.

Nel Corso Gesù dice che sebbene sia stato tradito (come vuole il pensiero comune), non ha scelto di condividere questa prospettiva. In altre parole, sapeva che non avrebbe potuto essere tradito per davvero, perché ciò che non è amore non è reale. Così, quando veniamo attaccati, quando la medicina è così amara che abbiamo bisogno di tutta la nostra forza per non crollare, che cosa facciamo? Dove troviamo conforto?

Una volta qualcuno mi ha detto che il pavone ha piume tanto belle perché si nutre di rovi. Che immagine deliziosa! Le cose più dure da digerire possono contribuire alla nostra bellezza. Tuttavia, non è sempre così. Accade, strano a dirsi, solo se ci apriamo a sufficienza da assorbire l'orrore. Opporre resistenza e mettersi sulla difensiva non fanno altro che rendere l'orrore più reale e aumentare la nostra sofferenza.

Se Gesù avesse urlato dalla croce: "Vi odio tutti quanti", la storia sarebbe stata completamente diversa. Non ci sarebbe stata la resurrezione. Ciò che determinò la possibilità del Suo trionfo fu il Suo essere indifeso, la Sua fede nell'amore malgrado ciò che subiva dagli altri. Il corpo può essere distrutto, ma non la verità. La verità si riaffermerà sempre, dati i simbolici tre giorni. Tre giorni sono il tempo che intercorre tra la crocifissione e la resurrezione, tra la reazione con cuore aperto al male subìto e l'esperienza di rinascita che seguirà sempre. Quante volte ho detto a me stessa e agli altri: "Ci vogliono solo tre giorni. Aspetta. Tieni duro."? Quando i nostri amici si rivoltano contro di noi, oppure quando veniamo ingannati o calunniati, la tentazione di difenderci e contrattaccare è fortissima. Tuttavia, il Corso dice che "la nostra salvezza sta proprio nell'essere indifesi". Ancora una volta la nostra forza deriva dal dire: "Mi farò da parte e lascerò che Lui mi faccia strada." Il Cristo dentro di noi sa gestire qualsiasi assalto perché non è condizionato dalla mancanza di amore. Solo la nostra convinzione di essere influenzati dalla paura può condizionarci. Mettersi sulla difensiva è un modo di essere d'accordo con chi ci attacca e quindi trasforma la paura in realtà.

Ci vuole molto coraggio e forza personale per mantenere il proprio equilibrio nei momenti in cui soffriamo di più. Ci vuole saggezza per capire che la nostra reazione non fa altro che soffiare sul fuoco delle false emozioni. L'amore crea uno scudo mistico attorno a noi e ci protegge dal caos. Quando siamo nel bel mezzo di una perdita, di un tradimento o di una crisi di qualsiasi tipo, troviamo la forza nelle parole: "So chi sono." La verità non può essere distrutta. Non può esistere perdita se non nel tempo, dice il Corso, e il tempo non esiste.

18. MATRIMONIO

"Entrambi, insieme, vi impegnate a invitare lo Spirito Santo nella vostra relazione."

Il matrimonio, come qualsiasi altra cosa, può essere usato dall'ego o dallo Spirito Santo. Il suo contenuto non è mai predeterminato. È un organismo vivente che riflette costantemente le scelte degli individui che lo compongono.

Sono poche le cose ritenute sacre a questo mondo, ma una in particolare deve essere trattata con rispetto, altrimenti il tessuto morale del mondo si disgrega: un accordo tra due persone. Un matrimonio illuminato è un impegno a partecipare al processo di crescita e perdono reciproco, condividendo l'obiettivo comune di servire Dio.

Un uomo una volta mi raccontò che la relazione con la sua ex moglie funzionava benissimo il primo anno. A quel tempo erano entrambi impegnati in un'associazione che si dedicava allo sviluppo personale. Quando però lasciarono l'organizzazione, il matrimonio cadde a pezzi. Ciò non significa che non avesse più ragione di stare in piedi. Piuttosto, rivelava l'importanza di un contesto più grande rispetto alle preoccupazioni di uno dei due o della coppia.

Perché il matrimonio è un impegno più profondo rispetto ad altre forme di relazione, come quella di una coppia che convive? Perché è un accordo in virtù del quale, a prescindere dalle scosse e dalle urla che ci possono essere, nessuno lascia la stanza. Entrambi possiamo affrontare in sicurezza le emozioni che emergono dal nostro profondo e, se siamo sinceri, ci saranno volte in cui ne saremo turbati. Nessuno se ne andrà.

L'impegno del matrimonio viene dichiarato pubblicamente. Quando gli ospiti partecipano a un matrimonio religioso, si svolge un rituale nel quale le preghiere collettive creano un cerchio di luce e protezione attorno alla coppia.

Un matrimonio è il dono di Dio a un uomo e a una donna. È un dono che dovrebbe essere ricambiato. La moglie di un uomo è letteralmente il dono di Dio a quell'uomo. Il marito di una donna è il dono di Dio a quella donna. Ma Dio elargisce doni che sono destinati a tutti. Quindi il matrimonio deve essere inteso come una benedizione per il mondo, perché rappresenta l'occasione nella quale due persone potrebbero diventare più di quanto sono state individualmente. Il mondo intero gode della presenza di persone guarite. Uno degli esercizi del Corso dice: "Quando guarisco, non lo faccio da solo."

Il sostegno e il perdono del partner ci permettono di affrontare il mondo con magnificenza. *Un corso in miracoli* spiega che l'amore non è esclusivo, ma inclusivo. Parecchi anni fa c'era una canzone il cui ritornello faceva: "Io e te contro il mondo." Se un uomo mi avesse detto una cosa del genere avrei risposto che stavo per cambiare lato della strada. Non ci sposiamo per sfuggire al mondo; ci sposiamo per guarirlo insieme.

Sotto l'egida dello Spirito Santo, una coppia sposata s'impegna nella creazione di un contesto in cui le risorse individuali (materiali, emotive e spirituali) vengono messe al servizio dell'altro. Ciò che daremo, riceveremo. Servire non significa sacrificarsi. Significa donare all'altro la stessa importanza che attribuiamo a noi stessi. L'ego afferma che solo uno vince. Lo Spirito Santo subentra in ogni situazione assegnando una vittoria a tutte le parti coinvolte. Nel matrimonio abbiamo la fantastica opportunità di comprendere l'illusorietà delle esigenze separate. La coppia sposata non pensa solo in termini di ciò che è bene per lui o per lei, ma per entrambi. Questo è uno dei modi in cui il matrimonio può contribuire alla guarigione del Figlio di Dio.

Come in ogni altra cosa, la chiave per un matrimonio di successo è la consapevolezza di Dio. Il matrimonio è la resa a Lui per essere usati secondo i Suoi scopi. Il detto per cui la famiglia che prega riunita resta unita è vero.

Il matrimonio illuminato comprende la presenza di una terza parte mistica. Allo Spirito Santo viene chiesto di guidare le percezioni, i pensieri, i sentimenti e le azioni affinché, come in tutte le cose, possa essere fatta la volontà di Dio in Terra come in Cielo.

19. PERDONARE I GENITORI, GLI AMICI, NOI STESSI

"Il posto più sacro sulla Terra è laddove un odio antico è diventato amore."

Non c'è modo di prendere coscienza senza perdonare i nostri genitori. Che ci piaccia o no, nostra madre è l'immagine principale di donna adulta che abbiamo, così come nostro padre lo è di un uomo adulto. Se siamo uomini, e portiamo rancore nei confronti di nostra madre, non saremo in grado di sfuggire alla proiezione della colpa sulle altre donne adulte che entreranno nella nostra vita; se siamo donne, da adulte non saremo in grado di sfuggire all'autocondanna. Se portiamo rancore nei confronti di nostro padre, non saremo in grado di sfuggire alla proiezione della colpa sugli altri uomini adulti che entreranno nella nostra vita; se siamo uomini, da adulti non saremo in grado di sfuggire all'autocondanna.

Ecco tutto. A un certo punto perdoniamo perché *decidiamo* di farlo. La guarigione avviene nel presente, non nel passato. Non siamo bloccati dall'amore che non abbiamo ricevuto nel passato, ma da quello che non doniamo nel presente. Dio ha il potere di rinnovare la nostra vita, oppure non ce l'ha. Dio potrebbe mai guardare uno di noi e dire: "Vorrei tanto darti una vita piena di gioia, ma tua madre era proprio tremenda, ho le mani legate."?

Oggi si parla molto di persone cresciute in famiglie disfunzionali. Ma chi *non* è cresciuto in una famiglia simile! Il mondo intero è disfunzionale! Ma non c'è niente di quello che abbiamo affrontato, visto o fatto che non possa essere usato per dare più valore alle nostre vite. Possiamo crescere grazie a ogni esperienza, e possiamo trascenderla. Questo tipo di ragionamento è pura blasfemia per l'ego che rispetta il dolore, lo glorifica, lo idolatra e lo crea. Il dolore è la sua colonna portante. Considera il perdono come un suo nemico.

Il perdono è l'unica via che ci rimane per uscire dall'inferno. Sia che perdoniamo i nostri genitori, i nostri amici o noi stessi, le leggi della mente non cambiano: quando amiamo, veniamo liberati dal dolore; quando neghiamo l'amore, restiamo nel dolore. In ogni istante esprimiamo amore o proiettiamo paura; ogni pensiero ci porta più vicini al Paradiso o all'inferno. Di cosa abbiamo bisogno per capire che 'siamo saliti sull'arca a due a due', che non c'è modo di entrare in Paradiso senza portare qualcuno con noi?

La pratica e l'impegno sono le chiavi per amare. Ciò che ho vissuto in prima persona e di cui sono stata testimone quando si trattava di altri, non è uno scontro con il potere dell'amore. Riconosco la verità di tutti questi principi. Ma ho capito anche che spesso oppongo resistenza all'esperienza dell'amore, soprattutto quando portare rancore sembra più importante che lasciarlo andare. È stato creato un mondo intero che affonda nella paura. I sistemi della paura non verranno smantellati in un istante. Possiamo lavorare su noi stessi in ogni momento della nostra esistenza. Il mondo viene guarito con un pensiero d'amore alla volta. Madre Teresa diceva che non esistono grandi gesti, ma solo piccoli gesti fatti con grande amore.

Ciascuno nutre diverse paure e le manifesta in modi diversi, ma tutti veniamo salvati nello stesso modo: la preghiera che rivolgiamo a Dio affinché salvi le nostre vite proteggendo le nostre menti. "Non indurci in tentazione, ma liberaci dal male, perché l'amore è il Regno, la gloria e la potenza, nei secoli dei secoli."

CAPITOLO 7
Lavoro

"Sono qui solo per essere veramente d'aiuto.
Sono qui per rappresentare Colui che mi ha mandato.
Non devo preoccuparmi di cosa dire o fare,
perché Colui che mi ha mandato mi guiderà.
Sono soddisfatto di trovarmi laddove Lui desidera,
sapendo che verrà con me.
Permettendo a Lui di insegnarmi a guarire,
sarò guarito a mia volta."

1. ABBANDONARE LE NOSTRE CARRIERE

"Riconoscendo i tuoi punti di forza così come sono, e con la consapevolezza di dove possano essere applicati al meglio, con quale fine, per chi e quando, Lui sceglie e accetta la parte che ti spetta."

Avere successo significa andare a letto la sera sapendo che le nostre doti e capacità sono state impiegate in modo da servire gli altri. Veniamo ripagati dallo sguardo di gratitudine negli occhi della gente, a prescindere dall'abbondanza materiale che ci sostiene, e dalla sensazione meravigliosa di aver dato il nostro piccolo contributo per salvare il mondo.

Espiazione significa mettere l'amore al primo posto. In ogni cosa. Nel lavoro come altrove. Lavori per diffondere amore. La tua azienda dovrebbe diffondere amore. La tua sceneggiatura dovrebbe diffondere amore. Il tuo negozio di parrucchiera dovrebbe diffondere amore. La tua vita dovrebbe diffondere amore. La chiave per il successo nel lavoro è capire che esso non è separato dal resto della vita, bensì un'estensione del tuo Io essenziale. E il tuo Io essenziale è amore.

Sapere chi sei e perché sei qui (che sei un figlio di Dio e che sei qui per guarire ed essere guarito) è più importante di sapere ciò che vuoi fare. La domanda da porre è: "Quando faccio *qualcosa*, come dovrei farlo?". E la risposta è: "Con gentilezza." Di norma la gente non associa il lavoro alla gentilezza, perché il lavoro è inteso semplicemente come uno strumento per fare soldi. Gli operatori di miracoli non lavorano solo per fare soldi, ma per infondere amore nel mondo.

Ciascuno ha un ruolo particolare da svolgere nel "piano per la salvezza di Dio". Lo Spirito Santo ha il compito di rivelarci la nostra funzione e di aiutarci a svolgerla. 'Lo Spirito Santo ci chiede se è ragionevole supporre che Lui ci assegni un compito senza darci i mezzi per la sua realizzazione.'

Ancora una volta, non siamo noi a decidere che ruolo svolgere nella vita; è Lui che ci rivela dove vorrebbe che andassimo e cosa vorrebbe che facessimo. Rimettiamo a Lui le nostre professioni. Durante la Seconda guerra mondiale, i generali Alleati sovraintendevano l'attività delle truppe da un quartier generale da cui impartivano gli ordini. I comandanti sui diversi fronti non sapevano necessariamente in che modo i loro movimenti facevano parte di una strategia militare complessiva: sapevano solo che era così, perché confidavano che dietro agli ordini emessi ci fosse una *intelligence* generale. Lo stesso vale per noi. Potremmo anche non sapere come o dove le nostre doti sarebbero applicate al meglio, ma lo Spirito Santo lo sa. *Un corso in miracoli* ci insegna a 'evitare di intraprendere progetti di nostra iniziativa e di rimetterli a Dio'.

Ci sono persone che ribattono: "Ho paura di rimettere la mia carriera a Dio. Sono un musicista: e se Lui volesse che fossi un ragioniere?". La mia risposta è: "Perché mai vorrebbe una cosa simile? Non pensi che preferisca che a fare quel lavoro ci sia qualcuno che s'intende di numeri?".

Se sei dotato nella musica, quel talento è di Dio. Se qualcosa fa cantare il tuo cuore, quello è il modo in cui Dio ti dice che si tratta del contributo che vuole da te. Condividere i nostri doni è ciò che ci rende felici. Quando siamo felici, siamo più forti e il potere di Dio è più visibile sulla Terra.

Un corso in miracoli dice che 'il solo vero piacere deriva dalla realizzazione della volontà divina'. Il punto cruciale della salvezza in ogni ambito è un cambiamento nella percezione del nostro fine ultimo. Le relazioni, il lavoro, il corpo: tutte queste aree della nostra vita rinascono nello spirito quando le dedichiamo agli scopi di Dio, chiedendo che vengano usate come strumenti attraverso cui guarire il mondo.

Il cambiamento è un miracolo. Come sempre, lo chiediamo in modo consapevole. "Mio Dio, ti prego di dare alla mia vita la percezione di avere uno scopo. Usami come strumento della tua pace. Usa le mie doti e le mie capacità per diffondere amore. Rimetto a te il mio lavoro. Aiutami a ricordare che il mio vero lavoro è amare il mondo fino a risanarlo. Grazie infinite. Amen."

2. LA VOLONTÀ DI DIO

"Dove vorresti che andassi?
Cosa vorresti che facessi?
Cosa vorresti che dicessi, e a chi?".

La gente si domanda: "Voglio servire Dio, o voglio essere felice?". Dal momento che certe organizzazioni religiose hanno descritto la vita spirituale come un'esistenza irta di sacrifici e austerità, può essere difficile per qualcuno immaginare che vivere vicino a Dio ci renda pieni di gioia. *Un corso in miracoli* dice che 'il vero piacere deriva solo dalla realizzazione del volere di Dio'.

Dio non chiede sacrifici. La vita di sacrificio è quella che conduciamo *prima* di trovare un'identità e un fine più elevati; il sacrificio del ricordo di quanto in realtà siamo perfetti e del compito importante che dobbiamo svolgere qui. È un sacrificio non da poco, perché quando non ricordiamo la ragione per cui stiamo andando da qualche parte, una volta arrivati non agiremo con la necessaria velocità. L'amore dà energia e direzione. È il carburante spirituale.

Una volta rimesso allo Spirito Santo, ogni lavoro può essere usato come parte di un piano di rigenerazione del mondo. Non esistono lavori troppo piccoli o troppo grandi che Dio non possa usare. Dentro di te porti il potere infinito dell'universo e così tutti gli altri. Non è qualcosa di cui assumersi il merito personale, né di cui sentirsi in colpa. Il nostro vero potere emana da una forza che è in noi, ma che non ci appartiene. 'Sii umile innanzi a Dio', afferma il Corso, 'ma grande in Lui.' Ricordare questa cosa ci ricongiunge con la nostra innocenza, e finché ne abbiamo, la forza di volontà continuerà a fluire attraverso noi. Dimenticala, e il rubinetto potrebbe chiudersi in qualsiasi istante. Smetti di benedire l'universo, e potrebbe sembrarti che l'universo smetta di benedire te. Qualunque sia la tua attività, chiedi solo che venga usata per fare del bene al mondo.

Ricordo che un giorno mi lamentavo con la mia amica June di quanto fossi infelice, e lei disse: "Marianne, non voglio essere dura con te, ma hai mai fatto qualcosa per qualcun altro?". Quel commento mi cadde in testa come un mattone, anche se in quel periodo feci molto poco per rifletterci. Ci vollero anni e un periodo di profonda depressione per rendere la sofferenza umana un argomento significativo dal punto di vista personale. Pensai che se le altre persone soffrivano una frazione di quanto era successo a me, allora il mio cuore traboccava d'amore per loro e volevo trovare il modo di aiutarle. Allora Dio sembrò dirmi: "La gente soffre profondamente e hai avuto attorno a te persone sofferenti tutta la vita. Solo che non te ne sei accorta. Eri a fare shopping."

Ero solita preoccuparmi, come molte persone, di quello che avrei dovuto fare della mia vita. Sembrava che non fossi capace di impegnarmi a lungo in qualcosa: fare soldi, trovare un reale appagamento dal lavoro. Mi sentivo paralizzata. Ricordo una volta in cui chiesi a Dio di rivelarmi cosa voleva che sapessi per poter cambiare. Mi inginocchiai e sprofondai in un intenso stato meditativo. Vidi le immagini di un cielo magnifico e un gruppo di angeli che marciavano tra le nuvole portandomi la Sua risposta. Una coppia di cherubini reggeva un rotolo che poi distesero per la lettura. Il mio cuore iniziò a galoppare, mentre attendevo il messaggio di Dio che ero certa sarebbe stato di estrema importanza. Lentamente le lettere sul rotolo iniziarono a formare delle parole: "Marianne, sei una mocciosa viziata."

Ero paralizzata perché non ricordavo più la ragione per cui ero venuta sulla Terra. Darmi della mocciosa viziata era stato il modo migliore per sbloccare le mie energie. Il problema era il mio egoismo. Come gli attori che passano il loro tempo a imparare a recitare ma non a vivere, fino a diventare infimi interpreti, privi di qualcosa di autentico da rivelare sulla vita, talvolta noi perdiamo il nostro potere personale dimenticando la ragione per cui ne siamo dotati. Studiamo come avviare un'attività senza soffermarci a riflettere sul *perché* lo stiamo facendo, al di là del guadagno. Non si tratta certo di un'illuminazione spirituale e, col passare del tempo, l'universo tollererà sempre meno questo tipo di atteggiamento.

3. POTERE PERSONALE

"Tutto il potere è di Dio."

Non chiedere a Dio di darti una carriera brillante, ma chiedigli di mostrarti lo splendore che hai dentro di te. È il riconoscimento del nostro splendore a liberarlo e a farlo esprimere. Concreti e duraturi effetti esteriori non sopraggiungono fintanto che viviamo un sommovimento interiore. Una volta che è in atto un turbamento emotivo, gli effetti esteriori non riescono ad apparire. Tutti noi siamo in grado di provare un turbamento interiore, e infatti siamo codificati per averlo. È il nostro potenziale di grandezza. La realizzazione non deriva da ciò che facciamo, ma da chi siamo. Il nostro potere terreno deriva da quello interiore. La nostra carriera è un'estensione della personalità.

Le persone che ottengono tanto non sono necessariamente quelle che fanno di più; sono persone attorno alle quali vengono fatte le cose. Mahatma Gandhi e il presidente Kennedy rappresentano due esempi emblematici. I loro più grandi traguardi risiedono nell'energia che hanno smosso negli altri, le forze invisibili che hanno sprigionato intorno a sé. Arrivando a toccare le loro stesse profondità, hanno toccato quelle degli altri. Quel tipo di carisma, il potere di influenzare gli eventi sulla Terra a partire da un regno invisibile tutto interiore, è il diritto naturale e la funzione del Figlio di Dio. Il termine "carisma" ha origini religiose. Significa "dello spirito". Le nuove frontiere sono interiori.

La vera espansione è sempre dentro di noi. Anziché espandere la nostra capacità o disponibilità ad andare oltre i confini e ottenere ciò che vogliamo, espandiamo la nostra capacità di ricevere ciò che è già qui per noi.

Chi prende la vita seriamente emana un forte potere personale. L'universo ci prende tanto sul serio quanto noi prendiamo sul serio lui. La più grande serietà consiste nella capacità di apprezzare appieno il potere e l'importanza dell'amore. I miracoli derivano spontaneamente dal riconoscimento che l'amore è il fine delle nostre professioni.

Un corso in miracoli affronta un tradizionale concetto cristiano chiamato "il dono dello Spirito Santo". Secondo questo concetto, quando rimettiamo le nostre vite allo Spirito Santo usandole per i Suoi scopi, nuove doti emergono dentro di noi. Non riuniamo le nostre esistenze per offrirle a Dio; piuttosto le offriamo a Dio e solo successivamente le cose iniziano a comporsi in un'unità. Quando il nostro cuore si apre, le nostre doti e i nostri doni iniziano a sbocciare. Molte persone mi hanno garantito che una volta raggiunto il successo e accumulato parecchio denaro, avrebbero usato quel successo per aiutare il mondo. Ma questa è una tecnica di procrastinazione con la quale l'ego cerca di impedirci di manifestare appieno le potenzialità della nostra esistenza. Anche se non ci consideriamo persone di successo, possiamo dedicare il nostro lavoro al servizio del mondo e della sua guarigione. Partendo da questo punto di forza le nostre professioni decolleranno.

A prescindere da ciò che facciamo, possiamo rendere le nostre professioni delle missioni. A prescindere dal tipo di lavoro o di attività, il contenuto è lo stesso per tutti: siamo qui per dare assistenza al cuore umano. Quando parliamo con qualcuno, lo vediamo, o pensiamo a lui, abbiamo l'opportunità di infondere più amore nell'universo. Da una cameriera al capo di uno studio di registrazione, da un fattorino al presidente di una nazione, non esistono persone che facciano un lavoro irrilevante agli occhi di Dio.

Quando sei consapevole di questo principio, quando corrispondi pienamente alla possibilità di guarire, ottieni un'energia che ti spinge in avanti verso il completamento della missione terrena. L'amore ti rende più attraente. Ciò significa che attrai come un magnete. Non attrai solo le persone; attrai anche circostanze che riflettono a tuo vantaggio la forza della devozione. Il tuo potere personale non si rivelerà tardi. Esso è il risultato della tua decisione di rivelarlo. Tu sei potente quando scegli di esserlo. La scelta di essere usato come strumento d'amore, qui e ora, è una decisione che ti rafforza personalmente.

Un corso in miracoli ci dice che tutti i figli di Dio hanno potere e nessuno ha un potere speciale. 'Tutti noi siamo speciali', eppure nessuno di noi lo è. Possediamo tutti il medesimo potenziale per diffondere l'amore e la luce di Dio. Molte delle nostre tradizionali nozioni di successo traggono fondamento dalla convinzione di essere speciali e di avere qualcosa di speciale da offrire. La verità è che nessuno di noi è speciale; se così fosse, le persone speciali sarebbero diverse e separate dagli altri. L'unicità dell'essenza di Cristo rende tutto ciò impossibile. Credere di essere speciali è illusorio e alimenta la paura.

Beethoven, Shakespeare o Picasso non hanno *creato* nulla, hanno attinto a quello che possedevano dentro e grazie al quale potevano *esprimere* ciò che è stato creato da Dio. La loro genialità è espressione, non creazione. Ecco perché le opere d'arte ci colpiscono con la forza del riconoscimento e fanno nascere in noi il desiderio di esserne gli autori. L'anima vibra al ricordo di ciò che tutti noi già conosciamo.

Il Corso dice che 'un giorno i doni di Dio saranno condivisi in egual misura da tutti'. Il potenziale di grandezza è insito in ognuno di noi, ma deve essere coltivato fin dall'inizio. La paura è penetrata in noi quando qualcuno ci ha raccontato di un primo, secondo e terzo premio, e che alcuni sforzi meritano un dieci e altri un cinque. Così, una parte di noi ha iniziato ad avere paura anche solo di provare. L'unica cosa che abbiamo da dare al mondo è il nostro stesso attaccamento a esso. L'ego sostiene che non sia abbastanza. Ci spinge a camuffare la nostra semplice verità cercando di inventarne una migliore. Tuttavia, l'ego non lo fa per proteggerci, malgrado, come sempre, finga di farlo. Non ci impedisce di ridicolizzarci, ma al contrario ci mette in guardia dal vivere la nostra vera identità, dalla bellezza della sua espressione, dalla gioia che questa espressione dona a noi e agli altri.

Adoro la storia di quella ragazzina che mostrò all'insegnante il disegno che aveva fatto di un albero. L'albero era viola. L'insegnante puntualizzò: "Tesoro, non ho mai visto un albero viola!".

" Oh!", rispose la ragazzina. "Che peccato."

Non possiamo simulare l'autenticità. Siamo convinti di dover creare noi stessi e lavoriamo costantemente sulle nostre personalità. Questo perché cerchiamo di essere speciali invece che reali. Cerchiamo pateticamente di conformarci agli altri facendo ciò che fanno loro.

Un tulipano non si sforza di impressionare le persone. Non si sforza di essere diverso da una rosa, non ha bisogno di farlo. È diverso. E nel giardino c'è spazio per tutti i fiori. Non devi sforzarti di rendere la tua faccia diversa da quella degli altri perché già lo è. Tu sei unico perché sei stato creato in questo modo. Osserva i bambini in un asilo. Sono tutti diversi senza che si sforzino di esserlo. Grazie alla loro spontaneità non possono fare altro che risplendere. È solo più tardi, quando ai bambini viene insegnata la competizione, che la loro luce naturale si distorce.

La luce naturale di Dio dentro di noi è ciò che il Corso considera come la nostra grandezza. Gli sforzi dell'ego per abbellire il nostro stato naturale è ciò che il Corso definisce grandiosità. "È facile distinguere la grandezza dalla grandiosità", dice il Corso, "perché l'amore riceve qualcosa in cambio, mentre l'orgoglio no." L'ego interferisce con la chiara espressione del nostro potere, spingendoci ad aggiungervi qualcosa. È uno stratagemma con cui contrasta la nostra capacità di esprimere chi siamo veramente e di accettare in cambio il pieno riconoscimento da parte degli altri.

Ancora una volta, il fine dell'ego è la separazione. Ho sempre vissuto sulle montagne russe dell'emotività, sentivo di essere migliore degli altri e un attimo dopo sentivo di essere peggiore. "Sono migliore; no, non sono così brava; sono migliore; no, non sono così brava." Entrambe le emozioni rappresentano il medesimo errore. La verità è che siamo proprio come gli altri. Questa consapevolezza, cioè che non siamo né migliori né peggiori degli altri perché essenzialmente siamo tutti uguali, è un atteggiamento che manca di attrattiva solo fino a quando non apprezziamo appieno il genere di gruppo a cui apparteniamo. L'umanità è un insieme di creature infinitamente potenti. 'Il nostro potere, tuttavia, è in noi ma non ci appartiene.' È lo spirito di Dio insito in noi a illuminare e ravvivare la nostra esistenza. Da soli non siamo un granché.

Questa idea mi ha aiutato nella mia carriera; vado sul palco e a volte mi ritrovo a parlare davanti a più di mille persone. Non riesco a immaginare come gestire la pressione di avere per forza qualcosa di speciale da offrire. Non cerco di farlo. Non devo impressionare nessuno, e se non penso di doverlo fare non mi resta altro che rilassarmi. Salgo sul palco senza la pressione di far credere alle persone che io sia speciale, perché so di non esserlo. È come se parlassi agli amici con spontaneità ed entusiasmo. Ecco tutto. Il resto è solo un'illusione. Il Figlio di Dio non deve abbellire ciò che è.

Siamo tentati di credere che susciteremo l'ammirazione degli altri se ci diamo delle arie. Ovviamente non è così; al contrario, risultiamo patetici. Il Corso afferma: "La grandiosità nasconde sempre la disperazione." La luce di Cristo splende con maggiore intensità quando ci rilassiamo e lasciamo che le cose siano, permettendo alla luce di spazzare via con il suo splendore l'illusione della grandiosità. Ma abbiamo paura di gettare la maschera. In verità, inconsciamente, non stiamo difendendo noi stessi dalla meschinità. In quei momenti è l'ego che interviene cercando di difenderci da Dio.

Il Corso dice: 'La nostra più grande paura non è essere inadeguati. La nostra più grande paura è essere potenti oltre misura. È la luce, non l'oscurità, che ci terrorizza.' Ci chiediamo: "Chi sono io per essere brillante, bello, dotato, meraviglioso?". In verità, chi sei tu per *non esserlo?* Tu sei un Figlio di Dio. Il tuo sminuirti non è utile al mondo. Non c'è niente di illuminato nello svilirsi, rendendo insicure le altre persone attorno a te. Siamo destinati a risplendere proprio come fanno i bambini. Siamo nati per rendere manifesta la gloria di Dio che è dentro di noi. Essa non si trova solo in alcuni, ma in tutti. Quando permettiamo alla nostra stessa luce di risplendere, inconsciamente diamo agli altri il permesso di fare lo stesso. Quando ci liberiamo dalla nostra stessa paura, la nostra presenza libera automaticamente gli altri.

Un operatore di miracoli è un artista dell'anima. Non c'è arte più elevata che vivere una vita felice. Un artista rivela al mondo ciò che si nasconde dietro alle maschere che indossiamo. Questo è il compito per cui siamo al mondo. La ragione per cui così tante persone sono ossessionate dall'idea di diventare delle star è che non risplendono ancora come stelle nella loro vita. Il riflettore cosmico non è puntato su di te, sei tu a irradiarne la luce dall'interno. Era come se stessi aspettando che qualcuno mi scoprisse, che mi "producesse", come accadde a Lana Turner al supermercato. Alla fine ho capito che la persona che stavo aspettando ero io. Se attendiamo il permesso del mondo per risplendere, non lo otterremo mai. L'ego non dà questa autorizzazione. Spetta a Dio, e Lui l'ha già fatto. Ti ha inviato qui come Suo rappresentante personale e ti chiede di condividere il Suo amore con il mondo. Sei in attesa di un compito più importante? Non ne esiste uno.

C'è un piano per ognuno di noi e ognuno di noi è prezioso. Se apriamo sempre più il nostro cuore, ci muoviamo nella direzione verso cui siamo destinati. I nostri doni emergono da dentro e crescono in modo spontaneo. Ci realizziamo senza fatica.

Come avrebbe potuto non dipingere Leonardo da Vinci? Come avrebbe potuto non scrivere Shakespeare? Nel libro *Lettere a un giovane poeta*, Rilke dice a un novello scrittore di scrivere solo se *deve*. Dobbiamo fare ciò per cui sentiamo un forte imperativo psicologico ed emotivo. Questo è il nostro punto di forza, la sorgente del nostro splendore. Il potere non viene invocato volontariamente o in modo razionale. È un dono divino, un atto di grazia.

4. DENARO

"La gioia non ha prezzo."

Fai ciò che ami. Fai ciò che fa cantare il tuo cuore. E non farlo mai per denaro. Non lavorare per i soldi; lavora per diffondere la gioia. Cerca prima il Regno dei Cieli e la Maserati arriverà al momento opportuno.

Dio non ha la consapevolezza della povertà. Non vuole che tu abbia una vita o un lavoro noiosi. Non ha nulla contro le cose del mondo. 'Il denaro non è il male, semplicemente non è nulla.' Come tutto il resto, può essere usato per fini santi o empi.

Una volta avevo una piccola libreria. Un giorno entrò un uomo e disse che mi avrebbe insegnato come fare soldi. "Ogni persona che entra da quella porta", spiegò, "rappresenta una potenziale vendita. Ed è ciò che dovresti ripeterti silenziosamente tutte le volte che un cliente entra nel negozio: potenziale vendita, potenziale vendita."

Il suo suggerimento mi sembrava basato sullo sfruttamento, mi stava suggerendo di considerare le altre persone come pedine del mio schema personale. Pregai e ricevetti queste parole: "Il tuo negozio è una chiesa." Chiesa, esotericamente, significa accolita di anime. Non si tratta di un fenomeno esteriore, bensì interiore. Le persone non vengono da te affinché tu possa ottenere qualcosa. Vengono inviate così che tu possa dare loro amore.

Dopo aver pregato e compreso che il mio negozio era una chiesa, capii che il mio unico compito era amare le persone che vi entravano. Fu quello che feci: ogni volta che un cliente entrava, lo benedicevo silenziosamente. Non tutti compravano un libro, ma le persone iniziarono a considerarmi la loro libraia di fiducia. I clienti erano attratti dall'atmosfera di pace del negozio. Forse non sapevano da dove provenisse, ma riuscivano a percepire l'amore inviato verso di loro.

Mi sorprende che i commercianti si comportino in modo scortese nei confronti dei clienti, come se stessero facendo loro un qualche favore lasciandoli entrare nel negozio. Un atteggiamento scortese distrugge il tessuto emotivo del mondo. Esco subito dai negozi che offrono questo tipo di energia perché non mi fa stare bene.

Se il nostro obiettivo è guadagnare denaro, la creatività viene distorta. Se considerassi il denaro come il fine ultimo della mia professione di insegnante, allora dovrei pensare di più a ciò che la gente vuole sentire e meno a ciò che io reputo importante dire. La mia energia verrebbe contaminata dallo sforzo di vendere loro le mie lezioni e spingerle a portare i loro amici. Ma se lo scopo della mia professione è trasmettere l'amore di Dio, allora sono qui solo per aprire il mio cuore, il mio cervello e la mia bocca.

Quando lavoriamo esclusivamente per denaro, il nostro fine è avere anziché dare. La trasformazione miracolosa, in questo caso, è il passaggio dall'idea della vendita a quella del servizio. Fino a che non compiamo questo cambiamento, agiamo in base all'ego e ci concentriamo sulle cose del mondo invece che sull'amore. Questa idolatria ci getta in un territorio emotivo alieno, dove abbiamo sempre paura. Temiamo sia il fallimento sia il successo. Se siamo vicini al successo, la cosa ci spaventerà. Se siamo vicini al fallimento, la cosa ci spaventerà ugualmente. La questione non è il successo o il fallimento. La questione è la paura e, in assenza dell'amore, essa è inevitabile.

Come ogni altra cosa, il denaro può essere santo o insano, a seconda degli scopi della mente. Siamo inclini a comportarci con il denaro nello stesso modo in cui ci comportiamo con il sesso: lo desideriamo, ma giudichiamo il desiderio. È il giudizio, quindi, a distorcere il desiderio, trasformandolo in una brutta espressione. Dal momento che ci vergogniamo ad ammettere di desiderare queste cose, adottiamo forme insidiose per fingere di non desiderarle, come per esempio condannare i nostri desideri anche quando facciamo di tutto per realizzarli. In questo caso la mancanza di purezza è dentro di noi, non nel denaro o nel sesso. Entrambi non sono altro che tele su cui proiettiamo il nostro senso di colpa.

Proprio come la mente dominata dalla paura è la fonte della promiscuità e il sesso è il veicolo attraverso cui si esprime, così il denaro non è la fonte dell'avidità. La mente è la fonte dell'avidità, e il denaro è uno degli aspetti attraverso cui si esprime. Sia il denaro che il sesso possono essere usati tanto per scopi santi che empi. Lo stesso vale per l'energia nucleare; il problema non è l'energia in sé, ma come viene applicata. Il nostro giudizio sulla ricchezza non è altro che uno stratagemma dell'ego per fare in modo che non la raggiungeremo mai. Una volta guidavo lungo un ricco quartiere di Houston e pensavo: "La gente di questi posti lavora per grandi multinazionali che opprimono le popolazioni del Terzo Mondo." Poi mi fermai: "Cosa ne so io di ciò che fa la gente per vivere e di come spende i propri soldi?". Il mio atteggiamento giudicante, mascherato da coscienza politica, era il modo in cui l'ego cercava di assicurarsi che non avrei mai avuto denaro. Ciò che ci rifiutiamo mentalmente di permettere agli altri, lo rifiutiamo anche a noi stessi. Ciò che benediciamo negli altri lo attiriamo a noi.

Quando ero giovane nutrivo la convinzione che, essendo povera, mostravo in qualche modo la mia solidarietà agli altri poveri. Dietro questo pensiero, lo capisco solo ora, c'era la paura di fallire se avessi cercato di diventare ricca. Alla fine compresi che i poveri non hanno bisogno della mia compassione, ma di denaro. Non c'è niente di puro o spirituale nella povertà. Spesso ci capita di vedere santi che sono poveri, ma non è la povertà a determinare la loro santità. Ho conosciuto persone ricche estremamente spirituali e persone povere che erano l'esatto contrario.

La Bibbia dice che è più facile che un cammello passi per la cruna di un ago che un ricco entri in Paradiso. Questo perché l'attaccamento al denaro è una forte tentazione che devia dalla strada dell'amore. Tuttavia, l'imperativo morale non è interrompere l'afflusso di denaro nella nostra vita. La sfida sta nel rendere spirituale il nostro rapporto con esso, riconoscendo che il suo unico scopo è guarire il mondo. In una società illuminata, i ricchi non devono necessariamente avere meno soldi. Saranno i poveri ad averne di più. Il problema, contrariamente alla percezione dell'ego, non è solo la distribuzione della ricchezza, ma la consapevolezza che se ne ha. Il denaro non scarseggia. Non è una risorsa esauribile. Non siamo poveri a causa dei ricchi. Siamo poveri perché non lavoriamo con amore. È doveroso ricordare che il nostro denaro è il denaro di Dio, e vogliamo ciò che Lui vuole per fare ciò che Lui desidera. Dio vuole la nostra più grande felicità. L'ego cerca di convincerci che Dio pretende il sacrificio e che una vita di servizio sarebbe una vita di povertà. Ma non è così. 'Il nostro scopo sulla Terra è essere felici' e il ruolo dello Spirito Santo è aiutarci a realizzarlo. Egli ci guida a ottenere l'abbondanza materiale affinché possiamo stare al mondo con gioia, senza piegarci al Suo volere.

C'è molto lavoro da fare per guarire il mondo e in parte richiede anche del denaro. Spesso lo Spirito Santo ci manda del denaro così da poter eseguire in Sua vece i compiti che Lui ci assegna. Avere un atteggiamento responsabile nei confronti del denaro significa essere aperti a tutto ciò che arriva con la fiducia che ce ne sarà sempre.

Invocando il miracolo, chiediamo allo Spirito Santo di eliminare gli ostacoli all'afflusso di denaro. Questi ostacoli assumono la forma di pensieri. Per esempio: i soldi sono impuri; avere soldi significa essere avari; i ricchi sono cattive persone; non dovrei guadagnare più dei miei genitori. Possedere soldi significa avere risorse a sufficienza per dare lavoro ad altre persone e per guarire il mondo. Non c'è niente di bello in una società in cui il denaro smette di circolare.

Uno dei principi da tenere a mente riguardo al denaro è l'importanza di pagare per i servizi ricevuti. Se lesiniamo a una persona il diritto di guadagnarsi da vivere, lesiniamo a noi stessi la medesima cosa. Ciò che diamo riceveremo indietro e ciò che neghiamo ci verrà negato. L'universo non distingue tra rubare a una grande multinazionale o a una simpatica vecchietta.

L'universo sosterrà sempre la nostra integrità. A volte i debiti sono così grandi o ci disorientano al punto che, pur avendo le migliori intenzioni, il peso e il senso di colpa possono sopraffarci, e ci limitiamo ad andare avanti come automi, infilando le bollette nel fondo del cassetto dimenticandole, oppure cambiando numero di telefono. L'universo non sosterrà questo atteggiamento. Una persona grande non è qualcuno che non cade mai. Una persona grande è qualcuno che, quando cade, fa ciò che serve per rialzarsi. Come sempre, la questione è chiedere un miracolo. Ancora una volta, secondo il Corso: "I miracoli sono un diritto di tutti, ma prima è necessaria la purificazione." La purezza di cuore determina la svolta. Se hai dei conti in sospeso, non importa a quanto ammontino, scrivi una lettera all'azienda o alla persona, prendi in mano la situazione, chiedi scusa se necessario e informali che stai approntando un piano di pagamento efficace e immediato. Invia loro un po' di soldi insieme alla lettera. Non predisporti al fallimento. Se non puoi permetterti di inviare loro quindici euro al mese, va bene lo stesso. Mandagliene cinque. Ma fa' in modo di inviare loro questi soldi con regolarità e puntualità. Non importa se il conto ammonta a cinquantamila euro. Il Corso dice che "non ci sono gradi di difficoltà nei miracoli". A prescindere dalle dimensioni del problema, dalla sua forma o natura, un miracolo è sempre in grado di gestirlo. I miracoli ci dicono che in qualsiasi momento possiamo ricominciare. A prescindere dal problema, se le nostre menti recuperano lo stato di grazia, l'universo ci aiuterà sempre a sistemare le cose e a ricominciare. Pentirsi significa ripensarci. In ogni ambito, l'universo ci sosterrà nella misura in cui noi lo sosterremo.

La maggior parte di noi ha troppi pensieri "sui soldi": da un bisogno ingiustificato a un pregiudizio inopportuno. Molti di noi, durante l'infanzia, ricevono messaggi forti sul denaro. Ci viene insegnato a parole e con l'esempio che è di importanza cruciale averne, oppure che il denaro non è spirituale, o che è difficile da ottenere, o che rappresenta il male. Molti di noi temono di non piacere alle persone se non hanno soldi, oppure temono di non piacere se li hanno. Il denaro rappresenta un ostacolo mentale per il quale abbiamo bisogno, a livello individuale e collettivo, di una radicale guarigione.

Preghiamo. "Mio Dio, rimetto a te tutti i pensieri sul denaro, rimetto a te i miei debiti, rimetto a te la mia ricchezza. Apri la mia mente per ricevere l'abbondanza. Canalizza la tua abbondanza attraverso me in modo che possa servire il mondo. Amen."

5. MINISTERO

"E che una Voce stabilisca il tuo compito e te lo affidi, dandoti la forza di comprenderlo, di fare ciò che serve e di riuscire in tutto ciò che a esso è collegato."

Il modo migliore per rendere grazie a Dio per i doni ricevuti, o per farli crescere, è condividerli. Ti verrà conferito tutto il potere che sei disposto a usare in Suo nome.

Pensa alla tua professione come a un ministero. Trasforma il tuo lavoro in un'espressione d'amore al servizio dell'umanità. All'interno dell'illusione terrena, tutti noi facciamo lavori diversi. Alcuni sono artisti, altri lavorano nel commercio e negli affari, altri ancora sono scienziati. Ma nel mondo reale che sta dietro a tutto questo, ognuno ha il medesimo compito: provvedere al cuore umano. Siamo al mondo in qualità di ministri di Dio.

Qualche anno fa sono tornata a Houston per una rimpatriata del gruppo teatrale delle superiori. Il nostro insegnante andava in pensione e i suoi ex allievi erano giunti da ogni parte del Paese per rendergli omaggio. A cena fu dato molto risalto al fatto che parecchi allievi di Mr. Pickett fossero diventati attori di successo. In realtà, molti erano diventati professionisti di successo, punto. Insegnandoci la verità sulla recitazione, ci aveva insegnato la verità sulla vita. Una volta appreso che devi: 1) lasciare i tuoi problemi fuori dal palco; 2) trattare con sincerità e dignità il materiale a tua disposizione, senza abbellimenti; 3) esprimerti appieno, a prescindere dal numero di spettatori, saprai ciò che serve per avere una carriera di successo. Conoscere la verità di una parte significa conoscere la verità del tutto. Apprendendo i principi del ministero impariamo anche quelli del successo, a prescindere dalla forma che assume il nostro compito.

Una delle cose che ho capito è che ho una sola carriera. Ho fatto molti lavori, ma avevano tutti un elemento fondamentale in comune: me stessa. La forma del mio lavoro aveva principalmente a che fare con il punto in cui mi trovavo in quel momento della vita, e ogni forma mi ha insegnato qualcosa di essenziale per lo sviluppo della mia carriera.

In qualità di ministri di Dio, facciamo in modo che le nostre carriere siano espressione della nostra profondità, di ciò che conta davvero per noi. Sapere che stiamo agendo in nome di un fine più grande rispetto al nostro accrescimento personale ci dà la gioia che cerchiamo. Qualunque cosa facciamo, qualunque sia il nostro lavoro, può essere un mezzo attraverso cui insegniamo il messaggio di salvezza: il Figlio di Dio è innocente e noi tutti siamo Figli di Dio. La bontà verso di Lui trasforma il mondo. Non lo insegniamo necessariamente a parole, ma piuttosto con un linguaggio non verbale. Il problema della maggioranza delle persone è che si preoccupano più della modalità di espressione che di quello che stanno cercando di comunicare. Succede perché non sanno cosa vogliono esprimere. Questa generazione, questa cultura, è piena di persone che desiderano disperatamente scrivere una storia, ma per le ragioni sbagliate. Conosco persone che vogliono stare sotto i riflettori, ma non saprebbero cosa dire se ciò accadesse. È un atteggiamento fraudolento. Significa che desideriamo di più avere un contratto con una casa discografica piuttosto che fare musica. Il premio più grande che possiamo ricevere per un lavoro creativo è la gioia della creatività. La tensione creativa destinata a ragioni diverse dalla gioia di trovarsi in un posto pieno di luce, nell'amore, in Dio o come volete chiamarlo, manca di integrità. Ci sminuisce. Riduce l'ispirazione a un mero prodotto da vendere.

Qualche anno fa visitai Kauai. Feci un giro in barca lungo la costa di Na Pali, in compagnia di un amico. La barca era parte di una flotta di proprietà di un uomo noto come Captain Zodiac. Zodiac è il nome dato a quell'incredibile tratto di costa. Quell'uomo amava talmente la zona da prenderne il nome. Un giorno, qualcuno gli disse: "Sai molte cose sulla costa e la sua storia. Alla gente piacerebbe vedere quel che vedi tu e sapere ciò che sai. Perché non organizzi delle visite turistiche con la tua barca?".

Le gite in barca di Captain Zodiac sono un ottimo servizio per i turisti di Kauai. Diffondono gioia. Innalzano la vibrazione culturale. Le escursioni in barca hanno creato un buon giro d'affari. Ora Captain Zodiac possiede molte imbarcazioni e ha molto successo. Gli affari sono cresciuti attorno al suo amore.

La domanda che ci dobbiamo porre è se stiamo lavorando per soldi o per amore. Dobbiamo scoprire quale attitudine sia predominante. Come dimostra Captain Zodiac, e contrariamente alle argomentazioni dell'ego, l'amore è a tutti gli effetti un ottimo affare.

Qualsiasi lavoro può trasformarsi in un ministero fintanto che viene dedicato all'amore. La tua professione può essere una tela bianca su cui Dio scrive. Dio può utilizzare le tue doti o abilità a prescindere da quali siano. Se lasciamo che una forza misteriosa ci diriga, il nostro ministero diviene un'esperienza di gioia per noi stessi e gli altri. Ci limitiamo a seguire le istruzioni. Permettiamo allo spirito di Dio di muoversi attraverso noi usando i nostri doni e le nostre risorse come meglio crede, affinché possa svolgere il suo lavoro nel mondo. Questa è la chiave per una carriera di successo.

Il successo non è una cosa innaturale; in verità è la cosa più naturale del mondo poiché rappresenta l'esito spontaneo della creazione dell'uomo con Dio. In *A moveable feast* [Feste mobili], Hemingway parla della scrittura. Descrive la differenza tra il suo narrare una storia e la narrazione che la storia fa di sé. Quando scopre di scrivere la storia, capisce che è il momento di interrompersi. La nostra vita è una storia che si scrive misteriosamente da sé, e il nostro lavoro è il frutto creativo della nostra esistenza.

"Dio, ti prego, usami", è l'affermazione più potente che possiamo fare per avere una carriera ricca. È la preghiera dell'operatore di miracoli. Tutti desiderano un bel lavoro. Accetta che ti sia già stato affidato. Il fatto che sei vivo significa che ti è stata assegnata una funzione: aprire il cuore a tutto e tutti. In questo modo diventi un canale per diffondere l'amore di Dio. Non preoccuparti di cosa dire o cosa fare. Lui te lo farà sapere.

Pensavo di essere pigra. Ero sempre stanca. In verità, ero solo bloccata perché ancora non conoscevo lo scopo della mia vita. Quando la nostra energia viene indirizzata verso la creazione con Dio, verso il desiderio di dare amore dove prima non c'era, nuova energia nasce dal profondo.

Il mondo non ti dà mai il permesso di risplendere. Solo l'amore lo fa. Ricordo una sera, quando lavoravo come cameriera, che andai al lavoro pensando: "Ah, ho capito! Credono che questo sia un bar!". In qualità di studiosa di *Un corso in miracoli*, la vedevo diversamente. "Questo non è un bar e io non sono una cameriera. È solo un'illusione. Ogni lavoro è la facciata di una chiesa e io sono qui per purificare le forme di pensiero, per dare sostegno ai figli di Dio." Possiamo prendere sul serio le nostre vite a prescindere dal fatto che gli altri lo facciano o meno. Non esiste un lavoro che abbia un'importanza maggiore rispetto agli altri. Esercitiamo costantemente un impatto sul mondo in cui viviamo, attraverso la nostra presenza, la nostra energia, le nostre interazioni con gli altri. La domanda è: che tipo di impatto esercitiamo?

Una volta conoscevo una donna che voleva fare l'attrice, ma che non cercava lavoro in quel campo. Lavorava come assistente personale di uno scrittore professionista. Lui apprezzava molto il suo operato e voleva che lo accompagnasse per il Paese durante la promozione dei libri, organizzando le conferenze e aiutandolo in vari modi. Malgrado per lei lavorare con lo scrittore fosse esaltante, non voleva lasciare Los Angeles perché desiderava essere disponibile nel caso in cui ci fossero stati dei casting per i quali avrebbe potuto fare un'audizione.

"La cosa migliore per la tua carriera di attrice", le dissi, "è che tu cominci a diventare una stella nella tua stessa vita." La ragione per cui molte persone vogliono diventare attori o attrici non è perché sentono una reale vocazione, ma piuttosto perché vogliono vivere disperatamente qualcosa di bello nelle loro vite. Mettiti in mostra! Sii entusiasta! Infondi energia nella vita che stai vivendo ora! Com'è possibile che qualcuno resti impressionato dalle tue doti di star, se per coltivare quelle stesse doti aspetti di essere diventata una star?

Un operatore di miracoli deciderebbe di partire o di restare a Los Angeles? Facciamo in modo che sia 'lo Spirito Santo a decidere per noi'. La vita è condizionata da talmente tanti fattori che non possiamo comprenderli tutti. 'Non decidiamo nulla da soli', ma chiediamo in quale modo potremmo essere più utili per portare a termine il Suo piano. L'autorità morale che ci conferisce questa attitudine infonde in noi una qualità tipica delle star. È la nostra umiltà, il desiderio di servire, che ci rende delle star. Non la nostra arroganza.

Un pensiero dell'ego, che tenta molte persone, riguarda il suo insistere sul fatto che "io non pulisco i vetri". C'è un'antica tradizione zen nella quale i discepoli passano gli anni a spolverare gli altari dei maestri come parte della loro preparazione e formazione. L'aspirante impara grazie al fatto che si trova in presenza del maestro, servendolo, e superandolo nel tempo. Come dice l'I Ching, l'universo colma il modesto e toglie all'orgoglioso. Nella modestia permettiamo alle cose di fiorire. Non abbiamo vergogna di ammettere di non aver terminato la nostra evoluzione. L'ego enfatizza l'obiettivo invece del processo attraverso il quale lo raggiungiamo. Questo è il modo che ha l'ego di sabotarci. Diventiamo orgogliosi e insensibili, e quindi meno attraenti. Non c'è niente di apprezzabile nell'orgoglio infondato. Non ci aiuta di certo a ottenere un lavoro o ad avere più successo.

Il nostro compito è tendere verso la crescita come persone, alla grazia, all'integrità e all'umiltà. Non abbiamo bisogno di nessun altro obiettivo. Il nucleo del nostro essere cresce sviluppando un potere esterno e interno. Il nostro ministero diventa un filo diretto con la creazione partendo da Dio, attraverso noi, verso tutta l'umanità.

6. CUORE NUOVO, NUOVO LAVORO

"Figlio di Dio, sei stato creato per creare ciò che è bene, bello e sacro. Non dimenticarlo."

L'ego dice: "Il tuo valore si basa sulle tue credenziali. Hai bisogno di una laurea o di un suo equivalente per ottenere un buon lavoro." Ma alcuni degli individui migliori e più brillanti della nostra generazione sono stati educati più dalla vita che dalla scuola. Nella nostra società c'è un'enorme concentrazione di talento, ma poche opportunità per mostrarlo. Le nostre conquiste sono state per lo più interiori.

I nostri ministeri, le nostre nuove carriere professionali rifletteranno queste conquiste interiori. Saranno l'espressione di una nuova integrazione tra mente e cuore. Saranno l'espressione della consapevolezza di coloro che condividono le proprie risorse individuali per un risanamento generale. Queste professioni nasceranno dal riflesso individuale delle nostre doti uniche. Non troveremo questi lavori, li creeremo. Sui giornali, nella sezione dedicata agli annunci di lavoro, non troveremo inserzioni per salvatori del mondo o operatori di miracoli. Nuove forme di impiego stanno emergendo in risposta a nuove energie.

Carl Jung consigliava alle persone di analizzare attentamente le fiabe o i miti da cui erano attratti da bambini. Quando ero piccola, ero affascinata da una fiaba che si intitolava *La ragazza con il vestito di pezze di stoffa*. In questa storia, il principe erede al trono gira per il regno alla ricerca di una sposa. In una città viene indetto un enorme ballo, affinché il principe possa conoscere tutte le giovani del posto. Una ragazza vuole andare al ballo, ma non ha i soldi necessari per comprare la stoffa che le serve a confezionare un bellissimo abito da sera. Così fa quel che può. Raccoglie gli scampoli di stoffa dai tavoli di lavoro delle altre ragazze e si cuce un vestito.

La sera del ballo entra nella sala e diventa rossa dalla vergogna vedendo quanto sono belli gli abiti delle altre ragazze. L'imbarazzo è tale che scappa a nascondersi in un armadio. Il principe giunge alla festa, danza con tutte le ragazze presenti, e, annoiatosi, decide di andare a casa. Ma nell'uscire, nota un pezzo di stoffa che spunta dalle ante di un armadio. Ordina alle guardie di aprirlo e scopre la ragazza. Il principe balla con lei, la trova più interessante delle altre e la sposa.

Ripensando da adulta a questa storia, ho capito perché aveva significato tanto per me. Rivelava un importante archetipo della mia stessa vita. Avrei assaggiato un pezzettino di tutto quello che la vita aveva da offrirmi. Non mi sarei laureata, ma avrei posseduto una specie di visione d'insieme. Questa caratteristica sarebbe diventata la base della mia carriera. Molte persone tra noi sono simili alla ragazza con il vestito di pezze. Abbiamo un po' di questo e un po' di quello. Tuttavia, non ottieni una laurea per essere stato ovunque e per aver fatto ogni cosa. Ma al di là della laurea, queste esperienze fanno di noi persone interessanti con storie interessanti da raccontare. Il vestito di pezze simboleggia la consapevolezza di un "generalista", un individuo che sintetizza; gli altri abiti meravigliosi simboleggiano la consapevolezza di uno "specialista". Entrambi i punti di vista sono importanti per il funzionamento di una società sana.

In ultima analisi, non sono le nostre credenziali ma l'impegno verso un fine elevato a determinare la nostra efficacia nel mondo. Il nostro curriculum è importante solo se lo riteniamo tale. Una sera stavo cenando con un'amica, eccellente scrittrice e autrice. Dissi a un altro amico a tavola, un uomo che lavora nell'editoria, che a mio avviso Barbara avrebbe dovuto tenere una rubrica mensile in una delle maggiori riviste femminili, *The Healing Perspective* o *News from the Heartland* o altre simili. Ogni mese avrebbe potuto scrivere qualche pezzo interessante su come un cambiamento emotivo dalla paura all'amore avesse avuto un impatto curativo su qualche situazione personale o sociale. Sentivo che la rubrica avrebbe dato speranza ai lettori.

Ma il mio amico colse una prospettiva differente. "Barbara non potrebbe farlo", disse. "Nessuna rivista pubblicherebbe una cosa del genere. Non è laureata. Non ha autorità. Non la considererebbero una voce autorevole."

Avrei voluto voltarmi verso Barbara e metterle invisibili tappi nelle orecchie. Non volevo che sentisse le sue parole, non volevo che credesse al suo modo limitato di vedere le cose. Non volevo che chiudesse la mente al miracolo.

Anni fa, stavo bevendo una tazza di caffè a tarda notte come avevo fatto tante volte prima. "Come riesci a farlo?", mi chiese un amico. "Non riuscirai a chiudere occhio!". E quella notte il caffè non mi fece dormire. Prima di allora non avevo mai associato coscientemente il caffè e la caffeina all'insonnia e quindi, in base alla mia esperienza, non esisteva un collegamento tra le due cose. Allo stesso modo non deve esserci una connessione automatica tra la mancanza di credenziali e la mancanza di opportunità.

Il desiderio di servire Dio crea i mezzi con cui farlo. Il potere non risiede nel nostro curriculum o nelle nostre connessioni. Il potere non risiede in ciò che abbiamo fatto, né in ciò che stiamo facendo. Il potere risiede nella chiarezza con cui comprendiamo la ragione per cui siamo al mondo. Capirlo significa diventare dei giocatori fondamentali. E i giocatori fondamentali degli anni a venire saranno le persone che capiscono di trovarsi qui perché devono contribuire al risanamento del mondo. Tutto il resto è futile, in confronto. Non è importante quali scuole hai frequentato, né che tu le abbia frequentate fino in fondo. Dio può servirsi del curriculum più scarno. Può utilizzare i doni più piccoli. A prescindere da quali siano i nostri doni per Dio, da quanto possano sembrare umili, Egli può trasformarli in un'opera meravigliosa. Il dono più grande che possiamo offrirgli è la nostra devozione. Da questo punto di forza, le porte si aprono. Le professioni fioriscono. Guariamo, e anche il mondo attorno a noi guarisce.

7. OBIETTIVI

"Dio è il solo obiettivo che ho oggi."

Stabilire degli obiettivi è diventato molto popolare negli ultimi anni. È un processo di focalizzazione della mente sul risultato auspicato. In realtà è soltanto un altro modo per cercare di spingere il mondo a fare ciò che vogliamo. Non è una resa spirituale.

Un corso in miracoli spiega la differenza tra "magia e miracolo". "Magia" è quando focalizziamo la mente su una manifestazione desiderata, dando la nostra lista della spesa a Dio e dicendoGli ciò che vogliamo che faccia per noi. "Miracolo" è quando chiediamo a Dio cosa possiamo fare per Lui.

I miracoli ci fanno passare dall'idea dell'"ottenere" a quella del "dare". Il desiderio di ottenere qualcosa riflette la convinzione di fondo secondo la quale non abbiamo abbastanza. Fino a che crediamo che dentro di noi ci sia penuria, continueremo a creare scarsità attorno a noi perché quello è il nostro pensiero di fondo. A prescindere da ciò che otteniamo, non sarà mai abbastanza.

Quando il nostro desiderio è dare anziché ottenere, la convinzione di fondo è che abbiamo in abbondanza tanto da poterci permettere di darne via un po'. La mente inconscia attinge suggerimenti alle convinzioni di fondo e crea in modo brillante situazioni che le riflettano. La nostra disponibilità a dare agli altri spinge l'universo a dare a noi. L'obiettivo dell'operatore di miracoli è, in ogni circostanza, la pace mentale. *Un corso in miracoli* ci dice che 'non sappiamo ciò che ci farebbe felici; crediamo di saperlo'. Tutti noi abbiamo cose che pensavamo ci avrebbero reso felici ma che in realtà non l'hanno fatto. Se esprimiamo il nostro desiderio di avere una Mercedes nera, il potere dell'inconscio è tale che probabilmente la otterremo. Il punto è che non saremo necessariamente felici possedendone una. La percezione di una mente orientata al miracolo è fare della felicità il fine medesimo. Non sappiamo ciò che accadrà tra un mese o tra un anno. Se otteniamo ora ciò che volevamo allora forse staremo peggio in seguito.

Immagina di andare a fare un colloquio di lavoro: vuoi davvero quel lavoro e qualcuno potrebbe averti suggerito di renderlo il tuo obiettivo. Tuttavia, un operatore di miracoli fa sì che la pace sia l'unico obiettivo. Ciò che fa è indirizzare la mente su tutti i fattori che contribuiscono alla pace, lasciando fuori dalla nostra attenzione inconsapevole tutto il resto. La mente, come gli occhi, è subissata di stimoli simultanei tanto che un meccanismo censorio al suo interno porta l'attenzione sulla nostra percezione. È lei a scegliere cosa noteremo e cosa no.

Avere come obiettivo qualcosa di diverso dalla pace è emotivamente autodistruttivo. Se il nostro obiettivo è ottenere il lavoro, una volta superato il colloquio andrà tutto bene; ma in caso contrario ci sentiremo depressi. Se l'obiettivo è invece la pace, ottenere il lavoro sarà senz'altro una cosa positiva, ma anche se non ci riuscissimo saremmo lo stesso sereni.

Il Corso ci dice che è importante fissare un traguardo all'inizio di un cammino, altrimenti prevarrà il caos. Se il nostro obiettivo è la pace, significa che siamo programmati per la stabilità emotiva a prescindere da ciò che accade. La mente verrà guidata affinché consideri l'impegno da una prospettiva di pace. Se non abbiano ottenuto il lavoro che volevamo, ce ne faremo una ragione. Concluderemo che c'è qualcosa di meglio in arrivo per noi oppure che quello non era il lavoro giusto. Avremo fede in Dio. Il miracolo è che sentiremo davvero la nostra fede. Non si tratterà soltanto di un palliativo per il dolore. Le emozioni fluiscono dai nostri pensieri e non il contrario.

Un altro problema nello scegliere obiettivi specifici è che possono essere limitanti. Magari stiamo chiedendo qualcosa di buono mentre il volere di Dio è che noi riceviamo qualcosa di meraviglioso. Il nostro sbirciare da sopra le spalle di Dio non fa altro che interferire con la Sua capacità di renderci felici. Una volta che sappiamo davvero che la volontà di Dio è farci felici, non sentiamo più il bisogno di chiedere altro se non che sia fatta la Sua volontà.

Una volta, durante una conferenza che tenevo a New York, un giovane si alzò in piedi e mi chiese di parlare delle affermazioni. A quei tempi *Hill Street Blues* era uno show televisivo molto popolare. Il ragazzo disse: "Prima di andare a letto, la sera, scrivo cinquanta volte 'ho un ruolo fisso in *Hill Street Blues,* ho un ruolo fisso in *Hill Street Blues*'. Mi stai dicendo che non dovrei farlo?".

Risposi: "Puoi scrivere le affermazioni cinquanta volte prima di andare a letto la sera e ci sono buone possibilità che otterrai una parte nel programma, poiché la mente è molto potente. Ma per quel che ne sai, tra un anno un importante regista potrebbe volerti per il ruolo di protagonista in un film, ma non potrà averti perché avrai già un contratto per una piccola parte in *Hill Street Blues*!".

Il problema che si nasconde dietro al nostro bisogno di rinunciare è la mancanza di fiducia. Abbiamo paura ad abbandonarci nelle Sue mani perché non sappiamo che cosa farà. Temiamo che perda il nostro dossier. Se proprio abbiamo intenzione di stabilire un obiettivo, facciamo in modo che sia quello di guarire dalla convinzione che Dio sia paura invece che amore. Ricordiamoci quel che dice il Corso: "La nostra felicità e la nostra funzione sono una sola cosa." Se Dio è il nostro obiettivo, allora lo è anche la nostra felicità. Non c'è bisogno di credere che Dio non possa definire i dettagli o trovare il modo per farlo accadere.

8. IL PIANO DI DIO

"Solo il piano di Dio per la salvezza funzionerà."

A volte, sul lavoro, assumiamo un certo atteggiamento perché pensiamo che la mansione svolta sia al di sotto delle nostre potenzialità, oppure proviamo risentimento per il fatto che siano altri e non noi in posizione di comando. Abbiamo fretta di arrivare in cima. Non ci rendiamo conto che, diffondendo amore, saliamo spontaneamente. Forse non così velocemente, ma ricorda la storia della tartaruga e della lepre. La tartaruga, per quanto camminasse lentamente, raggiunse il traguardo prima della lepre dal passo svelto.

Affermare: "Sia fatto il volere di Dio", è come dire "Possa io diventare il meglio di cui sono capace." Quando la nostra personalità cresce e matura, aumenta anche l'energia della nostra responsabilità. La gente vorrà assumerci per lavorare con noi. La nostra evoluzione avverrà facilmente. Il nostro successo verrà realizzato senza sforzo. Le cose accadranno e basta. Puoi avere un curriculum meraviglioso, ma se hai una personalità debole le cose si metteranno male per te. Un buon curriculum può farti ottenere un colloquio importante, ma se non farai colpo non otterrai il lavoro.

Gran parte del moderno orientamento psicologico è fragile perché crede che ci si debba impegnare allo stremo per arrivare a un traguardo. Arrendersi, invece, significa lasciare che sia Dio lo scultore e noi la creta. Durante le lezioni di scultura alle superiori, dovevamo spruzzare ogni giorno la creta con dell'acqua, altrimenti si sarebbe seccata troppo e non avremmo potuto lavorarla. È così che dobbiamo essere per Dio: malleabili come creta umida. Se ci attacchiamo rigidamente all'idea di ottenere qualcosa, compreso il modo in cui pensiamo che le cose dovrebbero essere fatte, non ci rilassiamo e lasciamo poco spazio alle intuizioni spontanee. Non sappiamo mai veramente perché stiamo andando in una certa direzione. Mi è capitato di stringere legami professionali che invece poi si sono rivelati essere personali e viceversa. Nel mondo di Dio viene svolto un solo lavoro ed è la preparazione dei Suoi maestri, coloro che dimostrano amore. Secondo il Corso, lo Spirito Santo utilizza ogni situazione che Gli viene data come lezione d'amore per tutti gli individui coinvolti. Dobbiamo però essere disposti a rinunciare al nostro attaccamento per un particolare risultato in una data situazione. Potremmo considerare un certo progetto come un mezzo per guadagnare soldi, per esempio, e poi sentirci delusi se non accade. Ci sentiamo confusi perché pensavamo di seguire la guida dello Spirito Santo impegnandoci in quella direzione. Tuttavia, potrebbe darsi il caso in cui il reale proposito di quel progetto non era affatto guadagnare denaro. Non sempre siamo consapevoli del perché lo Spirito Santo ci dirige in un certo modo. Il compito di colui che opera il miracolo è solo quello di seguire le istruzioni con il desiderio di servire Dio. La nostra ricompensa materiale ed emotiva arriverà secondo i tempi e i modi di Dio.

Una delle ragioni per cui cerchiamo sempre di controllare i risultati nella vita, è che riteniamo l'universo caotico se lasciato ai suoi meccanismi. Ma Dio rappresenta l'ordine insito in esso. È il principio dell'amore in azione che si espande costantemente in tutte le direzioni, per tutta la vita. Il suo potere è impersonale. Non apprezza alcune persone più di altre. Funziona come un computer. Fidarsi di Dio è come fidarsi della forza di gravità.

Ecco alcuni importanti aspetti da ricordare:

1. il piano di Dio funziona;
2. il tuo no.

Come afferma il Corso: "Non ho bisogno di aggiungere nulla al Suo piano. Ma per riceverlo, devo essere disposto a non sostituirlo con il mio. E questo è tutto. Aggiungi qualcosa in più e non farai altro che sottrarre quel poco che viene richiesto." Non spetta a noi comprendere in che modo soddisfare gli scopi di Dio sulla Terra. Farlo non aiuta, non è altro che un'interferenza. Il nostro compito è allineare profondamente i nostri cuori e le nostre menti con il Suo spirito che è dentro di noi, affinché le nostre esistenze diventino strumenti involontari della Sua volontà. Le intuizioni avvengono. Le situazioni cambiano marcia. I nostri sforzi per controllare consapevolmente lo svolgersi del bene non producono altro bene, ma fanno emergere la nostra umana ostinazione. Ho sentito dire che vivere secondo la propria visione è più potente che vivere secondo le circostanze materiali. Attenersi alla visione richiama le condizioni tramite le quali la visione viene realizzata. La visione è contenuto; le circostanze materiali sono mera forma.

Ho un amico che è in corsa per una carica politica. Essendo in politica da molti anni, ha la tendenza a pensare che il suo successo dipenda dal suo essere un buon politico. In verità, parte del declino del nostro ordine sociale si deve al fatto che siamo governati da politici invece che da leader. Lyndon Johnson era un grande politico, ma non un grande leader. La forza di una visione positiva per l'America, che ispiri tutte le persone che vogliono disperatamente vedere risanata la nostra nazione, servirà a far vincere le elezioni più di un qualsiasi stratagemma politico convenzionale. Insegnerà direttamente ai nostri cuori.

Dissi al mio amico che la chiave per una campagna elettorale di successo sarebbe stata rimettere nelle mani dello Spirito Santo la campagna stessa, chiedendo che fosse usata come strumento della Sua pace. Il mio amico rispose che era un'ottima idea ma che aveva bisogno di capire come fare. Gli dissi che non doveva comprendere nulla. "Tutto quello che devi fare è essere aperto e disponibile", spiegai, "e lo Spirito Santo entrerà dove è invitato. Sarai brillante. Sarai carismatico. Non cercare di capire; è sufficiente chiedere a Dio cosa vorrebbe che tu dicessi. Mettiti da parte e lascia che sia Lui a fare strada."

Una preghiera silenziosa prima di ogni discorso e di ogni apparizione politica, lo avrebbe aiutato ad allineare le sue energie con la verità. Una volta lo accompagnai a un raduno e in macchina, lungo la strada, condivise con me alcuni giudizi su certe persone che sarebbero state presenti. "Prega affinché le tue percezioni vengano risanate", gli dissi mentre entravamo nell'edificio. "Il tuo obiettivo è condurci in una società compassionevole, ma non puoi dare ciò che tu per primo non possiedi. Comincia dall'essere compassionevole nei confronti delle persone al raduno. Se la tua mente viene risanata il suo effetto sugli altri sarà automatico. Non devi nemmeno pensare a quel che dirai. Le parole perfette verranno fuori al momento opportuno, perché l'amore guiderà la tua mente." Questo è ciò che significava lasciare a Dio la gestione della sua campagna.

Lo stesso vale per ogni lavoro. Prima della riunione, o del colloquio, o della sessione, o di qualsiasi altra cosa, pronuncia questa preghiera: "Mio Dio, rimetto a te questa situazione affinché possa essere usata per i tuoi propositi. Chiedo solo che il mio cuore sia aperto per dare e ricevere amore. Possano tutti i risultati verificarsi secondo il tuo volere." Qualsiasi cosa tu faccia, falla per Dio.

Siamo forti abbastanza da compiere qualsiasi compito Lui ci chieda. "Non preoccuparti della tua sollecitudine", dice il Corso, "ma sii costantemente consapevole della Sua. Non sei tu a fare il lavoro, ma lo spirito dentro di te." Dimenticare questo concetto causa paura. *Un corso in miracoli* sostiene che la presenza della paura sia un chiaro segnale che stiamo confidando nella nostra sola forza. "Se confidi esclusivamente nella tua forza, hai tutte le ragioni di essere apprensivo, ansioso e spaventato." Nessuno di noi ha la capacità di fare miracoli in solitudine. Tuttavia, con 'il potere che è in noi ma che non ci appartiene' non c'è nulla che non possiamo fare.

9. DALLA VENDITA AL SERVIZIO

"L'amore dà sempre in abbondanza."

Quando siamo motivati dal desiderio di vendere, pensiamo solo a noi stessi. Quando siamo motivati dal desiderio di servire, pensiamo agli altri. I miracoli ci fanno passare dalla logica della vendita a quella del servizio. Dal momento che nel regno della consapevolezza otteniamo solo ciò che diamo, avere una mentalità di servizio è un atteggiamento che porta abbondanza.

Il sistema di pensiero che domina la nostra cultura è costellato di valori egoistici; abbandonarli è molto più facile a dirsi che a farsi. Il viaggio verso un cuore puro può essere fortemente disorientante. Potremmo aver lavorato per anni per ottenere potere, denaro e prestigio. Ora, tutto d'un tratto, scopriamo che questi non sono altro che i valori di un mondo in disfacimento. Non sappiamo più dove trovare la motivazione giusta. Se non stiamo lavorando per diventare ricchi allora perché lo facciamo? Cosa dovremmo fare per tutto il giorno? Restare seduti a casa a guardare la televisione?

È una fase temporanea che attraversano in molti: i valori del vecchio mondo non fanno più presa su di noi, ma i valori del nuovo non hanno ancora afferrato la nostra anima. Lo faranno. Verrà il tempo, non molto lontano nel viaggio verso Dio, in cui ci entusiasmeremo nello scoprire che, se solo gliene dessimo la possibilità, il mondo potrebbe funzionare meravigliosamente. Diventerà la nostra nuova motivazione. La novità non risiede nella bruttezza di ciò che ci circonda, ma nella sua potenziale bellezza. E noi stessi potremmo essere artefici dello svolgersi del Paradiso in Terra. Non c'è motivazione più forte che sentire di essere strumento della creazione di un mondo dove l'amore ha guarito tutte le ferite.

Non nutriamo più alcuna ambizione per noi stessi, ma siamo ispirati dalla visione di un mondo risanato. L'ispirazione riorganizza le nostre energie. Fa sorgere dentro di noi una nuova forza e una nuova direzione. Non abbiamo più l'impressione di correre per cercare di fare goal scartando gli avversari, circondati da forze ostili. Invece è come se degli angeli ci spingessero da dietro raddrizzando il nostro cammino mentre procediamo.

La purezza di cuore non ci renderà poveri. L'esaltazione della povertà come virtù spirituale è tipica dell'ego, non dello spirito. Una persona che agisce spinta dal desiderio di condividere e servire, si eleva a un tale livello di autorità morale che il successo materiale appare come una conseguenza naturale.

Distribuisci tutti i tuoi doni per servire il mondo. Se vuoi dipingere non aspettare una sovvenzione. Dipingi un muro grigio e insignificante della tua città. Non puoi mai sapere chi vedrà quel muro. Qualunque sia la cosa che vuoi fare, falla come servizio per la tua comunità. Alle mie conferenze di Los Angeles non ne potevo più di sentire gli attori lamentarsi del fatto che non avevano lavoro. "Andate negli ospedali, nelle case di riposo, negli istituti per malati di mente", dicevo. "Si recitava prima ancora che divenisse una professione. Se volete recitare, fatelo." Alcuni dei partecipanti formarono un gruppo chiamato *Miracle Players* e fecero proprio questo.

"Non posso permettermelo perché devo guadagnare per vivere", è un raggio molto debole da inviare nell'universo. Ho tenuto conferenze su *Un corso in miracoli* prima che diventasse una fonte di sostentamento. Quando iniziai a tenere conferenze, non avevo idea che sarebbe diventata la mia professione. Ci sono azioni che compi solo perché sono la cosa giusta da fare. "Lo farò perché serve, anche se non sono pagata", è un raggio molto potente. Dice all'universo che sei molto serio. E quando sei serio nei confronti dell'universo, l'universo dimostra la stessa serietà verso di te.

Non ho mai sentito il bisogno di pubblicizzare molto le mie conferenze. Pensavo che se fossero state di reale interesse allora le persone ne avrebbero sentito parlare. Con questo non voglio dire che la pubblicità sia un male, fintanto che la motivazione che ne sta alla base è quella di informare la gente e non di manipolarla. Arnold Patent scrisse che se hai qualcosa di genuino da dire, c'è qualcuno che ha un genuino bisogno di sentirlo. Non dobbiamo inventarci un pubblico, ma dobbiamo perfezionare il messaggio che intendiamo diffondere. Essere utile a tre persone è importante tanto quanto essere utile a trecento. Una volta che abbiamo chiaro in mente come gestire un piccolo gruppo di ascoltatori, svilupperemo automaticamente la capacità di gestirne uno più grande, se è questo ciò che serve al mondo. Il nostro potere risiede nella convinzione che il nostro lavoro può essere utile per la creazione di un mondo più bello. Il miracolo è pensare alla carriera come al nostro personale contributo, per quanto piccolo, alla guarigione dell'universo.

Il mondo dell'ego si basa su risorse limitate, quello di Dio no. Nel mondo di Dio, che è il mondo reale, più diamo più abbiamo. Il fatto che abbiamo un pezzo della torta del mondo non significa che ce ne sia meno per gli altri; e il fatto che qualcuno ne abbia a sua volta una fetta, non significa che ce ne sia meno per noi. Quindi non dobbiamo competere né sul lavoro né altrove. La generosità verso gli altri è la chiave per la nostra esperienza positiva nel mondo. Tutti hanno spazio a sufficienza per essere belli. Tutti hanno spazio a sufficienza per avere successo ed essere ricchi. È solo il nostro modo di pensare che impedisce alle possibilità di manifestarsi.

Le persone che hanno realizzato più di te ti superano nel tempo solo di mezzo passo. Benedici e apprezza i tuoi e i loro doni. Il mondo sarebbe meno ricco senza il loro contributo e senza il tuo. C'è spazio a sufficienza per tutti; c'è bisogno di ciascuno.

Se guariamo anche il mondo guarisce. Avere uno scopo diverso dall'amore significa rivivere la separazione da Dio, perpetuando e mantenendo quella frattura. Ogni individuo è una cellula nel corpo dell'umana coscienza. Ora è come se il corpo di Cristo fosse malato di cancro. Con il cancro, una normale cellula sana smette di agire a favore dell'intero sistema. Invece di essere parte del sistema, la cellula costruisce il proprio regno. È una malvagità che minaccia di distruggere l'organismo.

Lo stesso vale con il corpo dell'umanità. Ognuno si isola per fare le proprie cose: la mia carriera, il mio negozio, i miei soldi. Abbiamo perso di vista la nostra fondamentale interdipendenza, e questa dimenticanza minaccia di distruggerci. La mentalità del "mio" rappresenta l'ego. È la fede nella separazione. È la malattia cosmica. Prendere ciò che abbiamo e usarlo per la guarigione del tutto è la nostra salvezza e quella del mondo. La nostra devozione allora diventa il nostro lavoro, e il nostro lavoro diventa la nostra devozione.

CAPITOLO 8
Corpo

"Il corpo non è stato creato dall'amore. Ma l'amore non lo condanna e può farne un uso amorevole per salvare il Figlio di Dio dalle illusioni, nel rispetto di ciò che Lui ha compiuto."

1. LA FUNZIONE DEL CORPO

"Lascia che la funzione del corpo sia quella di farti guarire."

Nel mondo dei corpi, siamo tutti separati. Nel mondo dello spirito, siamo un tutt'uno. Citando il Corso, possiamo affermare che tale distinzione viene superata quando la consapevolezza di ognuno passa dalla 'identificazione corporea' a quella 'spirituale'. Tale processo porta a una guarigione del corpo e della mente.

Il motivo per cui pensiamo di essere separati è che siamo dotati di corpi, ma in realtà siamo dotati di corpi perché pensiamo di essere separati. Il Corso dice che il corpo è "un piccolo recinto che racchiude una minuscola parte di un'idea gloriosa e assoluta". Ma ciò non significa che il corpo sia qualcosa di negativo. La mente gli attribuisce finalità di paura o d'amore, così come fa con qualsiasi altra cosa appartenente al mondo fisico. L'ego utilizza il corpo per mantenere l'illusione della separazione: 'Attacco, piacere e orgoglio sono i motivi principali per i quali l'ego fa uso del corpo.' Lo Spirito Santo, invece, lo utilizza con l'obiettivo di superare l'illusione della separazione: "In tal senso, il corpo diventa un tempio di Dio; la Sua voce dimora all'interno del corpo e stabilisce quale uso farne."

Ciò che rende sacro il corpo è il suo potenziale comunicativo. Una volta offerto allo Spirito Santo, il corpo diventa "una splendida lezione di comunione che ha valore fino a quando tale comunione esiste". Lo 'Spirito Santo ci chiede di donarGli le nostre mani, i nostri piedi, le nostre voci, affinché Egli possa utilizzarli come strumenti per salvare il mondo'. Percepire il corpo in modo sano significa vederlo come un mezzo attraverso il quale il mondo viene trasformato, e non come qualcosa di fine a se stesso. Considerarlo il fine ultimo anziché un mezzo, attribuirgli finalità egoistiche che hanno poco a che fare con l'amore, significa gravarlo di un peso che non rientra nelle sue funzioni. Questo è un modo insano di pensare, che genera malattie.

Vivendo sulla Terra, abbiamo imparato a identificarci con i nostri corpi. Il corpo è piccolo e vulnerabile rispetto al resto dell'universo e così, dal momento che ci consideriamo dei corpi, ci sentiamo piccoli e vulnerabili. Possedere la consapevolezza di essere molto più che semplici corpi, di essere spiriti all'interno della mente di Dio, espande il nostro livello di coscienza e ci pone fuori dai limiti della comune legge fisica. Tale cambiamento di percezione, tale Redenzione, rappresenta la nostra guarigione. Non è il corpo che si ammala, ma la mente. Come spiegato nel Corso, il fatto che il corpo sia sano o malato "dipende da come esso viene percepito dalla mente e dallo scopo che quest'ultima vuole raggiungere utilizzandolo". È la mente, e non il corpo, ad aver bisogno di essere guarita, e l'unica guarigione possibile è quella che si ottiene attraverso un ritorno all'amore.

I nostri corpi sono tele bianche sulle quali proiettiamo i pensieri. La malattia altro non è che la materializzazione di un modo di pensare privo d'amore. Questo non significa che, a differenza di tutti gli altri, le persone che contraggono delle malattie abbiano un modo di pensare privo d'amore. Vi sono numerosi esempi di grandi santi che hanno contratto malattie terminali. La mancanza d'amore che provoca la malattia è strutturale; attraversa tutta la coscienza razziale. Sono molti i fattori che stabiliscono quale anima manifesterà la malattia.

Poniamo il caso che un bambino muoia di un cancro contratto a causa di fattori ambientali. Come può essere la mancanza di amore il problema in questo caso? Non è detto che sia il bambino ad avere una mentalità priva d'amore; piuttosto, quest'ultima appartiene alle tante persone che, nel corso degli anni, non hanno rispettato l'ambiente e hanno lasciato che venisse inquinato da sostanze chimiche tossiche. La malattia fisica del bambino è stata provocata, indirettamente, dalle menti malate di tutti gli altri individui. I nostri pensieri d'amore hanno effetti sugli altri individui e su altre situazioni che non ci sogneremmo mai, e lo stesso vale per i nostri errori. Dal momento che la nostra mente non può essere confinata all'interno della scatola cranica (dato che non esiste un luogo in cui alla fine di una mente corrisponda l'inizio di un'altra) il nostro amore investe tutti, così come la nostra paura.

Percepire in maniera sana i nostri corpi significa offrirli allo Spirito Santo chiedendo che diventino strumenti attraverso i quali esprimere amore nel mondo. Il Corso precisa: "Il corpo fa parte della nostra esperienza nel mondo fisico... Non è nulla più che una semplice cornice per lo sviluppo di abilità il cui scopo prescinde del tutto da esso."

In *Un corso in miracoli* si dice che "la salute è il risultato che si ottiene quando si abbandona ogni tentativo di utilizzare il corpo senza amore". Si parla di pensiero malato quando il corpo non viene usato per diffondere l'amore, ma per altri scopi. Tale modo di pensare è in contrasto con la nostra intelligenza naturale, e il conflitto che si origina si riflette sul nostro stato fisico, così come su quello mentale.

2. SALUTE E GUARIGIONE

"Il corpo non è la fonte della salute."

Una volta un amico mi disse che noi non veniamo puniti *per* i nostri peccati, ma *dai* nostri peccati. La malattia non è un segno del giudizio di Dio su di noi, ma del nostro giudizio su noi stessi. Se dovessimo pensare che è stato Dio a creare la malattia di cui soffriamo, come potremmo rivolgerci a Lui per ottenere la guarigione? Come abbiamo già stabilito, Dio è tutto ciò che è buono. Egli crea solo l'amore, quindi non può aver creato la malattia. La malattia è un'illusione che in realtà non esiste. Fa parte del nostro sogno terreno, dell'incubo che noi stessi abbiamo creato. La preghiera che rivolgiamo a Dio consiste nel chiederGli di risvegliarci dal sogno.

Quando uno di noi si risveglia, il mondo intero si avvicina al Cielo. Quando chiediamo di ottenere una guarigione, non lo facciamo soltanto per la nostra salute; piuttosto, domandiamo che l'idea di malattia venga rimossa dalla mente del Figlio di Dio. Come illustrato in *Un corso in miracoli*, "se la mente può guarire il corpo, ma il corpo non può guarire la mente, allora vuol dire che la mente è più forte del corpo". Il perdono è l'ultima medicina, l'unica in grado di prevenire tutto ciò, nonché il più grande guaritore. Per curare il corpo dobbiamo ricordare che esso non è ciò che noi realmente siamo.

Noi siamo spiriti e non corpi, siamo sani per l'eternità e incapaci di ammalarci. Queste sono solo semplici affermazioni che riguardano la verità su noi stessi, ma la verità è l'unica cosa che può renderci liberi.

La malattia è un segno della nostra separazione da Dio, e la guarigione è un segno che siamo ritornati a Lui. Ritornare a Dio significa ritornare all'amore. Nel libro *Quantum Healing*, il Dottor Deepak Chopra racconta una coinvolgente storia sulla connessione che esiste tra l'amore e la guarigione fisica:

> *Uno studio sulle malattie cardiache, condotto dall'Università dell'Ohio nel 1970, prevedeva di sottoporre dei conigli a un regime alimentare tossico e ricco di colesterolo, al fine di bloccare le loro arterie. In tal modo si sarebbe replicato l'effetto che una dieta di questo tipo ha sulle arterie umane. I risultati furono gli stessi in tutti i gruppi di conigli, tranne in uno, che stranamente mostrava il sessanta per cento di sintomi in meno. Nulla nella fisiologia dei conigli poteva giustificare tale elevato livello di tolleranza alla dieta, e non si riuscì a individuare una spiegazione al fenomeno fino a quando non venne scoperto per caso che lo studente responsabile dell'alimentazione di questo gruppo di conigli era*

solito coccolarli e accarezzarli. Li teneva tra le braccia per qualche minuto dimostrando il suo affetto prima di dar loro da mangiare; con grande sorpresa, ci si rese conto che questo comportamento sembrava bastare a far sì che gli animali non subissero gli effetti della dieta tossica. Vennero eseguiti altri esperimenti in cui si assunse un atteggiamento neutro con un certo gruppo di conigli e un atteggiamento amorevole con altri; i risultati furono gli stessi. Ancora una volta, possiamo affermare che il meccanismo che causa tale immunità è del tutto sconosciuto. È sconcertante pensare che l'evoluzione abbia previsto che nella mente del coniglio vi sia una risposta immunitaria innescata dalle coccole umane.

Alcuni studi hanno dimostrato che i malati di cancro che partecipano ai gruppi di sostegno vivono, in media, il doppio del tempo dopo la diagnosi rispetto a quelli che non vi prendono parte. Che cos'è questo "fattore immunologico" della cui esistenza la scienza è ormai a conoscenza, ma che non sa come definire? Tale fattore è l'amore, o Dio.

Se percepiamo Dio come un mero concetto che fluttua in maniera libera, separato dal potere dell'espressione fisica, Egli non ha nessun valore pratico. È solo quando trova espressione terrena, quando il Suo amore viene trasmesso attraverso gli esseri umani, come nel caso dello studente che coccola i conigli o dei gruppi di sostegno in cui si creano le condizioni per una maggiore compassione e comprensione, che Dio può squarciare il velo delle tenebre umane.

Da molti anni offro la mia consulenza a diverse persone alle quali sono state diagnosticate malattie gravi come il cancro e l'AIDS. Nel 1987, chiesi alla mia amica Louise Hay di aiutarmi a dar vita a un'organizzazione non profit volta al sostegno delle persone affette da disturbi fisici. Tale organizzazione si sarebbe chiamata *Centro per la vita di Los Angeles*. Nel 1989, venne aperto a New York City il *Centro per la vita di Manhattan*. La missione dichiarata di entrambi i Centri consiste nell'offrire gratuitamente servizi non medici di supporto a persone che soffrono di malattie gravi e dolorose. Su entrambe le coste, abbiamo assistito ai tanti miracoli che si verificano quando le persone afflitte dal dolore e dalla malattia invocano il potere dell'amore.

"Non cercare il dio della malattia per ottenere la guarigione, ma solo il Dio dell'amore", dice il Corso, "poiché la guarigione altro non è che il riconoscimento di Dio." Nel modello medico della tradizione occidentale, il compito di un guaritore è quello di attaccare la malattia. Ma se il vero problema è proprio l'attacco, come può quest'ultimo diventare la risposta risolutiva? Il compito di un operatore di miracoli non è quello di attaccare la malattia, ma piuttosto di stimolare le forze naturali di guarigione. Ciò che dobbiamo fare è distogliere lo sguardo dalla malattia e dirigerlo verso l'amore che essa nasconde.

Questo significa che è sbagliato ricorrere ai farmaci? Assolutamente no. *Un corso in miracoli* ci ricorda che lo Spirito Santo entra nella nostra vita rispettando il nostro attuale livello di coscienza. Molti di noi sono convinti che sia la pillola che il medico in camice bianco ci fa assumere a farci guarire. Questa è la ragione per cui, secondo il Corso, noi assumiamo quella pillola. Ma la guarigione non proviene dalla pillola. È frutto della nostra fede.

Alcuni studi sul cancro hanno dimostrato che i tassi di recupero in pazienti che scelgono il trattamento medico tradizionale, rispetto a quelli che seguono un percorso più olistico, sono grossomodo gli stessi. Ciò si spiega se si considera che in nessuno dei due casi il recupero è il risultato del tipo di cura. È l'interazione mentale ed emotiva del paziente con il trattamento ad attivarne il potere di guarigione.

Nell'ambito di alcuni gruppi di sostegno da me condotti con persone gravemente malate, è capitato che la malattia venisse menzionata solo di sfuggita nel corso dell'intera seduta. La ragione per cui si partecipa ai gruppi non è quella di cercare di avvicinarsi alla malattia, ma piuttosto di avvicinarsi al potere di guarire che abbiamo dentro di noi. Molto spesso, quando ci ammaliamo, ci troviamo ad affrontare dei problemi che, in un modo o nell'altro, sono uguali a quelli che incontravamo quando eravamo sani, ma dei quali non ci eravamo mai occupati prima d'allora. La vita va avanti, anche quando siamo malati. Diventa solo più intensa. In buona sostanza, tendiamo a gestire la malattia allo stesso modo di tutte le altre cose di cui ci occupiamo nella vita. Dobbiamo vincere la tentazione di considerare la malattia un ostacolo alla nostra capacità di trovare Dio; piuttosto, essa deve diventare un trampolino per gettarci tra le Sue braccia.

3. MENTALITÀ SANA

"La guarigione, pertanto, è un modo di approcciare la conoscenza in cui si pensa in maniera conforme alle leggi di Dio."

Vi è una forza guaritrice in ognuno di noi, una sorta di medico divino seduto nella nostra mente e in comunicazione con ogni cellula del nostro essere. Questa forza è l'intelligenza che guida il sistema immunitario. Tale intelligenza si manifesta a noi ogni volta che ci procuriamo un taglio a un dito o che ci rompiamo una gamba.

Che cos'è questa "intelligenza divina" e come si attiva? 'La Redenzione lascia la mente libera di esprimere la sua potenza creativa.' "Gesù ci salva", significa "l'amore guarisce la mente".

Come fece Gesù a guarire il lebbroso? Perdonandolo. Nonostante fosse nel bel mezzo di un'illusione, riuscì comunque a vedere l'unica verità che Dio aveva creato. Guarì il lebbroso grazie a una corretta percezione. Quando si trovava di fronte a un lebbroso, Gesù non vedeva la lebbra. Estendeva la sua percezione oltre ciò che i sensi fisici rivelavano, per vedere una realtà che corrispondeva alla visione dello Spirito Santo. Nell'animo del lebbroso vi è il Figlio di Dio, perfetto, inalterabile, immutabile. Lo spirito è sano in eterno; non può ammalarsi e non può morire.

Gesù vede con gli occhi di Dio. Accettò di essere Redento e non credette alla lebbra. Dal momento che tutte le menti sono tra loro connesse, la presenza di Gesù fece sì che anche il lebbroso smettesse di credere alla lebbra. E in questo modo venne guarito.

In *Un corso in miracoli*, Gesù, che è il simbolo vivente dello Spirito Santo, afferma: "La tua mente e la mia mente possono unirsi per ripulire il tuo ego." Chiedere allo Spirito Santo di guarirci quando siamo malati significa chiederGli di guarire quei pensieri che dentro di noi danno origine alla malattia.

Molti anni fa, quando avevo appena iniziato a tenere delle conferenze su *Un corso in miracoli*, fui coinvolta in alcuni tamponamenti a catena. In tutti e tre i casi, sul momento lasciai perdere l'accaduto, ricordando che non ero esposta ai pericoli terreni e che comunque non mi ero né ferita né fatta minimamente male.

Circa una settimana dopo l'ultimo incidente, presi il raffreddore e mi venne un forte mal di gola. Era venerdì pomeriggio quando iniziai a sentirmi male e il giorno dopo avrei dovuto tenere una conferenza sul Corso. Inoltre, io e la mia amica Sarah ci eravamo date appuntamento per bere qualcosa insieme dopo il lavoro. Stavo così male che avrei voluto annullare l'appuntamento, andare a casa e mettermi a letto. Quando però telefonai a Sarah in ufficio, mi dissero che era già uscita. Non mi rimaneva che raggiungerla al bar. Lungo la strada, mentre guidavo, iniziai a pensare a come poter curare il mal di gola. Se avessi potuto, sarei andata volentieri da un medico, dato che conoscevo un antibiotico chiamato eritromicina col quale in passato avevo curato più volte questo genere di disturbo alla gola. Ma, dal momento che mi ero trasferita da poco a Los Angeles, non conoscevo ancora nessun medico. Mi rivolsi al Corso. Mi domandai come ciò fosse potuto accadere. In che modo il mio pensiero deviava dalla verità? In che modo la mia percezione mentale era sbagliata? La risposta fu immediata e mi colpì come un fulmine a ciel sereno. Sebbene avessi applicato il principio relativo all'incidente, ero "caduta in tentazione" immediatamente dopo. In che modo? Dopo i tre incidenti, tutti quelli che mi conoscevano erano venuti a chiedermi se stessi bene. Ponevano le loro mani su di me, accarezzandomi con delicatezza il collo e la schiena, mi chiedevano se mi fossi fatta vedere da un medico e riversavano su di me la loro dolcezza. Quelle attenzioni mi facevano sentire bene.

Il fatto che fossi malata indusse gli altri ad amarmi di più. Invece di rispondere a gran voce "sto bene", espressi il mio "sto bene" molto timidamente, per paura che smettessero di coccolarmi. Avevo accettato l'idea di essere fisicamente vulnerabile per poter ricevere in cambio amore e attenzione.

Il prezzo che dovetti pagare per il mio "peccato" fu molto alto; tale prezzo si chiama percezione senza amore. La mia percezione mentale era sbagliata in quanto mi consideravo un corpo e non uno spirito, e ciò significava che mi identificavo sull'assenza d'amore anziché sull'amore. Il fatto di aver scelto di credere che fossi vulnerabile, anche se solo per un istante, aveva provocato tale cambiamento e mi aveva procurato il mal di gola.

Fantastico, pensai. Ho capito! "Dio", dissi, "ora capisco come tutto ciò sia potuto accadere. Riporterò la mente al momento in cui ho commesso l'errore e farò ammenda. Tornerò indietro. Chiederò che la mia percezione venga guarita e che venga liberata dagli effetti del mio scorretto modo di pensare. Amen." Mentre pregavo, una luce rossa mi indusse a chiudere gli occhi; mi aspettavo, nel momento in cui li avrei riaperti, di essere guarita dal mal di gola.

Al termine della preghiera, aprii gli occhi. La gola mi faceva ancora male. Non sarebbe dovuto accadere. A questo punto, depressa più che mai, entrai nel bar dove avrei dovuto incontrare la mia amica e mi sedetti al bancone. Nell'entrare, mi accorsi che un uomo seduto all'altro capo del bancone mi rivolgeva degli sguardi galanti. Non era affatto il mio tipo. Lo guardai come per dirgli: "Guardami ancora, mio caro, e sei un uomo morto."

"Posso aiutarla?", mi chiese il barista.

"Sì", sussurrai con voce rauca. "Vorrei un brandy, del miele e del latte."

L'uomo all'altro capo del bancone seguì con lo sguardo il barista che tornava da me per portarmi ciò che avevo ordinato. "Cosa sta cercando di fare?" mi domandò.

Non avevo voglia di parlare con quell'uomo. Volevo che se ne andasse. Ma una volta che il Corso è entrato a far parte del tuo sistema, non puoi avere pensieri cattivi senza sentirti in colpa.

"È tuo fratello, Marianne", dissi a me stessa. "È un innocente figlio di Dio. Sii gentile."

Mi addolcii. "Sto cercando di farmi un punch", dissi. "Ho un terribile mal di gola."

"Innanzitutto questo non è il modo migliore per fare un punch", disse, "e poi un punch non è esattamente ciò di cui lei avrebbe bisogno. Secondo me le servirebbe della penicillina."

"Sì, è vero", dissi, "L'eritromicina sarebbe la cura perfetta, ma mi sono da poco trasferita a Los Angeles e non conosco nessun medico che potrebbe prescrivermela."

L'uomo si alzò e venne verso di me. Appoggiò la carta di credito sul bancone e fece un cenno al barista. "Andiamo, dirigiamoci verso il locale accanto", mi disse. "Posso darle dell'eritromicina."

Lo guardai come se fosse pazzo, ma nello stesso tempo mi accorsi che la carta di credito recava la dicitura "Dr". "Cosa c'è nel locale accanto?", chiesi.

"Una farmacia Thrifty."

Era vero. Andammo da Thrifty e il mio nuovo amico medico mi prescrisse la medicina di cui avevo bisogno. Dopo aver ingoiato la pillola, andai in estasi.

"Lei non capisce", gli dissi, mentre saltellavo qua e là. "È un miracolo! Ho pregato di poter guarire e ho cambiato il mio modo di pensare, ma lo Spirito Santo non poteva impartirmi una guarigione istantanea perché non sono ancora pronta per riceverla (sarebbe troppo pericoloso per il mio sistema di convinzioni) e così è dovuto entrare in me rispettando il mio attuale livello di comprensione; poi è arrivato lei, ma se io non le avessi aperto il mio cuore, non avrei mai potuto ottenere il miracolo, perché non sarei stata pronta a farlo!"

Mi porse il suo biglietto da visita. "Signorina, questo è il mio numero di telefono", disse. "Sono uno psichiatra e non ho mai prescritto un antibiotico in venticinque anni. Ma si fidi di me, lei dovrebbe farmi una telefonata."

Come avevo spiegato a quel bravo medico, avevo chiesto che le mie percezioni errate fossero curate (avevo accettato la Redenzione) ma la guarigione poteva entrare dentro di me solo a livello della mia ricettività. Il Corso ci dice che lo Spirito Santo si fa da parte in presenza della paura. La maggior parte di noi, nel caso in cui dovesse rompersi una gamba e la vedesse guarire all'istante dopo aver sentito la parola di Gesù, troverebbe la guarigione più deprimente della frattura stessa. Questo perché se una cosa del genere è realmente possibile, significa che il mondo intero è qualcosa di diverso da ciò che noi pensiamo che sia. Rinunciare alla nostra limitata comprensione del mondo, la quale rappresenta per noi una sorta di pseudo controllo, esprime una minaccia maggiore di una gamba rotta. Alcune persone, sottolinea *Un corso in miracoli,* preferirebbero morire piuttosto che cambiare idea. Lo Spirito Santo trova il modo di esprimere il Suo potere utilizzando degli strumenti che noi possiamo accettare. La medicina è uno di questi strumenti.

Un motto degli Alcolisti Anonimi recita: "Ogni problema reca con sé la propria soluzione." Qualunque crisi porta con sé la sua soluzione, nel senso che ci mette in ginocchio e ci conduce all'interno dei nostri più umili pensieri. Se fossimo stati lì sin dall'inizio, se avessimo anteposto il potere di Dio al nostro, e l'amore alle nostre ambizioni personali, allora i nostri problemi non sarebbero neppure sorti.

Un'epidemia come l'AIDS è una piaga collettiva che inghiottisce milioni di persone nel suo vortice di dolore. Ma la sua esistenza significa anche che milioni di persone vengono messe in ginocchio. Non appena un numero sufficiente di noi si troverà in questa condizione, non appena l'amore avrà raggiunto una massa critica o, come dice il Corso, un numero abbastanza alto di individui avrà assunto una mentalità di apertura al miracolo, ci sarà un'improvvisa svolta nella coscienza; un'estasi, una guarigione istantanea. Sarà come se milioni di noi si fermassero di fronte a quella luce rossa e, riconoscendo la loro mancanza d'amore, chiedessero di essere guariti. Quando la cura per l'AIDS verrà finalmente trovata, riconosceremo il merito a pochi scienziati, ma molti di noi sapranno che milioni e milioni di preghiere hanno permesso che ciò accadesse.

4. SALVARE LA MENTE, SALVARE IL CORPO

"L'unica cura è la salvezza."

L'esperienza della malattia consiste nell'appello a una vita religiosa genuina. In tal senso, per molte persone rappresenta una della cose migliori che sia loro mai accaduta. Uno degli aspetti negativi della malattia è che essa ci induce a essere ossessionati dal corpo in un momento in cui dovremmo essere concentrati soprattutto sullo spirito. Occorre disciplina spirituale per invertire la rotta. L'esercizio spirituale consiste in un esercizio mentale ed emotivo, che non differisce molto dall'esercizio fisico. Attraverso l'esercizio spirituale noi cerchiamo di ricostruire la nostra muscolatura mentale. Otteniamo scarsi risultati, dice *Un corso in miracoli*, perché la nostra mente è indisciplinata. Abituare la mente ad assumere una prospettiva di amore e di fede nella formulazione dei pensieri è la spinta più grande che noi possiamo dare al nostro sistema immunitario, e una delle maggiori sfide che possiamo lanciare alla nostra mente.

Cambiare la nostra vita può essere difficile. Per una persona a cui è stato diagnosticato un disturbo fisico, la vocazione al cambiamento è un imperativo. Se eravamo abituati a mangiare cibo poco sano, dovremo iniziare a nutrirci in modo diverso. Se avevamo il vizio del fumo o dell'alcol e se eravamo soliti dormire poche ore, dovremo cambiare le nostre abitudini. Laddove la nostra mente fosse abituata a precipitarsi in maniera istintiva in direzione della paura, della paranoia e dell'attacco, dovremo fare il possibile per insegnarle a pensare in maniera diversa.

Il concetto della connessione mente-corpo è relativamente nuovo per la medicina occidentale, ma non lo è affatto per quella orientale, né per la religione e la filosofia. Il corpo ha una sua intelligenza. Come scrive Deepak Chopra in *Quantum Healing*: "La vita in sé è intelligenza che va ovunque cavalcando le sostanze chimiche. Non dobbiamo commettere l'errore di pensare che il cavaliere e il cavallo siano la stessa cosa." Nel tradizionale modello di guarigione occidentale, si sta tentando di far andare il cavallo in una nuova direzione, senza preoccuparsi di fare una chiacchierata con il cavaliere. La concezione olistica e spirituale della guarigione prevede che, oltre al corpo, vengano curati anche la mente e lo spirito. Scrive Chopra: "Alla fine siamo arrivati ad un punto di svolta radicale nella visione del mondo. Per la prima volta nella storia della scienza, la mente ha un palco sul quale ergersi e rendersi visibile. Prima che questo accadesse, la scienza ci considerava macchine fisiche che in qualche modo avevano imparato a pensare. Ciò che emerge ora, invece, è che siamo pensieri che hanno imparato a creare delle macchine fisiche."

L'amore cambia il nostro modo di pensare alla malattia. La malattia è il frutto della separazione, ribadisce *Un corso in miracoli*, mentre la guarigione è il risultato dell'unione. Ovviamente, le persone odiano il cancro o l'AIDS da cui sono affette, ma l'ultima cosa di cui hanno bisogno è odiare qualche altro aspetto di sé. La guarigione si ottiene quando la percezione che abbiamo della nostra relazione con la malattia subisce una trasformazione tale per cui impariamo a reagire al problema con amore anziché con paura. Quando un bambino che si è procurato un taglio a un dito lo mostra alla madre, lei non dirà mai: "Che brutto taglio." Piuttosto, riverserà il suo amore sul bambino baciandogli il dito, e in tal modo attiverà in maniera inconscia e istintiva il processo di guarigione. Perché il nostro modo di pensare dovrebbe essere diverso nel caso delle malattie gravi? Il cancro, l'AIDS e altre brutte malattie sono manifestazioni fisiche di un urlo psichico; il loro messaggio non è "Odiami", ma "Amami".

Se io grido, la persona di fronte a me può reagire in due modi. Può gridare a sua volta, urlandomi di fare silenzio, e ciò mi indurrà a gridare ancora di più. Oppure può dirmi che ci tiene al mio stato d'animo, che mi ama e che le dispiace per come mi sento; ciò avrà l'effetto di calmarmi. Queste sono due alternative applicabili anche nel caso delle malattie gravi. Attaccare la malattia non è una cura; la fa solo strillare più forte. La guarigione si ottiene solo se si inizia a conversare con la malattia, cercando di capire che cosa essa vuole dirci. Il medico cerca di comprendere l'alfabeto chimico attraverso il quale la malattia si esprime. Il metafisico cerca di capire che cosa la malattia vuole dirci.

Si dice che Lucifero fosse l'angelo più bello del Cielo prima della sua "caduta". In *Guerre Stellari,* si scopre che Darth Vader da giovane era stato un bel ragazzo. La malattia è amore trasformato in paura e comporta che la nostra stessa energia, concepita per sostenerci, si ritorca contro di noi. L'energia non può essere distrutta. Il nostro compito non è quello di uccidere la malattia, ma di riportare l'energia nella direzione da cui è venuta, trasformando nuovamente la paura in amore.

La visualizzazione è diventata una tecnica diffusa nel trattamento delle malattie gravi. Le persone spesso visualizzano un Pacman, o un soldato con una mitragliatrice in mano, pronto a distruggere le cellule minacciose o il virus. Ma possiamo anche scegliere un approccio più amorevole. Se sotto la brutta maschera di Darth Vader si nasconde un uomo vero con un cuore vero, possiamo pensare all'AIDS, per esempio, attribuendogli le sembianze di "Angeli nelle vesti di Darth Varder".

Ecco alcuni esempi di visualizzazioni illuminate: immaginate che l'AIDS sia Darth Varder, aprite la cerniera lampo della sua tuta e consentite all'angelo di venire fuori. Visualizzate la cellula cancerosa o il virus dell'AIDS in tutto il suo orrore mortale e poi figuratevi una luce dorata, un angelo, o Gesù che, avvolgendo la cellula, la trasforma e la fa passare dall'oscurità alla luce. Come abbiamo detto prima, un urlo di rabbia reagisce meglio davanti all'amore. È nel momento in cui riceve amore che si placa; è in quel momento che cessa.

Nel mio lavoro utilizzo un'interessante tecnica che consiste nel far scrivere delle lettere attraverso le quali le persone si rivolgono all'AIDS o al cancro o alle altre malattie da cui sono affette, per dire loro cosa provano. Ecco alcuni esempi di come iniziano le lettere:

Caro Cancro,

questi sono i miei sentimenti più autentici.

……..

……..

Firmato,
Ed

In seguito venne scritta una lettera di risposta, indirizzata dall'AIDS a Ed.

Caro Ed,
questi sono i miei sentimenti più autentici.
……
…….
Firmato,
AIDS

Le lettere che seguono sono state scritte nell'ambito di uno dei miei gruppi di lavoro sull'AIDS:

Caro AIDS,
io ti odiavo. Ero confuso e avevo paura di accettare l'idea della morte e della malattia. Credevo ai giornali e alla TV, ai medici, e a tutti coloro che ogni giorno cercavano di insinuare la paura dentro di me. Ciononostante oggi, dopo tre anni è mezzo, non sono ancora morto; anzi, a dispetto di tutti i problemi medici che mi trovo ad affrontare, sono più vivo ora di quanto sia mai stato in passato. Il fatto che tu sia entrato nella mia vita mi ha aiutato a crescere. Mi hai dato una ragione per vivere e io ti amo per questo. I miei amici sono malati o sono morti, ma io non sono loro. Io sono io. E non mi sento minacciato, né ho paura di ciò che in passato era mia nemico e che ora è diventato la mia forza.

Steve.

Caro Steve,
se, come dicono gli altri, fossi venuto qui per portarti via, non credi che a quest'ora dovresti già essere morto? Non sono capace di ucciderti, né di farti del male o di farti ammalare. Non ho cervello, non sono dotato di forza bruta, né sono capace di nuocere. Sono solo un virus. Attribuisci a me il potere che dovresti attribuire a Dio. Prendo ciò che posso perché come te non voglio morire. Sì, vivo delle tue paure. Ma muoio a causa della tua pace mentale, serenità, onestà, fede e desiderio di vita.
Cordialmente,

Il virus AIDS

Caro AIDS,

ho così tanta paura di morire giovane. Ho paura di andare all'ospedale e di vedere tutti quegli aghi e quegli aggeggi infilati nel mio corpo. Ho tanta paura del dolore. Perché hai voluto fare questo a me e ai miei amici? Che cosa ti abbiamo fatto, qual è il motivo per cui ce l'hai tanto con noi e vuoi farci del male? Se c'è qualcosa che devi dirci, non puoi farlo in un'altra maniera? Mi mancano i miei amici. Perché dovevi ucciderli? Perché hai dovuto procurargli così tanto dolore fisico? A volte sono molto arrabbiato con te, ma in questo momento non lo sono. Sono solo triste. Sono confuso. Non so cosa fare per placarti. Per il momento mi hai lasciato stare. Perché? E per quanto tempo? John è una persona così dolce. Perché deve soffrire? Se è l'amore che vuoi, possiamo amarti. Se hai dei dubbi in proposito, guarda quanto amore c'è intorno a questa malattia. Per piacere, rispondici subito. Dicci cosa vuoi. Sento che non ci rimane molto tempo, ma sono disposto ad ascoltarti e a imparare. Grazie.

Carl

Caro Carl,

neppure io riesco a comprendere tutto ciò. Non è mia intenzione fare del male né a te né ai tuoi cari. Come te, sto solo cercando di vivere, e di farlo come meglio posso. Sfortunatamente, in questo modo finisco per far soffrire le persone. L'unica cosa che voglio è amare, proprio come te. Continuo a invocare aiuto, ma nessuno sembra sentirmi. Forse se proviamo a parlarci e ad ascoltarci, riusciremo a trovare un modo di convivere senza farci del male a vicenda. In questo momento, ho la sensazione che tu voglia soltanto distruggermi, anziché affrontare ciò che dentro di te mi ha provocato. Per piacere, non odiarmi e non cercare di distruggermi. Amami.

Parliamoci e ascoltiamoci, e cerchiamo di vivere in pace. Grazie.

AIDS

Caro HIV,

poco più di undici anni fa arrivasti in città. Da allora tutto è cambiato. Molte persone se ne sono andate a causa tua. Mi mancano davvero molto. Hai provocato così tanto dolore e sofferenza. A livello conscio, nessuno ti voleva. Io stesso ho a che fare con te da troppo tempo. Nel 1987 e nel 1988 ci mancò poco che mi portassi via. Ho pensato che avrebbe potuto farti piacere sapere che siamo nel 1991 e che io sono ancora qui, come te. Non è il caso che la smettiamo con questa stupidaggine e che diventiamo amici? Lasciamoci il passato alle spalle e continuiamo a crescere insieme. Ho cercato di amarti meglio che potevo, ma a volte è davvero difficile riuscirci. Per favore, diventiamo amici e facciamo pace.

Con amore,

Paul

Caro Paul,

va bene.

Con affetto,

HIV

Caro AIDS,

sono davvero arrabbiato! Perché devo preoccuparmi di te e della morte a soli ventisei anni? Vorrei poter sapere che sarò vivo quando ci sarà la decima riunione della mia classe, ma non posso esserne certo perché ogni cosa è una grande incognita. Sono stanco anche di dover temere, ogni volta che prendo un raffreddore o che cambiano le mie abitudini nel sonno, che la mia fine stia arrivando. Sono stufo di dover aver paura che gli altri scoprano che sono malato. Vattene dal mio corpo. Non ti voglio e basta!

Russ

Caro Russ,

né io né tu sappiamo come sia potuto accadere, ma di fatto siamo qui insieme. Sarei felice di andarmene, ma non esistono vie d'uscita per me. Ehi, ti ho dato una prospettiva sulla vita e sulla morte che molte persone alla tua età non si sognerebbero neppure di avere! Se collabori con me, supereremo tutto questo.

AIDS

Caro AIDS,

io, come tante altre persone, ho sofferto molto e ho subìto un sacco di cambiamenti, sia fisici che mentali. Ora, lo ammetto, una parte di me è molto arrabbiata e triste. È come se stessi vivendo un incubo. Evidentemente è colpa mia se mi sono ammalato. Ma fa male essere puniti così. Devo ammetterlo, non sono contento di aver dovuto provare così tanto dolore per colpa di questa folle malattia, e non sono neppure contento della sofferenza mentale che mi ha procurato. Ma prego ogni giorno.

Peter

Caro Peter,
ebbene sì, sono un virus, sono all'interno del tuo corpo e ti ho procurato molti problemi. Ma ti garantisco che il potere della tua mente può cambiare le cose. Vedi, se non fosse così, non saresti qui a quest'ora. Sì, ho cambiato molti aspetti della tua vita, ma per alcuni versi il cambiamento è stato positivo. La tua mente è molto più potente di me.

AIDS

Caro AIDS,
odio l'incertezza. Ma sono grato per la scossa che essa ha dato alla mia vita e a quella di coloro che mi circondano. Mi hai fatto ritrovare la forza che ho sempre avuto, e mi hai permesso di vedere l'amore che le persone a me vicine sono in grado di manifestare. Hai fatto sì che tutti noi imparassimo ad apprezzare ogni giorno che passa e a gioire della forza di cui siamo capaci. Mi rendo conto che continuo a dire forza, ma è vero, l'AIDS mi ha dato tanta forza.

Questo significa che quando scopri che la tua più grande paura diventa realtà, ma continui ad andare avanti, allora la paura non ha più forza. Grazie per avermi aiutato a smettere di farmi del male e di odiarmi per ciò che non riuscivo a essere; grazie per avermi insegnato ad amarmi per quello che sono.

Andrew

Caro Andrew,
non c'è di che.

AIDS

Caro virus dell'AIDS,
vai al diavolo. Hai portato via una stella luminosa dalla mia famiglia. Mi manca, lo amavo e non gliel'ho mai detto. Perché ti appropri così della vita delle persone nel fiore degli anni? Perché ti accanisci così su di noi? Odio il dolore e l'agonia che provochi, ma in qualche modo hai tirato fuori il meglio di Leo e della sua famiglia.

Inez

Cara Inez,
io non ho tirato fuori il meglio o il peggio. Io sono ciò che sono. Siete voi a decidere in che modo vivere con me.

AIDS

Ogni volta che una persona deve affrontare una malattia grave, che sia lei a soffrirne o qualcun altro, le suggerisco di prendere in considerazione la possibilità di scrivere un diario attraverso il quale "comunicare" con la malattia. Se la malattia diventa per noi il segnale che il nostro amore ha bisogno di essere curato anziché qualcosa di orribile di cui doversi sbarazzare, significa che abbiamo individuato un approccio più positivo al processo che porta alla guarigione. L'energia non può essere distrutta. Tuttavia, essa può essere trasformata in maniera miracolosa. Il miracolo scaturisce dai nostri stessi pensieri, dalla decisione di sbarazzarci delle nostre certezze legate alla paura e al pericolo, e di abbracciare una visione della vita basata sulla speranza e sull'amore. Senza dubbio, non c'è nulla da perdere nel provarci e non si rischia nulla. "La Redenzione è così dolce che ti basterà rivolgerti a lei sussurrando, affinché tutto il suo potere venga in tuo soccorso." Dio fa la sua parte nel momento in cui noi facciamo la nostra.

5. IL CORPO NELLE RELAZIONI

"Il corpo non ti separa da tuo fratello; sei pazzo se pensi che lo faccia."

La nostra vera identità non risiede nel corpo, ma nello spirito. "Il Cristo che c'è in te non abita il corpo", afferma il Corso. Né il corpo di una persona ci dice chi è quella persona. Il corpo è un muro illusorio che sembra separarci gli uni dagli altri; è il mezzo principale con cui l'ego cerca di convincerci che siamo distinti dagli altri e separati da Dio. Nel Corso, il corpo viene definito come "la figura centrale del sogno del mondo." La trama della storia umana, in cui i corpi parlano, si muovono, soffrono e muoiono, crea un velo di irrealtà rispetto a ciò che Dio ha creato. Essa nasconde "il volto di Cristo". Mio fratello può mentire, ma non è lui che mente. I miei fratelli possono combattere, ma restano uniti nell'amore.

"Le menti sono unite", dice il Corso, "mentre i corpi non lo sono." Il corpo in sé non è nulla. Non può perdonare, non può vedere, e non può comunicare. Se sceglierete di vedere il corpo, avrete davanti ai vostri occhi un mondo fatto di separazione, di cose non collegate, di avvenimenti che non hanno affatto senso.

"Finché ti identificherai con il tuo corpo, sarai sempre depresso", si legge nel Corso. Allo stesso modo, pensare che le altre persone siano solo dei corpi ti procurerà ansia. Il sesso senza amore è un esempio di come il corpo possa essere utilizzato per generare depressione. I nostri impulsi sessuali diventano tele su cui stendere il nostro amore o proiettare la nostra paura. Quando lo Spirito Santo si esprime attraverso il sesso, la comunicazione tra le persone diventa più profonda. Quando il sesso diventa uno strumento dell'ego, esso prende il posto della comunicazione. Lo Spirito Santo usa il sesso per curarci; l'ego lo utilizza per ferirci. Qualche volta ci è capitato di pensare che il sesso con un'altra persona avrebbe cementato la nostra relazione, ma poi ci siamo resi conto che in realtà ha prodotto molta più illusione e ansia di quanta ve ne fosse prima. Solo quando il sesso diventa veicolo di comunicazione spirituale si può parlare di amore vero, di unione con un'altra persona. Solo allora diventa un atto sacro.

Santità vuol dire presenza di un obiettivo d'amore, e in tal senso il corpo nella sua totalità può diventare un'espressione di sacralità. Molti ricercatori spirituali hanno sentito l'esigenza di prendere le distanze da tutto ciò che è collegato al corpo. Ma tale atteggiamento può risultare altrettanto egocentrico di un eccessivo attaccamento alla realtà fisica. Qualunque cosa venga utilizzata per diffondere la gioia e trasmettere amore rientra nel progetto di salvezza di Dio.

Quando avevo circa vent'anni, conobbi un ragazzo che in occasione del nostro primo appuntamento si vestì in maniera molto elegante. Non mi era mai capitata una cosa del genere; di solito, i ragazzi che venivano a prendermi a casa si presentavano in blue-jeans. Quando aprii la porta e vidi quel bel ragazzo con indosso un vestito da uomo e un elegante soprabito, la prima cosa che pensai fu che forse era un mafioso!

Uscii con lui e per tutta la sera fui combattuta nel giudicare il suo guardaroba. Ovviamente, non potevo dirgli che ero disgustata dal suo "splendido" abbigliamento! Era italiano, e per la prima volta mi esponevo alla suscettibilità di un uomo europeo. Anni dopo avrei ricordato l'insegnamento di quel ragazzo.

Cominciammo a frequentarci e iniziò a mostrarmi delle attenzioni che mai nessuno mi aveva mostrato in precedenza. Le nostre uscite serali per lui erano dei grandi eventi. Volevo andare a teatro o al cinema? Volevo andare in questo o quel ristorante? Che cosa avrebbe indossato? Ero sbalordita da quanto fosse importante per lui decidere se indossare la maglietta blu o quella bianca. All'inizio la cosa mi infastidì, dal momento che ero figlia di una mentalità, quella degli anni Sessanta, che considerava inutile questo tipo di preoccupazioni. Ma alla fine mi accorsi che lui desiderava soprattutto rendermi felice. Il suo mettersi in ghingheri era un modo di compiacermi, un modo di farmi sapere quanto tenesse a me.

Molti anni dopo quella relazione, mi capitò di trovarmi all'interno di un negozio di abbigliamento con il mio ragazzo di allora. Lui aveva provato due giacche e non sapeva quale scegliere. Quando gli feci notare quale delle due mi piacesse, reagì come se fossi sua madre: voleva dimostrarmi che la mia opinione non avrebbe influenzato la sua decisione. Gli dissi: "Questa è la differenza tra me e te. Se stessi acquistando dei vestiti, e ci fosse un capo che a te piacesse, sarei molto più propensa ad acquistarlo. Che senso ha stare insieme se non mi sento motivata a piacerti, a rendere la tua vita più piacevole, a far sì che le cose siano più attraenti per te?".

Questo è l'unico motivo per cui hanno senso i vestiti, il trucco e tutte le altre cose che fanno parte del mondo fisico. La loro funzione non è quella di sedurre le persone, ma di aggiungere luce al mondo attraverso la bellezza e il piacere. Le cose hanno valore nella misura in cui le utilizziamo per apportare felicità al mondo. Gli indumenti e gli altri effetti personali non rappresentano un'eccezione rispetto alle altre forme d'arte. Se le osserviamo con amore, possono innalzare le vibrazioni e aumentare l'energia nel mondo che ci circonda.

Non si tratta di narcisismo o di vanità. Essere narcisisti significa non preoccuparsi del fatto che al fidanzato o al marito, alla fidanzata o alla moglie, piaccia il nostro look. Ho avuto dei fidanzati che erano irremovibili sul fatto che mi preferissero senza trucco, così come altri che sostenevano l'esatto contrario. Il cambiamento per me non dipendeva dal tipo di uomo che stavo frequentando, ma dal dire "Non mi interessa ciò che vuole", o "Per me è molto importante sapere cosa lo rende felice". La prima fase della rivoluzione sessuale si tradusse per le donne in una liberazione dagli oppressivi modelli di subordinazione all'uomo. La seconda fase ci induce a riconoscere che è inutile sviluppare la propria individualità, se non per concederla a un'identità più grande. E tale identità corrisponde alla nostra relazione con gli altri. Una vita vissuta per se stessi non è una liberazione, ma solo un'altra forma di schiavitù. Dal momento che non siamo corpi, non siamo isolati. Vivere in isolamento non può che condurci alla sofferenza.

6. VANITÀ, PESO ED ETÀ

"Gli occhi del corpo vedono solo la forma."

Che cos'è la vanità? Che cos'è quell'ossessione nevrotica ed egoistica per il peso, i capelli, il look e il sex appeal che spinge gli americani a spendere miliardi di dollari ogni anno in prodotti che non possono permettersi e di cui in realtà non hanno bisogno, e tante ragazze ad ammalarsi nello sforzo di essere magre? Questo è l'inevitabile risultato di un orientamento culturale che trascura la realtà dello spirito. Considerare il corpo come il fine ultimo anziché uno strumento della nostra percezione, alimenta la paura. La paura di non essere abbastanza belli o abbastanza attraenti. La paura di non piacere agli altri. La paura di essere sconfitti nella vita. Non c'è modo di salvarsi da tale vortice di dolore, a meno che l'identificazione con il corpo non venga sostituita dalla consapevolezza che non siamo affatto corpi, che tutto ciò che siamo consiste nell'amore che portiamo dentro di noi e che solo tale amore determina il nostro valore. Quando la nostra mente si riempie di luce, non c'è posto per l'oscurità. Quando comprendiamo chi siamo e cosa siamo, non c'è posto per il dolore e la confusione.

A vent'anni ero sovrappeso, non in modo eccessivo ma abbastanza da sentirmi infelice. C'erano sempre quei cinque/sette chili che non riuscivo a perdere. Ogni volta che mi mettevo a dieta, finivo con l'aumentare di peso. C'è una motivazione psicologica per tutto ciò, la stessa che per esempio ci induce a pensare continuamente a qualcosa se qualcuno ci dice di non farlo. Quanto più ripetevo a me stessa di non pensare al cibo, tanto più ne ero ossessionata. Privarsi di mangiare è un pessimo modo di perdere peso. Pregavo spesso di risolvere questo problema e ogni volta ricevevo il seguente consiglio: "Mangia ciò che vuoi." Il che mi sembrava completamente assurdo. "Se dicessi a me stessa di farlo" pensavo, "inizierei a mangiare senza più smettere." A questo pensiero, la mia guida interiore rispondeva: "Sì, lo farai all'inizio. Dovrai rimediare alla pressione che hai fatto a te stessa in tutti questi anni. Ma poi ne avrai abbastanza, tornerai ai tuoi ritmi naturali e guarirai."

E così mi lasciai andare. Incontrai una donna che aveva perso molti chili e che mi disse che aveva chiesto a Dio di farlo per lei. "Non lo pregai di farmi perdere peso", mi raccontò. "Gli chiesi soltanto di liberarmi da quell'ossessione. Non mi interessava se ero grassa. Gli dissi che se la Sua volontà era che io fossi grassa, a me bastava che mi facesse sentire a mio agio in quella condizione. Volevo solo uscire da quell'inferno."

Decisi che non aveva importanza quanto pesassi. Non potevo più sopportare l'orrore di quell'ossessione. Da studentessa di *Un corso in miracoli,* iniziai a rendermi conto che il mio peso non era affatto importante. Contava solo l'amore. Compresi che se fossi riuscita ad abituare la mia mente a concentrarsi su tale consapevolezza, i miei problemi si sarebbero risolti da soli. Nelle religioni orientali si dice spesso: "Scegliete Dio e vi libererete di tutto ciò che non è autentico." A mano a mano che mi lasciavo coinvolgere dal Corso, iniziai a smettere di pensare continuamente al mio peso. Tutto qui. E un giorno, guardandomi allo specchio, mi accorsi che ero dimagrita.

Capii che il mio peso non aveva nulla a che fare con il corpo, ma che tutto dipendeva dalla mente. Ero terrorizzata dalle persone e a livello inconscio avevo costruito un muro intorno a me per proteggermi. Ma allo stesso tempo avevo una paura tremenda di non riuscire ad amarmi. L'obiettivo del mio ego era quello di mantenermi separata attraverso il peso; fino a quando non avessi abbandonato quell'obiettivo, non sarei mai stata in grado di perdere i chili in eccesso. La mia mente subconscia stava solo seguendo le istruzioni. Nel momento in cui iniziai a utilizzare le mie energie per andare oltre il muro e permisi a Cristo di entrare nella mia mente, il muro miracolosamente crollò.

Una volta appreso attraverso il Corso che il corpo non è importante, mi rimaneva da capire perché dobbiamo fare esercizio fisico e nutrirci bene. Scoprii che quando si pratica esercizio fisico, in realtà si pensa meno al proprio corpo rispetto a quando non lo si fa. Nei momenti di ozio, non riuscivo a fare a meno di pensare a quanto fossero grosse le mie cosce e largo il mio girovita. In maniera simile, un'alimentazione sana ci permette di vivere nel nostro corpo con leggerezza ed energia. Sono proprio i cibi pesanti e poco sani a tenerci legati al corpo. Prendersi cura del corpo significa prendersi cura dello spirito.

Nella vita di oggi, un corpo che invecchia è il riflesso del peso dei nostri pensieri dolorosi e pieni di preoccupazione. Se cominciamo a muoverci con più leggerezza all'interno del corpo e la mente smette di essere costantemente preoccupata per esso, l'invecchiamento diventa un'esperienza diversa. Ho letto da qualche parte che la Vergine Maria non invecchiò mai, nonostante visse più di cinquant'anni. Conosco il motivo. Se riuscissimo a raggiungere uno stato in cui solo l'amore e l'altruismo riempissero la nostra mente, e né il passato né il futuro pesassero sulle nostre spalle, l'invecchiamento sarebbe un processo di ringiovanimento. Sul piano spirituale, diventiamo tanto più giovani quanto più invecchiamo, dal momento che l'unico scopo del tempo è quello di insegnarci a liberare noi stessi da ogni legame con la materia. In questo modo, il corpo rinasce a vita perfetta, diventando uno strumento sano e un'espressione di gioia.

Il rifiuto di invecchiare fa parte della nostra nevrosi culturale. Come qualsiasi altra cosa, l'invecchiamento si trasforma nel momento in cui l'accettiamo per quello che è. Molti di noi pensano che andare avanti con gli anni sia una cosa terribile, poco attraente e poco sexy, ma in realtà sono solo idee nostre. Lungo le strade di Parigi, le francesi tra i cinquanta e i sessant'anni trasudano una sessualità matura. Qui, invece, tendiamo a credere che le donne di quell'età siano "sulla via del tramonto".

Dobbiamo cambiare il nostro modo di pensare. Ricordiamoci che più a lungo viviamo, più impariamo; e più impariamo, più diventiamo belli. Cambiando la nostra percezione delle persone anziane, partecipiamo attivamente alla creazione di una nuova realtà nella quale attribuire un diverso significato all'esperienza dell'invecchiamento. Per l'ego, del resto, se il corpo è indebolito significa che la persona è indebolita. Nella cultura americana gli anziani vengono trattati con freddezza e indifferenza. In Cina ci si rivolge agli anziani con rispetto e riverenza, e questo è il motivo principale per cui i cinesi vivono a lungo e sono cittadini sani e produttivi. Se in America la giovinezza è migliore della vecchiaia, è perché siamo convinti che sia così. Non perché sia una verità oggettiva, ma solo perché abbiamo questa idea e la manifestiamo nella nostra vita sociale.

Non importa di che tipo di malattia, dipendenza o problema fisico si soffra, la causa è sempre nella mente e solo lì può essere curata. Il più grande potere che ci è stato donato, dice il Corso, è il potere di cambiare il nostro modo di pensare. La condizione fisica non determina il nostro stato emotivo. L'esperienza della pace viene solo dalla mente. "La pace della mente", sottolinea *Un corso in miracoli*, "riguarda solo l'interiorità."

7. IL SENSO DELLA GUARIGIONE

"Non dimenticare che la guarigione del Figlio di Dio è l'unico motivo per cui esiste il mondo."

Quando pensiamo alla guarigione, di solito ci riferiamo alla guarigione fisica; ma *Un corso in miracoli* definisce la salute come "pace interiore". Vi sono persone che sono in pace nonostante vivano l'esperienza di malattie gravi, e persone che sono emotivamente tormentate anche se godono di perfetta salute fisica.

Nel suo libro *Insegna solo amore*, Jerry Jampolsky espone dei principi per la cura dell'atteggiamento. Ci insegna che la pace è possibile indipendentemente dalle circostanze fisiche. Offrire la nostra malattia a Dio significa riporre nelle sue mani tale esperienza nella sua interezza, sapendo che qualunque cosa può essere utilizzata dallo Spirito Santo per arricchire di amore la nostra consapevolezza.

Molte persone paragonano la malattia a una "sveglia", il cui suono ci desta dal sonno e ci apre alle esperienze della vita: ogni giorno, ci svegliamo e benediciamo la giornata che stiamo per affrontare; ogni giorno, ci svegliamo e apprezziamo gli amici e la famiglia. Mi è capitato spesso di sentir dire a persone affette da gravi patologie che la loro vera vita è iniziata nel momento in cui è stata diagnosticata la malattia. Perché ciò accade? Perché ogni volta che scopriamo di avere una malattia grave, nei primi cinque minuti ci alleggeriamo di quasi tutti i nostri superflui pesi personali. Perché sono così arrogante? Perché fingo di essere una persona così dura? Perché giudico tanto gli altri? Perché non apprezzo l'amore e la bellezza che mi circonda? Perché trascuro l'elemento più semplice e più importante del mio essere, l'amore che alberga nel mio cuore?

Far cadere le nostre illusioni è di per sé una guarigione. Dentro di noi vi è un nucleo, la nostra essenza, il nostro vero essere. Questo è il posto occupato da Dio. Trovare quell'essenza significa tornare a Dio. È lo scopo della nostra vita; persino le esperienze più dolorose servono a tale scopo.

Nel corso degli anni, ho officiato diversi funerali e cerimonie commemorative. Una delle cose che più mi ha impressionato durante queste funzioni sono stati i volti addolorati delle persone messe di fronte a una verità tanto cruda quanto innegabile e ineludibile. Quando una persona a noi cara ci lascia, la nostra tristezza ci apre a nuove opportunità di crescita. Le lacrime possono essere di grande conforto.

Di recente ho officiato il funerale di un giovane morto di AIDS. I suoi amici lo amavano molto e durante la funzione si sentirono parecchie urla strazianti. Verso la fine della cerimonia, molti dei suoi amici più intimi rimasero in piedi e intonarono una canzone che cantavano spesso con lui. Alcuni rischiarono di svenire. Lo strazio che si leggeva nei loro volti era così autentico da risultare scioccante; mentre osservavo la scena, non smettevo di pensare che se tra loro vi erano degli attori, era molto probabile che nessuno si fosse mai esibito in una performance migliore.

In un'altra occasione, celebrai il funerale di una ragazza che era stata uccisa in modo brutale. Era sposata e madre di un bambino di tre anni. Non dimenticherò mai lo sguardo di suo marito mentre mi ascoltava in chiesa. Gli dissi: "Michael, tu non sarai più lo stesso, lo sappiamo tutti. Hai due possibilità: diventare più duro o diventare più dolce. Tutto quello che è accaduto potrà farti trarre la conclusione che non devi più fidarti di nessuno, neppure di Dio, oppure potrai consentire alla ferita che porti nel cuore di renderti più dolce, e alle lacrime di sgretolare le mura che racchiudono il tuo cuore, diventando così un uomo di rara profondità e sensibilità." Poi mi rivolsi alle donne che si trovavano in sala: "Questo bambino ha perso sua madre. Non sarà più accolto tra le braccia di una donna. Non lasciate che ciò accada. Prendete l'impegno nei vostri cuori di andare a trovarlo, di andare a far visita a suo padre, di farvi carico della situazione, di diventare donne mature e di sostanza così come richiede la situazione. Assumetevi seriamente questa responsabilità e fate in modo che accada almeno una cosa: che la crescita personale causata dalle tenebre serva in qualche modo ad allontanarle."

Anche se può sembrare assurdo, dovetti lasciare la funzione per andare dall'altra parte della città a celebrare un matrimonio. Nel corso della cerimonia, notai una certa somiglianza tra gli occhi dello sposo e quelli del ragazzo che aveva appena seppellito la moglie. Ovviamente, lo sposo non era triste, ma pieno di gioia. Ciò che lo rendeva simile a quell'uomo era l'amore genuino che si leggeva nei suoi occhi, un amore non adulterato da ingredienti artificiali, ma fatto solo di disponibilità ad ascoltare, semplicità e lealtà.

La guarigione è un ritorno all'amore. Anche se dolorose, la malattia e la morte sono pur sempre delle lezioni il cui scopo è quello di insegnarci quanto è grande il nostro amore. A volte è proprio il coltello che provoca una ferita emotiva al nostro cuore a penetrare i muri che si trova di fronte.

Una notte, a Los Angeles, durante la meditazione che segue i miei discorsi, vidi che due conoscenti piangevano in fondo alla chiesa. Soffrivano terribilmente per la preannunciata e incombente morte di un amico comune malato di AIDS. Mi fece molto male vederli in quello stato. L'aver sofferto, ho scoperto, ci dota di una visione a raggi X che ci consente di cogliere la sofferenza altrui.

"È possibile essere liberati da tale fardello?", chiesi a Dio. Tutti avevamo vissuto tanto dolore, tanta sofferenza e morte a causa di questa malattia. "Non è forse sufficiente? Non è possibile porre fine a tutto ciò?".

Ciò che avvenne in seguito fu impressionante. Mi ricordai della mia "notte buia dell'anima", vissuta circa una decina di anni prima. Non ero forse proprio io a essere cambiata in modo profondo e positivo, grazie all'amore? Se per la mia anima quell'esperienza era stata il cammino per raggiungere una più grande consapevolezza di me, come potevo escludere che anche quelle persone non stessero seguendo lo stesso cammino? Non è mio compito giudicare; aiutare in tutti i modi possibili sì, ma non dubitare della saggezza ultima di ogni cosa. Il regalo più grande che possiamo fare a una persona che soffre consiste nel ricordare che c'è una luce oltre quell'oscurità.

In qualsiasi situazione, ciò che accade all'esterno è solo la punta di un iceberg.

Le lezioni, i cambiamenti reali, le opportunità di crescita sono tutte cose che gli occhi non possono vedere. Rimangono al di sotto della linea di galleggiamento spirituale, ma sono comunque lì. E ci offrono un quadro molto più ampio del viaggio dell'anima rispetto a ciò che possiamo vedere dalla prospettiva dei nostri sensi fisici. Crescere non significa sempre ottenere ciò che pensiamo di desiderare. Si tratta piuttosto di diventare l'uomo o la donna che possiamo potenzialmente essere. Di amare in modo puro, onesto, chiaro.

Una vita lunga non è necessariamente una vita migliore. Una vita sana non dipende dalle condizioni fisiche. La vita consiste nella semplice presenza di amore e la morte nella sua assenza. La morte fisica non è una morte reale. Siamo abbastanza grandi da capire che esiste una vita che va oltre la dimensione fisica. Quando troviamo quella vita, cresciamo nella nostra interiorità, sia come figli dell'uomo che come Figli di Dio.

8. MORTE E REINCARNAZIONE

"La morte non esiste. Il Figlio di Dio è libero."

Un corso in miracoli afferma che la nascita non è un inizio ma una continuazione, e che la morte non è la fine ma una continuazione. La vita è eterna. Lo è sempre stata e sempre lo sarà. L'incarnazione fisica è solo una delle tante forme che la vita può assumere.

Un corso in miracoli menziona i Grandi Raggi, un concetto di cui si parla anche in altri testi metafisici. I Grandi Raggi sono raggi di energia che provengono dalla nostra interiorità e che noi stessi emaniamo a livello impercettibile. I sensi fisici riflettono il nostro attuale sistema di convinzioni, e così come il nostro sistema di convinzioni si espande, altrettanto fanno i nostri sensi. Verrà un tempo in cui percepiremo fisicamente i Grandi Raggi. Alcune persone, come quelle che vedono le aure, riescono già a farlo. Budda, Gesù e altri maestri illuminati sono spesso raffigurati con un'aureola intorno alla testa o con raggi di luce che si irradiano dai loro cuori.

Questi raggi di luce e di energia sono la nostra forza vitale. Il corpo è semplicemente un involucro temporaneo. Dal momento che per ora non ce ne rendiamo conto, pensiamo che la morte del corpo corrisponda alla morte della persona. Ma non è così. Vi fu un tempo in cui le persone credevano che il nostro Pianeta fosse piatto e pertanto si riteneva che le navi, una volta raggiunto l'orizzonte, cadessero dalla faccia della Terra. Verrà un tempo in cui la nostra attuale percezione della morte ci sembrerà altrettanto bizzarra, incredibile e antiquata. Lo Spirito non muore con la morte del corpo. Quando si muore fisicamente è un po' come se ci si togliesse i vestiti.

Per l'ego la realtà è solo ciò che percepiamo fisicamente. Ma molte cose, che pur sappiamo esistere, non possono essere viste a occhio nudo: gli atomi, i protoni, i virus, le cellule. Gli scienziati stanno iniziando ad ammettere l'esistenza di un'unità che va oltre la realtà percepita. Tale unità è Dio e lì risiede il senso del nostro essere.

Vivere l'esperienza dell'incarnazione fisica è un po' come trovarsi in un'aula scolastica: le anime vanno in classe per apprendere ciò che devono apprendere. È come sintonizzarsi su un canale televisivo. Mettiamo di essere tutti sintonizzati sul canale quattro. Quando qualcuno muore, non è più sintonizzato su quel canale, ma ciò non significa che non stia più trasmettendo. Piuttosto, vorrà dire che sarà sintonizzato su un altro canale, ad esempio il sette o l'otto. I sistemi via cavo esistono indipendentemente dal fatto che abbiamo o non abbiamo l'impianto per riceverli. È solo l'arroganza dell'ego che vorrebbe farci credere che ciò che non può essere percepito fisicamente non esiste.

Alcuni hanno raccontato di aver visto una luce uscire dalla testa delle persone in punto di morte. Altre hanno riferito di aver vissuto "esperienze di premorte", che consistono nell'abbandono temporaneo del corpo. Una volta incontrai una ragazza che era rimasta coinvolta in un grave incidente aereo. Aveva perso più della metà del sangue in corpo e le sue gambe erano quasi del tutto staccate. Nel descrivere la sua esperienza, mi disse: "Sono morta, ma poi sono ritornata. È stata una sensazione seducente, molto calda, come il meraviglioso amore materno. Ma sapevo di poter scegliere. Ho pensato a mio padre e, consapevole del fatto che la mia morte sarebbe stata insopportabile per lui, ho lottato e sono tornata indietro."

"Non piango mai ai funerali", aggiunse. Se piango, lo faccio solo per le persone che restano qui, ma so per esperienza che chi muore si trova in un posto meraviglioso."

Quando i Grandi Raggi verranno registrati dai nostri sensi fisici, il corpo sembrerà una mera ombra rispetto al nostro vero Io. Quando verremo a conoscenza della morte di qualcuno, sapremo che ciò vorrà dire soltanto che l'ombra è stata rimossa. La morte non verrà più vista come la fine di una relazione. Quando Gesù disse: 'La morte sarà l'ultimo nemico', intendeva dire che 'sarà l'ultima cosa che percepiremo come un nemico'. Il vero problema non è la morte, ma ciò che pensiamo essa sia. Moriremo tutti. Alcuni di noi prenderanno il 9:30, altri saliranno sul 10:07, ma siamo tutti diretti al capolinea. Accettare di guarire il nostro modo di pensare alla morte e al suo significato è la pietra angolare del nostro passaggio da un orientamento di tipo fisico a uno spirituale.

La vita è come un libro che non finisce mai. I capitoli terminano, ma il libro in sé no. La fine di un'incarnazione fisica è come la fine di un capitolo che in qualche modo pone le basi per l'inizio di un altro. Un mio amico una volta mi disse: "La relazione con mio padre è migliorata dopo la sua morte."

Un corso in miracoli afferma che la comunicazione non si interrompe con la distruzione del corpo fisico. La vera comunicazione si fonda su qualcosa che va oltre ciò che si dice o si ascolta fisicamente. Quando qualcuno muore, dobbiamo comunicare con lui in modo diverso rispetto a come facevamo prima; ma se restiamo aperti alle possibilità di una forza vitale eterna, ordiniamo alla nostra mente di sviluppare la capacità di conversare a un livello che va oltre la dimensione fisica.

Scrivere delle lettere può favorire tale tipo di comunicazione. Prima di tutto, scriviamo una lettera alla persona deceduta; poi scriviamo una lettera di risposta da parte di quella persona. Qual è il senso di questo esercizio? Esso apre la mente, consentendole di accettare possibilità più grandi di quelle che l'ego in genere ci permette di considerare. Nell'ambito dei gruppi di sostegno al dolore, le persone mi hanno spesso raccontato di aver visto in sogno la persona deceduta. Quando il proprio caro scomparso appariva in sogno, chi sognava diceva: "Tu non puoi essere qui. Sei morto/a." A quel punto, il caro estinto commentava con un "oh", e il sogno finiva. Gli veniva negato il permesso di continuare.

Scrivere delle lettere, o utilizzare altri tipi di conversazioni e esperienze che ci aprano all'idea che vi sia una vita oltre la morte, fa sì che i limiti mentali che ci siamo autoimposti cedano. I nostri sogni e le altre esperienze emotive cessano di essere schiave del nostro rifiuto di credere. A volte, quando qualcuno muore diciamo: "Tutto questo non sta succedendo. Sembra così irreale. Ho la sensazione che sia ancora qui." Ciò avviene perché in effetti la persona è ancora qui. Le voci terrene dell'ego dicono: "È solo la tua immaginazione"; in realtà l'unico "frutto della nostra immaginazione" è la morte. La verità, così come è stata creata da Dio, è che la morte non esiste, e nel profondo del nostro cuore sappiamo che ciò è vero.

Che cosa possiamo dire della reincarnazione? Riportiamo di seguito un estratto del capitolo sulla reincarnazione tratto dal Manuale per gli insegnanti del Corso:

"Nel senso più profondo del termine, la reincarnazione è impossibile. Il passato e il futuro non esistono, e l'idea di nascere in un corpo non ha senso, né una volta né molte volte. La reincarnazione, pertanto, non può essere vera in nessun senso reale… Al contrario, se (il concetto) viene utilizzato per rinforzare il riconoscimento della natura eterna della vita, esso è assai utile… È triste, ma così come molte altre convinzioni, a volte viene utilizzato in maniera impropria. Nella migliore delle ipotesi, abusare di tale concetto significa generare solo preoccupazioni o provare un certo orgoglio per il proprio passato. Nei casi peggiori, induce all'inerzia nel presente... Si corrono sempre dei rischi quando si valuta il presente sulla base del passato. Ogni pensiero che rafforza l'idea che la vita e il corpo non sono la stessa cosa, nasconde sempre qualcosa di buono."

Dal punto di vista tecnico, pertanto, la reincarnazione non esiste nel modo in cui noi pensiamo, e questo perché il tempo non è lineare. Ciò significa che eventuali vite passate o future avvengono tutte nello stesso momento. Tuttavia, il concetto di reincarnazione trova la sua utilità nel ricordarci che vi è un'esistenza distinta dall'esperienza della vita fisica, e che conduciamo al di là di essa. *Un corso in miracoli* non ha una dottrina in proposito. Uno studente di livello avanzato può credere o non credere nella reincarnazione. 'L'unica cosa che bisogna domandarsi è se si tratta di un concetto utile o meno.' Il Corso ci invita a chiedere al nostro Insegnante Interiore di guidarci ogni volta che riflettiamo su un'idea e di aiutarci a ragionare sulla funzione che tale idea ha nella nostra vita. Anche nel mondo illuminato abbandoneremo il corpo. Ma la morte verrà sperimentata in maniera diversa. È scritto nella *Song of Prayer*, un'estensione di *Un corso in miracoli*:

> "Questo è ciò che la morte dovrebbe essere: una scelta serena, compiuta con gioia e con un senso di pace, dal momento che il corpo è stato usato con benevolenza per aiutare il Figlio di Dio a percorrere la strada che conduce a Dio. Pertanto, ringraziamo il corpo per il servizio che ci ha reso. Ma siamo anche grati per il fatto che è stato necessario attraversare il mondo limitato, trovare il Cristo celato e vederlo con chiarezza nel suo massimo splendore. Ora potremo vederlo senza paraocchi, nella luce che abbiamo imparato a prendere in considerazione.
>
> La chiamiamo morte, ma si tratta di libertà. Non viene inflitta nella carne riluttante, ma avviene in maniera gentile come fosse una gradita liberazione. È questo il modo in cui avviene la morte, se vi è stata vera guari-

gione: quando giunge il tempo di riposare un po' da una fatica compiuta con piacere e conclusa altrettanto volentieri. Ora andiamo in pace in un luogo dove si respira aria di libertà e dove il clima è più mite, dove non è difficile rendersi conto che i doni che abbiamo fatto sono stati tenuti in serbo per noi. Perché ora Cristo è visibile con maggior chiarezza; la Sua immagine è duratura dentro di noi; e non vi è dubbio che la Sua voce, la parola di Dio, ci appartenga di più.
Questo passaggio delicato a una forma più alta di preghiera, una sorta di perdono delle vie del mondo, non può che essere accolto con gratitudine."

Una volta lessi di una religione giapponese che celebrava la morte delle persone e piangeva le nascite. I fedeli di questa religione avevano compreso che nascere significa comprimere uno spirito infinito in qualcosa di finito, mentre la morte significa non avere più limiti ed essere liberi di vivere tutte le possibilità che Dio offre nella sua misericordia.

La vita è molto più dell'esistenza corporea; è un'infinita distesa di energia, un continuum d'amore che si manifesta in innumerevoli forme, un'esperienza psicologica e spirituale indipendente dalla forma fisica. Siamo vivi da sempre. E lo saremo per sempre. Ma la vita corporea è una lezione importante. È la nostra opportunità di salvare il mondo dall'inferno. "Padre Nostro, sia fatta la tua volontà, come in Cielo così in Terra."

CAPITOLO 9
Paradiso

"Il Paradiso è qui. Non vi è nessun altro luogo.
Il Paradiso è adesso. Non vi è nessun altro tempo."

1. LA DECISIONE DI ESSERE FELICI

"Il Paradiso è una decisione che devo prendere."

'La volontà di Dio è che noi siamo felici' ora. Nel chiedere che sia fatta la volontà di Dio diciamo alla nostra mente di focalizzarsi sulla bellezza della vita, di trovare tutte le ragioni per celebrare anziché piangere.

In genere, noi immaginiamo ciò che potrebbe renderci felici, e così cerchiamo di fare accadere quella cosa. Ma la felicità non dipende dalle circostanze. Esistono persone al mondo che hanno tutte le ragioni per essere felici e non lo sono. Vi sono altre persone, invece, che sono felici nonostante abbiano dei problemi seri. La chiave per essere felici sta nel decidere di esserlo.

Si è parlato molto negli ultimi anni dell'"accettazione dei propri sentimenti". Si tratta di un concetto importante, che però può essere sfruttato dall'ego per raggiungere i suoi obiettivi. La maggior parte delle volte, quando qualcuno ci dice "ascolta i tuoi sentimenti", intende esortarci a prestare attenzione a quelli negativi: "Esprimi il tuo dolore", "tira fuori la rabbia", "manifesta la tua vergogna".

Ma così come abbiamo bisogno di essere aiutati a provare i sentimenti negativi, allo stesso modo ci occorre supporto per provare quelli positivi. L'ego si oppone a qualsiasi tipo di emozione autentica. Abbiamo bisogno di aiuto, abbiamo bisogno che ci venga dato il permesso di provare amore, di essere soddisfatti e di sentirci felici.

L'ego nasconde la sua battaglia contro la felicità. Ricordo che quando ero ancora una studentessa universitaria, me ne andavo in giro con libri di poesia russa sotto il braccio, esercitandomi ad assumere una sofisticata e cinica espressione accigliata degna del mio valore intellettuale. Ritenevo che ciò sottolineasse la mia capacità di comprendere la condizione umana. Alla fine, mi accorsi che il mio cinismo rivelava invece il contrario, dal momento che l'aspetto principale di tale condizione consiste nel fatto che abbiamo sempre la possibilità di scegliere. Possiamo sempre scegliere di vedere le cose in maniera diversa.

Secondo un vecchio cliché, "è possibile vedere il bicchiere mezzo pieno o mezzo vuoto". Puoi focalizzare l'attenzione su ciò che è sbagliato nella tua vita o puoi concentrarti su ciò che va bene. E più ti concentrerai su qualcosa, più quel qualcosa si manifesterà nella tua vita, indipendentemente da esso. Se pensi alla penuria, avrai penuria. Pensa all'abbondanza e otterrai abbondanza.

Qualcuno potrebbe obiettare: "Se mi comportassi come se tutto stesse andando benissimo, non sarei onesto/a con me stesso/a." Ma il nostro Sé negativo non è il nostro vero Sé; anzi, è un impostore. Abbiamo bisogno di essere in contatto con i nostri sentimenti negativi, ma solo per potercene sbarazzare e provare l'amore che si nasconde dietro essi.

Non è così difficile provare sentimenti positivi o fare pensieri positivi. Il problema è che noi opponiamo resistenza perché essi ci fanno sentire in colpa. Per l'ego non esiste crimine più grande che rivendicare la nostra eredità naturale. Se io sono ricco, dice l'ego, qualcun altro sarà povero. Se ho successo, i sentimenti di qualcun altro potrebbero essere feriti. Chi sono io per avere tutto? Sarò una minaccia e non piacerò più a nessuno. Questi sono alcuni esempi delle controversie che l'ego riversa nella nostra coscienza. Il Corso ci esorta a stare attenti al pericolo di una convinzione nascosta. Molti di noi, per esempio, nascondono la convinzione che c'è qualcosa di sbagliato nell'essere troppo felici.

Il dogma religioso non è stato d'aiuto in tal senso. La sofferenza è stata glorificata. Le persone si sono concentrate più sulla crocifissione che sulla resurrezione. Ma la crocifissione senza la resurrezione è un simbolo privo di senso. La crocifissione è il modello energetico della paura, la manifestazione di un cuore chiuso. La resurrezione è il rovesciamento di quel modello, determinato da un cambiamento di pensiero che dalla paura porta all'amore. "Osservate la crocifissione", dice *Un corso in miracoli*, "ma non soffermatevi su di essa." "Beati coloro che credono senza vedere", dice Gesù. È più facile avere fede quando le cose vanno bene. Ma ci sono momenti nella vita in cui dobbiamo volare con i mezzi che abbiamo, come quando un pilota atterra in condizioni di scarsa visibilità. Sa che la pista d'atterraggio è sotto di lui, ma non riesce a vederla. Deve affidarsi ai suoi strumenti, lasciare che essi navighino per lui. Lo stesso vale per noi quando le cose non sono come vorremmo che fossero. Sappiamo che la vita è in continua evoluzione e che tende sempre a un bene più grande. Solo che non riusciamo a vederlo. In quei momenti, lasciamo che il nostro radar spirituale navighi per noi. Confidiamo nel fatto che vi sarà un lieto fine. Con la fede, attraverso la fiducia, ne invochiamo la prova.

Questo significa fare attivamente appello alla resurrezione, che rappresenta la decisione di vedere la luce nell'oscurità. Nel Talmud, il libro ebraico della saggezza, l'ebreo viene istruito su come deve comportarsi quando i tempi sono oscuri. "Nel bel mezzo della notte più oscura", dice il Talmud, "agisci come se fosse già giorno."

Dio dà la risposta a ogni problema nel momento stesso in cui questo si manifesta. Il tempo, come abbiamo già visto, è solo un pensiero. È il riflesso fisico della nostra fede o della nostra mancanza di fede. Se pensiamo che ci vorrà del tempo prima che una ferita possa guarire, sarà così. Se accettiamo che la volontà di Dio sia già stata compiuta, vedremo le nostre ferite guarire all'istante. Come citato nel Corso: "Solo la pazienza infinita produce risultati immediati." L'universo è stato creato per aiutarci in ogni modo. Dio esprime di continuo la sua infinita attenzione per noi.

L'unico problema è che non siamo d'accordo con Lui. Non ci amiamo come Lui ci ama, e così ostacoliamo i miracoli a cui abbiamo diritto, non ne facciamo esperienza.

Il mondo ci ha insegnato che non siamo perfetti e che è arrogante pensare che meritiamo la felicità assoluta. È proprio qui che ci blocchiamo. Se qualcosa giunge nella nostra vita – amore, successo, felicità – e sembra adatto a una persona "meritevole", la nostra mente subconscia concluderà che non è possibile che quel qualcosa sia per noi. E così lo sabotiamo. Poche persone ci ingannano come noi facciamo con noi stessi. Nessuno ci ruba la caramella dalle mani; siamo noi a gettarla via. Non siamo capaci di accettare la gioia perché non corrisponde a ciò che pensiamo di essere.

In contrapposizione allo scarso apprezzamento del nostro stesso valore, vi è la verità creata da Dio. Non esiste luce più luminosa di quella che splende dentro di noi. Il fatto di vedere o non vedere quella luce è irrilevante. È lì perché Dio l'ha messa lì.

Essere felici non è solo un nostro diritto; in qualche modo, è anche un nostro dovere. La felicità di cui Dio ci fa dono non è un bene esclusivamente nostro. Quando Dio ci dà la felicità, lo fa per permetterci di restare in piedi, di non vacillare.

La felicità è il segno che abbiamo accettato la volontà di Dio. È sempre più facile accigliarsi che sorridere. È più facile essere cinici. Si tratta di scuse per non aiutare il mondo. Ogni volta che una persona mi dice: "Marianne, sono così avvilita per la fame nel mondo", io le rivolgo la seguente domanda: "Tu dai cinque dollari al mese a un'organizzazione che si occupa degli affamati?". La ragione per cui pongo questa domanda, è che ho notato che le persone che partecipano alla risoluzione dei problemi, sembrano essere meno scoraggiate rispetto alle persone che stanno a guardare senza fare nulla. L'ottimismo nasce quando si partecipa a iniziative che danno speranza a loro volta. Siamo felici nella misura in cui scegliamo di vedere e di creare le ragioni della nostra felicità. L'ottimismo e la felicità sono il risultato di un lavoro spirituale.

Un corso in miracoli dice: "L'amore non dipende dal tempo, ma dalla nostra capacità di accoglierlo." Il Paradiso attende solo di essere accettato da noi. Non è qualcosa che sperimenteremo "dopo". "Dopo" è solo un pensiero. "Siate di buon umore", disse Gesù "perché io ho vinto il mondo." Lui comprese, così come possiamo fare noi, che il mondo non ha nessun potere rispetto al potere di Dio. Il potere del mondo non è reale. È solo un'illusione. L'unica realtà, l'unico potere che Dio ha creato è l'amore. E così sia.

2. LA NOSTRA CAPACITÀ DI RISPLENDERE

"Puoi allungare la mano e raggiungere il Cielo."

Agli occhi di Dio siamo tutti perfetti e abbiamo un'infinita capacità di brillare. Ho detto infinita capacità anziché infinito potenziale, perché il potenziale può essere un concetto pericoloso. Possiamo utilizzarlo per esercitare una sorta di tirannia su noi stessi, per vivere nel futuro anziché nel presente; ci misuriamo costantemente con ciò che pensiamo di dover essere, anziché con ciò che siamo; e in questo modo ci predisponiamo alla disperazione. Finché non si diventa dei maestri perfetti, è per definizione impossibile essere all'altezza del proprio potenziale. Il nostro potenziale resta sempre qualcosa di cui riusciremo a fare esperienza dopo.

Il potenziale è un concetto che può vincolarci alla nostra personale mancanza di potere. Concentrarsi solo sul potenziale umano e non sulla capacità umana significa rimanere impotenti. La capacità si esprime nel presente. È immediata. La chiave per accedervi non sta in ciò che abbiamo dentro, ma in ciò che siamo disposti a ottenere attraverso ciò che abbiamo dentro di noi. Non ha senso attendere di essere perfetti nelle cose che facciamo, o maestri illuminati, o Dottori nella vita, per aprirci a ciò che siamo capaci di fare adesso.

Ovviamente, domani saremo più bravi di quanto siamo oggi; ma come possiamo arrivare alla promessa di domani se non facciamo qualche piccolo passo oggi? Ricordo che per anni sono stata così confusa riguardo alle scelte di vita da esserne bloccata. Ero paralizzat tutte le possibilità che avevo. Non riuscivo a immag quale strada mi avrebbe portato alla piena realizzazione del mio 'potenziale', di questo glorioso quanto nevrotico mito che ancora oggi si frappone fra me e ciò che sono in grado di manifestare. Allora ero troppo terrorizzata per agire. E la paura è certamente il più grande traditore del Sé. La differenza tra coloro che "vivono il loro potenziale" e coloro che non lo fanno, non sta nella grandezza del loro potenziale, ma nel fatto che permettono a loro stessi di vivere nel presente.

Noi siamo la generazione adulta. Abbiamo corpi da adulti, responsabilità da adulti e carriere da adulti. Ciò di cui molti di noi sono carenti è un contesto di vita da adulti in cui dare a noi stessi il permesso di risplendere, di sbocciare totalmente, di metterci in luce nel presente senza il timore di non essere all'altezza. Attendere un futuro straordinario è un modo sicuro per non arrivarci mai. Un adolescente sogna ciò che sarà. Un adulto trova la gioia nel presente.

Una volta un terapista mi disse che il mio problema era che volevo andare direttamente dal punto A ai punti X, Y e Z. Sottolineò che sembrava non fossi capace di spostarmi dal punto A al punto B, di fare un passo alla volta. È più facile sognare di arrivare alla Z anziché muoversi verso la B. È più semplice preparare il nostro discorso alla consegna dell'Oscar, anziché alzarci e andare a un corso di recitazione.

Spesso abbiamo paura di ciò che non sappiamo fare al meglio. Ma con la pratica possiamo arrivare a suonare alla Carnegie Hall. Ricordo quanto fu liberatorio leggere diversi anni fa un'intervista a Joan Baez in cui affermava che le prime canzoni di Bob Dylan non erano niente di eccezionale. Abbiamo un'immagine del genio che scaturisce già adulto dalla fronte di Zeus. Ci fu un episodio in cui chiesi a una persona di tenere una conferenza al posto mio mentre ero fuori città, e questa mi rispose che non sarebbe stata in grado di farlo bene quanto me. "È ovvio che non ci riuscirai!", dissi. "Lo faccio da anni! Ma come pensi di poterti migliorare se non inizi neppure?". Penso che la ragione per cui molte persone oggi non abbiano tanti hobby quanto quelle delle generazioni passate, sia che non riusciamo a sopportare l'idea di fare qualcosa in cui non eccelliamo. Da bambina suonai il piano per molti anni; qualche anno fa, decisi di tornare a prendere delle lezioni e ricominciare a suonare. Non sono Chopin, ma quello che conta è l'alto valore terapeutico che questa pratica mi regala. Ho avuto la dimostrazione che per avere successo nella vita non si deve per forza avere talento in tutte le cose che si fanno. Essere dotati di virtuosismo nella vita significa semplicemente cantare, non necessariamente farlo bene.

Molti di noi si sentono in qualche modo come dei cavalli da corsa che mordono il freno, scalpitano sulla griglia di partenza, sperando e pregando che qualcuno venga ad aprire il cancello e li lasci uscire. Sentiamo di avere tanta energia repressa, tanto talento ingabbiato. Sappiamo nel nostro cuore che siamo nati per fare grandi cose e la paura di sprecare la nostra vita è radicata in noi. Ma solo noi abbiamo il potere di renderci liberi e molti lo sanno. Sappiamo che la porta chiusa è la nostra stessa paura. Ma abbiamo anche imparato che il terrore di aprire quella porta è così grande che ci vorrebbe un miracolo per liberarci.

L'ego vorrebbe che noi morissimo con lo stesso grande potenziale con cui siamo nati e che in mezzo a questi due momenti vi fosse solo un crescendo di sofferenza. I miracoli ci liberano e ci permettono di vivere nel presente, di esercitare senza ostacoli il nostro potere e di rivendicare la nostra gloria. Il Figlio di Dio ascende al Cielo nel momento in cui, lasciando andare il passato e il futuro, si rende libero di essere ciò che è oggi. 'L'inferno è ciò che l'ego fa del presente.' Il Paradiso è un approccio del tutto diverso.

3. PRATICA SPIRITUALE

"Una mente non allenata non realizza nulla."

L'amore è più delicato del cristallo e dell'arcobaleno, richiede disciplina e pratica. Non si tratta solo del dolce sentimentalismo tipico dei bigliettini d'auguri. L'amore è la scelta radicale di dedicarsi a un altro modo di essere, una risposta mentale alla vita che va in un'altra direzione rispetto al modo di pensare tipico del mondo. Il Paradiso è la scelta consapevole di sfidare la voce dell'ego. Maggiore sarà il tempo che trascorreremo con lo Spirito Santo, tanto più grande sarà la nostra capacità di focalizzarci sull'amore. *Un corso in miracoli* ci dice che cinque minuti passati con Lui al mattino (svolgendo le prove del Libro degli esercizi o praticando in maniera seria la preghiera e la meditazione), ci garantiscono che Lui sarà responsabile delle nostre forme di pensiero durante l'intera giornata. Ciò significa che ci assumiamo la responsabilità di stabilire con Lui ciò che gli Alcolisti Anonimi chiamano "contatto cosciente". Così come andiamo in palestra per costruire la nostra muscolatura, allo stesso modo meditiamo e preghiamo per costruire i nostri muscoli mentali. Il Corso afferma che il motivo per cui otteniamo scarsi risultati è che la nostra mente è indisciplinata: per istinto, tendiamo a essere paranoici e critici, ad avere reazioni di paura anziché d'amore. Il Corso dice che siamo 'troppo indulgenti con i vagheggiamenti della mente'. La meditazione aiuta a disciplinare la mente.

Quando meditiamo, il nostro cervello emette delle onde cerebrali letteralmente diverse. Riceviamo informazioni a un livello più profondo di quanto accada durante il normale stato di veglia. *Un corso in miracoli* considera il Libro degli esercizi come il punto cruciale del Corso, in quanto gli 'esercizi aiutano la mente a pensare seguendo le linee che il testo stabilisce. Non è ciò che pensiamo che ci trasforma, ma come pensiamo'. I principi dei miracoli diventano "abitudini mentali" nel nostro "repertorio di problem solving".

Crescere spiritualmente non significa diventare complicati sul piano metafisico; piuttosto significa diventare più semplici, mano a mano che questi principi di base iniziano a permeare sempre più in profondità all'interno dei nostri sistemi di pensiero. La meditazione è il tempo passato con Dio nella quiete e in silenzioso ascolto. È in momenti come questo che lo Spirito Santo entra nella nostra mente ed esprime la Sua divina alchimia. Ciò che cambia non è solo quello che facciamo, ma anche chi siamo.

Nel Libro degli esercizi di *Un corso in miracoli*, che consiste in un insieme di pratiche psicologiche da svolgere in trecentosessantacinque giorni, ci viene offerto un programma molto dettagliato attraverso il quale rinunciare a una filosofia basata sulla paura e accettarne una basata sull'amore. Ogni giorno ci viene proposto un pensiero specifico su cui focalizzarci, tenendo gli occhi chiusi per un tempo ben preciso. L'introduzione ci spiega inoltre che gli esercizi non ci devono necessariamente piacere e che possiamo anche essere contrari ad alcuni di essi; ma che, ciononostante, dobbiamo eseguirli lo stesso. Il nostro atteggiamento non pregiudica affatto la loro efficacia. Se sollevo dei pesi in palestra, l'esperienza può piacermi o non piacermi, la cosa non conta. L'unica cosa che produce effetti sul mio corpo è il fatto che io sollevi o meno i pesi. Lo stesso avviene con la meditazione. Inoltre, così come nel caso degli esercizi fisici, gli effetti della meditazione sono cumulativi. Se andiamo in palestra e ci alleniamo per un'ora, non noteremo cambiamenti nel nostro corpo alla fine di quell'ora. Se invece andiamo in palestra per trenta giorni consecutivi, i risultati si vedranno. Per la meditazione vale la stessa cosa. A volte, non siamo noi a vedere i cambiamenti, ma gli altri. È possibile inoltre non rendersi neppure conto di quanto la qualità della nostra energia, l'invisibile emanazione della nostra mente, incida sull'ambiente circostante e sulle persone che ne fanno parte. Ma alcune persone ne sono consapevoli e reagiscono di conseguenza.

L'esercizio spirituale ci aiuta a sviluppare il nostro potere personale. Le persone spiritualmente potenti non sono necessariamente persone che fanno molte cose, perché in genere intorno a esse le cose avvengono da sole. Gandhi fece sì che gli inglesi lasciassero l'India, ma non era un uomo frenetico e pieno di attività. Intorno a lui si muovevano potenti forze. Un altro esempio è il presidente Kennedy. Dal punto di vista legislativo, Kennedy realizzò relativamente poco, ma scatenò negli altri forze che cambiarono la coscienza di almeno una generazione di americani. Al livello più alto del nostro essere, non facciamo nulla. Quando il potere di Dio opera dentro di noi, siamo a riposo. La meditazione è un rilassamento profondo. La voce frenetica dell'ego, la sua vana immaginazione, si consumano.

Abbiamo tutti dentro di noi un collegamento diretto con la voce di Dio. Il problema è che la comunicazione radio è piena di interferenze. Nei momenti di silenzio trascorsi con Lui, le interferenze si dissolvono. Impariamo a sentire la silenziosa vocina di Dio. In Cielo questa è l'unica voce che sentiamo. Per questo siamo felici lì.

4. VEDERE LA LUCE

"Figlio della luce, non sai che la luce è dentro di te."

Solo la luce che è dentro di noi è reale. Abbiamo molta più paura della luce che del buio che portiamo dentro. Il buio ci è familiare. Lo conosciamo. "Tuttavia, né l'oblio né l'inferno sono inaccettabili per te come lo è il Cielo." La luce, il pensiero che potremmo essere davvero bravi, rappresentano una tale minaccia per l'ego che quest'ultimo ricorre alle sue migliori armi per difendersi.

Un mio conoscente fece un'osservazione su un amico comune: "Ha un'anima meschina." "Non è vero", risposi. "Ha una personalità meschina. La sua anima è una delle più luminose che abbia mai visto. La sua meschinità spirituale è solo una difesa nei confronti della luce. Se emanasse tutta la sua luce e scegliesse di esprimere realmente tutto il suo amore, il suo ego verrebbe sopraffatto. La sua meschinità è un'armatura, una protezione nei confronti della luce."

Un modo di difenderci dalla luce consiste nel proiettare il nostro senso di colpa su noi stessi o sugli altri. Dio può amarci all'infinito, l'universo può supportarci in eterno, ma fino a quando non accetteremo il fatto che Dio ci apprezza nella sua generosità e che l'universo è misericordioso nei nostri confronti, faremo tutto ciò che è in nostro potere per tenere sotto controllo i miracoli a cui abbiamo diritto. Che cos'è l'odio di sé? Come abbiamo già visto, l'ego è il bisogno continuo della nostra mente di autoattaccarsi. Come possiamo evitare che succeda? Solo facendo nostra la volontà di Dio. Il volere di Dio è la nostra felicità. La volontà di Dio è che ci perdoniamo e che troviamo il nostro posto in Cielo ora.

È l'umiltà e non l'arroganza a insegnarci che andiamo bene così come siamo, e che le nostre parole hanno valore. È l'odio verso noi stessi che ci impedisce di aiutare costantemente le persone e di provvedere al loro sostentamento, perché dare supporto agli altri equivale a dare supporto a noi stessi. Quando parlo in pubblico, è palpabile la differenza tra le persone che vogliono che io trionfi, e coloro che si siedono in fondo e, attraverso i loro atteggiamenti di sfida, affermano: "Ah, sì? Mostramelo." Il primo è un contesto nel quale io sono invitata a risplendere, l'altro è un contesto in cui la mia capacità di risplendere viene messa in discussione. Non è già abbastanza complicata la vita? Conta così poco la gentilezza umana?

Quando impariamo che l'amore è una risorsa infinita, che ve ne è in abbondanza per tutti e che riceviamo dagli altri solo ciò che diamo, allora smettiamo di denigrare, e iniziamo a benedire. Molti anni fa condividevo l'appartamento con una ragazza adolescente. Un giorno tornai a casa e la trovai seduta sul letto con cinque o sei amiche, intorno a un poster di Christie Brinkley *[ndr: modella americana, celebre negli anni Settanta e Ottanta]*. Per quanto sia difficile da credere, queste ragazze si sforzavano in tutti i modi di dimostrare che Christie Brinkley non era poi così bella, sostenendo che, anche se lo fosse stata, probabilmente non era molto intelligente. Con gentilezza feci notare che i loro discorsi facevano chiaramente capire che in realtà desideravano assomigliarle, ma si difendevano da questa possibilità perché pensavano che fosse impossibile. "Non è sbagliato che anche voi vogliate essere belle", dissi. "Anzi, è giusto. E anche voi a modo vostro potete esserlo. Per farlo, dovete benedire la bellezza di Christie, elogiarla, permetterle di esprimersi in modo che anche voi possiate esprimere la vostra. Il fatto che Christie Brinkley sia bella non significa che non lo diventerete anche voi. La bellezza è solo un'idea e ce n'è abbastanza per ognuno. Tutti possono averla. Se benedirete ciò di cui

Christie è dotata, moltiplicherete le vostre possibilità di ottenere la stessa cosa."

Una persona che ha successo in un determinato ambito sta solo dando ad altri la possibilità di fare lo stesso. Continuare a pensare che le risorse siano limitate è un modo sicuro per restare all'inferno.

Dobbiamo imparare ad avere solo pensieri divini. Gli Angeli sono pensieri di Dio, e in Cielo gli uomini pensano come gli Angeli. Gli Angeli illuminano il percorso. Gli Angeli non serbano rancore a nessuno per nessun motivo, gli Angeli non si abbattono, gli Angeli non sono in competizione, gli Angeli non restringono il loro cuore, gli Angeli non hanno paura. Questo è il motivo per cui cantano; questo è il modo in cui volano. Noi, naturalmente, non siamo che Angeli travestiti.

5. LA FINE DEL MONDO

"La fine del mondo non è la sua distruzione, ma la sua trasformazione in Cielo."

Se pensiamo a quanto dolore e sofferenza vi è nel mondo, ci rendiamo conto che la fine del mondo, così come noi la immaginiamo, non sarà una cosa tanto terribile. In quegli "ultimi giorni", non fuggiremo dagli orrori del mondo per mezzo di veicoli che si librano nello spazio cosmico. Quei veicoli saranno le nostre menti guarite, guidate dallo Spirito Santo.

Com'è il Cielo? Molti di noi gli hanno dato una rapida occhiata, e ciò è bastato a farci desiderare di poterci tornare. Il Corso dice che vi è una "antica melodia" che tutti noi ricordiamo e che ci invita continuamente a ritornare. Il Cielo è la nostra casa. È il luogo da cui veniamo. È il nostro stato naturale.

Tutti abbiamo vissuto dei momenti celestiali sulla terra, come ad esempio quando siamo stati allattati da nostra madre. In quei momenti, vi è una sensazione di pace interiore determinata dal fatto che si smette di esprimere qualsiasi giudizio. Non sentiamo il bisogno di cambiare gli altri e non sentiamo il bisogno di essere diversi da ciò che siamo. Riusciamo a cogliere, per qualsivoglia ragione, tutta la bellezza delle altre persone, e sappiamo che anche gli altri sono in grado di scorgerla in noi.

Il mondo crede che le relazioni speciali, romantiche o meno, siano l'unico contesto valido per vivere tale tipo di esperienza. Questa è la nostra principale nevrosi, la nostra illusione più dolorosa. Continuiamo a cercare l'amore nel corpo, ma non è lì che esso si trova. Ci 'imbarchiamo in una ricerca senza fine di ciò che non riusciremo a trovare mai': una persona, una circostanza che abbia la chiave per il Paradiso. Ma il Paradiso è dentro di noi. In definitiva, esso non ha nulla a che vedere con i pensieri di qualcun altro, si riferisce esclusivamente a ciò che noi stessi decidiamo di pensare, non solo riguardo a un'altra persona, ma riguardo a tutte le persone. Questo significa che il nostro biglietto per il Cielo, l'unica strada che ci porterà a casa, è il perdono dell'umanità, in ogni circostanza.

Il nostro scopo è Dio. Nient'altro oltre a questo obiettivo ci procurerà gioia. E noi abbiamo diritto alla gioia. Sebbene siamo in parte consapevoli del potere trasformativo del dolore, sappiamo molto poco del potere trasformativo della gioia, e questo perché non conosciamo bene la gioia.

Parlare della gioia non è semplice. Nessuno dice che sia facile; diciamo solo che è il nostro obiettivo. Come abbiamo già detto, non si può raggiungere il Cielo se non si ammette l'esistenza dell'inferno; non la sua realtà ultima, ma la realtà dell'illusione in cui ci troviamo ora. Questa illusione è davvero molto potente. Ciò che *Un corso in miracoli* propone, non è la negazione emotiva e la soppressione delle tenebre come veicolo per raggiungere la luce. Si tratta piuttosto di un processo psicoterapeutico con il quale l'oscurità viene portata alla luce, non il contrario. Nel mondo illuminato, la psicoterapia, guidata dallo Spirito Santo, sarà senza dubbio importante. Secondo il Corso, "nessuno può fuggire dalle illusioni a meno che eviti di osservarle; non osservarle significa proteggersi da esse". La strada per il Cielo è piena di demoni, così come il castello delle fiabe è circondato da draghi.

Un corso in miracoli afferma: "Che cos'è la guarigione se non la rimozione di tutto ciò che si frappone tra noi e la conoscenza? In quale altro modo è possibile far svanire le illusioni se non osservandole direttamente, senza proteggerle? Il cammino verso l'illuminazione ci porta spesso a risvegliare in maniera dolorosa il peggio di cui siamo capaci, a renderlo manifesto a noi stessi e agli altri, affinché ciò ci consenta di scegliere in maniera consapevole di liberarci della nostra oscurità personale. Ma, senza la dedizione alla luce, senza un intento consapevole a scegliere il Cielo, il buio continua a sedurci e a tentarci con la sua complessità.

Alcuni modelli psicoterapeutici illustrano la tentazione di 'analizzare l'oscurità per raggiungere la luce'. Quando viene utilizzata dall'ego, la psicoterapia diventa uno strumento per interminabili investigazioni, attribuzioni di colpe e focalizzazioni sul passato. Quando viene utilizzata dallo Spirito Santo, è una ricerca della luce. È un'interazione sacra in cui due persone, in maniera consapevole o inconsapevole, invitano lo Spirito Santo a entrare nella loro relazione, e a trasformare le percezioni dolorose in conoscenza d'amore. L'unica ragione per cui noi tutti abbiamo così tanto bisogno della terapia è che abbiamo perso il nostro legame essenziale con il significato dell'amicizia. Qualsiasi tipo di relazione reale è una forma di psicoterapia, così come lo è la religione autentica. Gli psicoterapeuti dello Spirito Santo, professionisti o meno, chiedono solo di essere in grado di accettare la propria Redenzione, affinché le loro percezioni guarite possano aiutare a illuminare gli altri.

Nel mondo che verrà, le coppie utilizzeranno con maggiore frequenza la psicoterapia, non per consulenze su una crisi, ma come procedura di mantenimento. In passato, la maggior parte delle persone pensava che la terapia fosse qualcosa a cui ricorrevano solo i "pazzi". Ora, la terapia è diventato uno strumento indispensabile per chi vuole rimanere sano di mente. Gradualmente, le coppie comprenderanno l'importanza di effettuare, in maniera costante e coerente, una valutazione formale dei loro pensieri e dei loro sentimenti nel cammino a due che li porterà nelle braccia di Dio.

Prima di aprire la Porta Celeste, vi sono un sacco di azioni da compiere; sempre all'interno di un'illusione, è ovvio, ma di un'illusione che può essere trasformata. Ogni avvenimento del mondo fisico ha un significato soltanto perché stimola dentro di noi l'impulso a raggiungere la Porta Celeste o a voltare le spalle al Cielo. Quando ci troviamo davanti a quella porta, incerti sulla direzione da prendere, spinti ad amare, ma tuttavia ancora così abituati ad avere paura, dobbiamo renderci conto della sacra responsabilità che è stata posta nelle nostre mani. "E così camminerai in direzione del Cielo o dell'inferno, ma non sarai solo." Scegliamo per tutti, per molti anni a venire.

Le decisioni che prendiamo oggi, a livello individuale o collettivo, faranno sì che il Pianeta vada verso l'inferno o verso il Cielo. Una cosa però è certa: siamo la generazione di transizione. Le scelte critiche sono nelle nostre mani. Le generazioni future sapranno chi siamo. Ci penseranno spesso. Ci malediranno, o ci benediranno.

6. LA PORTA DEL PARADISO

"Non pensare che la via che conduce alla porta del Paradiso sia difficile da percorrere."

Ora siamo pronti ad aprire la porta del Paradiso. Nelle nostre menti, ci siamo fermati a quel punto milioni di anni fa. Oggi stiamo tornando a casa.

Siamo la generazione del Figliol Prodigo. Ce ne siamo andati da casa e ora vi è eccitazione nell'aria perché ci stiamo ritornando. Abbiamo fatto di tutto per violare l'amore, nei nostri confronti e nei confronti degli altri, prima che una vita di salubrità iniziasse ad attrarci. Questa non è la nostra vergogna, ma la nostra forza. Vi sono delle porte che non dobbiamo attraversare non perché un falso moralismo ce lo vieti, ma perché le abbiamo già aperte e sappiamo che non portano da nessuna parte. Stranamente, tutto ciò ci investe di una sorta di autorità morale. Parliamo per esperienza. Abbiamo conosciuto il lato oscuro. Siamo pronti a proseguire. Siamo attratti dalla luce. Quando i discepoli chiesero a Bhagwan Shree Rajneesh:

"Perché si dice nelle Scritture che 'Dio ama i peccatori'?", la sua risposta fu: "Perché in genere sono persone più interessanti."

Siamo una generazione interessante, ma non ne siamo consapevoli. Quando per la prima volta mi sono resa conto che questo è un momento decisivo, che le decisioni prese su questo pianeta nei prossimi vent'anni stabiliranno se l'umanità sopravvivrà o meno, ho provato paura per il mondo. Il destino del mondo è nelle nostre mani? Non nelle nostre, ho pensato. In quelle di tutti, ma non nelle nostre. Siamo marmocchi viziati, privi di valori morali. Ma osservando più da vicino, ho visto qualcosa che mi ha sorpreso. Non siamo cattivi. Siamo feriti. E le ferite sono la nostra unica possibilità di guarire.

Fuori dalla Porta Celeste, guarigione è la parola più in voga e sta plasmando i nostri desideri. Oggi, nonostante la sofferenza, nonostante i conflitti, vi è nell'aria un ritorno al sacro. Vi è un numero abbastanza elevato di persone che, in maniera più o meno consapevole, hanno assunto il suo mandato, dal momento che hanno contribuito a creare un sensazione di cauto entusiasmo, una speranza per il Cielo. In ogni ambito vi sono indizi, seppur vaghi, dell'assunzione di più grandi responsabilità.

Prima del nostro risveglio, 'lo Spirito Santo trasformerà i nostri sogni più amari in sogni felici'. Quelle che seguono sono delle riflessioni su alcuni esempi di sogni felici che potrebbero avvicinare il mondo intero al Cielo.

Affinché la nostra cultura possa guarire e ricominciare, è necessario che vi sia un perdono collettivo, un perdono di massa del passato. Alcune delle persone più valide e brillanti d'America passano inosservate perché non riescono a scrollarsi di dosso il loro passato. È triste che in America chiunque abbia un passato fatto di troppe relazioni sessuali o di problemi di droga, per esempio, sia terrorizzato all'idea di entrare in politica per paura di essere messo in croce a causa delle proprie storie personali. Ciò che conta del nostro passato non è cosa è successo, ma cosa abbiamo fatto di ciò che è successo. Qualunque esperienza può contribuire a farci diventare persone più compassionevoli nel presente, se lo vogliamo.

Piuttosto che chiederci cosa abbiamo fatto ieri, è importante che ci domandiamo cosa abbiamo imparato da quell'esperienza e cosa stiamo facendo oggi. Nessuno può consigliare un alcolista che inizia il cammino del recupero meglio di un ex alcolista, che da più tempo percorre quella stessa via. Nessuno può dare consigli a una persona che soffre meglio di chi ha già sofferto. Nessun aiuto è più valido di quello che può offrire chi a sua volta ha già attraversato una situazione dolorosa.

Non mi ero mai interessata molto a Richard Nixon fino a quando non apparve in televisione alcuni anni dopo aver lasciato la Casa Bianca. Quest'uomo, pensai, ha subito una grossa umiliazione, della quale non può che incolpare se stesso. L'unico modo per superare un'esperienza così devastante sarebbe quello di inginocchiarsi e gettarsi nelle braccia di Dio. Guardando quell'uomo attraverso lo schermo, sentii che lo aveva appena fatto. Il volto era illuminato da un'espressione così dolce che non avevo mai visto prima. "Ora quest'uomo è interessante", mi dissi. "Sembra che abbia assaporato il fuoco della purificazione." "Ora, più che mai, ha qualcosa da offrirci. Adesso sì che avrei fiducia in lui se mi parlasse da un luogo più autentico."

Sulla soglia della Porta Celeste non abbiamo mai paura di chiedere scusa. Quanto sarebbe meraviglioso se noi americani facessimo ammenda, nei nostri cuori e nei confronti del mondo, per aver violato i nostri principi più sacri nel trattare con nazioni come il Vietnam. Siamo un grande Paese e, come tutte le nazioni, abbiamo commesso degli errori. La nostra grandezza non sta nella potenza militare, ma nel rimanere fedeli alle nostre sacre verità interiori. Una grande nazione, così come una grande persona, ammette di aver commesso degli errori, li espia e chiede a Dio e agli uomini la possibilità di ricominciare. Questo non ci renderà deboli agli occhi del resto del mondo. Ci permetterà di guadagnare in umiltà e onestà, due caratteristiche senza le quali non vi è grandezza.

Non sarebbe fantastico (Abraham Lincoln ha aperto la strada) se potessimo porgere le nostre più sentite scuse a tutti i neri americani? "Per conto dei nostri antenati, vi chiediamo perdono per avervi portato qui dalle vostre terre native e avervi trattato come schiavi. Riconosciamo il dolore che questa terribile violazione ha causato a tante generazioni di brava gente. Vi preghiamo di perdonarci. Dateci la possibilità di ricominciare daccapo." E poi, il minimo che possiamo fare è costruire un monumento agli schiavi americani. I bianchi americani sentono questa necessità più dei neri. Per gli afro-americani sarà molto più facile perdonarci una volta che noi avremo chiesto perdono. La stesso discorso, è chiaro, vale anche per gli indiani d'America. Finché questa Redenzione non avverrà, nessun miracolo potrà guarire le nostre tensioni razziali.

Secondo me, le parate per i nostri soldati tornati a casa dalla guerra nel Golfo Persico hanno rappresentato in parte un tentativo di redimerci dalla violenza inflitta ai veterani del Vietnam. Vorrei che si facessero delle parate per i nostri insegnanti, i nostri scienziati e per tutti i nostri tesori nazionali.

Se parliamo di tesori nazionali, dobbiamo ricordare che i bambini sono le nostre risorse più importanti. Con l'equivalente di una parte del costo sostenuto per mantenere un criminale in carcere per un anno, potremmo offrire a un bambino proveniente da un ambiente sociale disagiato una miriade di opportunità personali ed educative attraverso le quali salvarlo dalla marginalità. Sempre meno ragazzi sarebbero tentati di fare esperienze con la droga, di diventare delinquenti e di intraprendere strade che inducono a compiere gesti criminali. Non è mai troppo il denaro, il tempo e l'energia che dedichiamo ai nostri bambini. I bambini sono i nostri Angeli, il nostro futuro. Facendo un torto a loro, facciamo un torto a noi stessi.

Appena fuori dalla porta del Paradiso c'è molto da fare, dal momento che il desiderio di un mondo trasformato motiva e dà energia alla nostra anima, e ci aiuta a far emergere le nostre convinzioni. Dobbiamo avere fede in Dio e in noi stessi. Qualunque cosa Lui voglia, può farcelo sapere; qualunque cosa voglia farci fare, può mostrarci come. In ogni comunità c'è del lavoro da svolgere. In ogni nazione ci sono ferite da curare. In ogni cuore c'è il potere di fare tutto ciò.

7. NATALE

"Il simbolo del Natale è una stella,
una luce nell'oscurità."

Il Natale è il simbolo di un cambiamento. Il significato del Natale è la nascita di un nuovo Sé, partorito dalla nostra umanità e generato da Dio. Maria è il simbolo del femminile che è dentro di noi, reso pregno dallo spirito. La sua funzione è di dire sì, lo farò, non farò abortire questo processo, ricevo e accetto con umiltà il mio sacro compito. Il figlio nato da questo concepimento mistico è il Cristo che si trova dentro ognuno di noi.

Gli Angeli svegliarono Maria nel cuore della notte e le chiesero un incontro sul tetto. "Il cuore della notte" è il simbolo della nostra oscurità, della nostra confusione, della nostra disperazione. "Sali sul tetto" significa spegni la televisione, smaltisci la sbornia, leggi libri migliori, medita e prega. Gli Angeli sono pensieri di Dio. Possiamo sentirli solo se ci troviamo in uno stato mentale puro. La maggior parte di noi ha già sentito l'invito degli Angeli a salire sul tetto. Altrimenti, non starebbe leggendo libri come questo. Ciò che accade adesso è che ci viene data l'opportunità, ci viene lanciata la sfida di accettare lo spirito di Dio, di far entrare il Suo seme all'interno del nostro corpo mistico. Il nostro compito sarà quello di tenerLo al sicuro e di proteggerLo. Se accettiamo, permetteremo al nostro cuore di diventare un grembo per il Cristo bambino, un rifugio in cui Egli può crescere in pienezza e prepararsi per la nascita terrena. Dio ha deciso che Suo Figlio nascesse per mezzo di ognuno di noi.

"Non c'è posto qui", disse il locandiere a Giuseppe. La "locanda" è il nostro intelletto, al cui interno c'è poco spazio, o addirittura non ce n'è, per le cose dello spirito. Ma non importa, perché Dio non ne ha bisogno. Tutto ciò di cui ha bisogno è un piccolo posto nella mangiatoia, solo un po' di disponibilità da parte nostra affinché Lui possa nascere sulla Terra. Lì, "attorniati da animali", formando un tutt'uno con il nostro naturale Sé umano, diamo vita a Colui che governa l'universo.

I pastori nel campo vedono la "stella Cometa" prima di chiunque altro. Essi sono coloro che badano alle greggi, che si prendono cura, proteggono e guariscono i figli della terra. Essi forniscono la speranza e pertanto sono i primi a vederne il simbolo. I pastori hanno reso le loro vite dei terreni fertili per i miracoli. Vedono la stella e la seguono. Vengono condotti nel luogo dove si trova Gesù, tra le braccia dell'uomo.

I re del mondo si radunano per renderGli omaggio. Questo significa che il potere del mondo non è niente di fronte al 'potere dell'innocenza. Il leone giacerà con l'agnello'; la nostra forza è in armonia con la nostra innocenza. La nostra dolcezza e il nostro potere non sono in contrasto.

"A lungo giacque il mondo nello struggimento del peccato e dell'errore, finché Egli apparve e l'anima sentì il suo valore", recita un canto di Natale.

Con la nascita di Cristo, non solo una volta all'anno, ma in ogni momento, ci diamo la possibilità di indossare il manto della filiazione divina, per essere più di ciò che eravamo un momento prima. Espandiamo la nostra consapevolezza e la nostra vera identità. Il 'figlio dell'uomo riconosce se stesso, e nel fare ciò diventa il Figlio di Dio'.

E così il mondo viene redento, riportato indietro, guarito e reso un tutt'uno. Il sogno della morte finisce quando ci viene donata la visione della vita vera. Gesù è la verità semplice che viene incisa nel nostro cuore, "l'alfa e l'omega", il luogo in cui tutto è iniziato e dove ritorneremo. Anche se Gli si dà un altro nome, anche se Gli si attribuisce un altro volto, Lui costituisce la verità essenziale del nostro essere. I nostri corpi uniti formano il corpo mistico di Cristo. Rivendicare il nostro posto all'interno di questo corpo significa ritornare a casa e ritrovare il giusto rapporto con Dio, con gli altri e con noi stessi.

8. PASQUA

"Il più grande e irresistibile potere della resurrezione consiste nel fatto che essa rappresenta ciò che tu vuoi essere."

Natale e Pasqua ci guidano verso una visione del mondo illuminata. Attraverso una visione illuminata del Natale comprendiamo che, per mezzo di Dio, abbiamo il potere di dare vita a un Sé divino. Attraverso una visione illuminata della Pasqua, comprendiamo che questo Sé è il potere dell'universo, di fronte al quale la morte in sé non ha forza reale.

'La resurrezione è il simbolo della gioia.' È la grande esclamazione; il segno che abbiamo compreso che l'assenza d'amore, in noi stessi o negli altri, non ha effetti su di noi. Accettare la resurrezione significa rendersi conto del fatto che non dobbiamo più attendere per considerarci guariti e per vederci come un tutt'uno.

La mia amica Barbara, con la quale un giorno mi trovavo a fare due chiacchiere, mi raccontò di aver appena vissuto una sorta di triplice colpo di testa emotivo: suo padre stava morendo, si era lasciata col suo fidanzato dopo sette anni e aveva intrapreso una specie di relazione passionale con il classico "Peter Pan". Mentre discutevamo dei principi della resurrezione e del nostro desiderio di trovare il Paradiso, Barbara fece la seguente osservazione: "Suppongo di dover confidare nel fatto che Dio abbia un piano e che le cose andranno meglio al momento opportuno."

Poiché desideravo che i principi di *Un corso in miracoli* venissero compresi al meglio, le feci notare che, sul piano teorico, dal momento che il tempo non esiste, Dio non ci salverà "dopo". Il messaggio della resurrezione è che la crocifissione non è mai avvenuta, se non nelle nostre menti. Il fatto che lei giungesse ad avere coscienza di Cristo non significava che le ferite procuratele dalla morte del padre sarebbero guarite, o che col tempo sarebbe stato più facile sopportare la rottura con il fidanzato, o ancora che la sua nuova relazione sarebbe diventata un'amicizia in futuro. Avere coscienza di Cristo significa comprendere che il Paradiso è qui adesso: suo padre sarebbe morto solo fisicamente, il cambiamento di forma in una relazione di lungo periodo non avrebbe avuto nessun significato perché l'amore in sé è immutabile e il distacco dal "Peter Pan" non avrebbe significato nulla perché il legame che li unisce è eterno. La sua tristezza non poggiava sui fatti, ma sulla finzione. Erano gli eventi e la loro interpretazione a tenere in catene il suo cuore. Il Paradiso sarebbe stato la trasformazione di questi eventi nella sua mente. Il mondo fisico sarebbe venuto dopo. 'Vi è resurrezione quando ci svegliamo dal sogno, quando recuperiamo la giusta mentalità, liberandoci così dall'inferno.'

Barbara si rallegrò. Ci prendemmo la libertà di eseguire una scansione delle nostre vite, delle relazioni, delle circostanze, degli eventi, delle croci che ci portiamo addosso, e la cosa ci fece ridere come due bambine. Ci rendemmo conto di come ognuno di noi pianti con fervore i chiodi nelle proprie mani e nei propri piedi, mantenendo un'interpretazione terrena delle cose, anziché compiere una scelta diversa che potrebbe liberarci e renderci felici. Pregammo affinché si radicasse il ricordo che solo l'amore è reale. Cogliemmo, anche se solo per pochi minuti, l'inutilità della nostra disperazione. In quel momento, riuscimmo a vedere uno scorcio di Cielo e pregammo affinché ci fosse concesso di ripetere quell'esperienza. Da *Un corso in miracoli*:

> "Il viaggio verso la croce dovrebbe essere l'ultimo 'inutile viaggio'. Non soffermarti sul viaggio, ma mettilo da parte non appena lo avrai compiuto. Se riesci ad accettare che questo è il tuo ultimo inutile viaggio, otterrai la libertà di unirti a me nella resurrezione. Finché non lo farai, la tua vita sarà davvero sprecata. Resterà una mera riproduzione della separazione, della perdita di potere, dei futili tentativi dell'ego di riparare, e infine della crocifissione del corpo, o della morte. Tutto ciò si ripeterà all'infinito, fino a quando non verrà volontariamente interrotto. Non commettere il patetico errore di 'aggrapparti alla vecchia e robusta cro-

ce'. L'unico messaggio della crocifissione è che puoi vincere la croce. Fino a quel momento, sarai libero di crocifiggerti quante volte vuoi. Non è questo il vangelo che volevo offrirti. Il viaggio che dobbiamo fare è un altro, e se leggerai con attenzione queste lezioni, esse ti aiuteranno a prepararti a intraprenderlo."

Alla fine del Libro degli esercizi, ci viene detto che "Questo corso è un inizio, non una fine." Un cammino spirituale non è la casa; è la strada che porta verso casa. La casa è dentro di noi, e in ogni momento siamo noi a decidere se riposare al suo interno, o se respingere tale esperienza. La cosa che più ci terrorizza, dice il Corso, è la redenzione.

Ma dentro di noi c'è un Uno che conosce la verità, a cui Dio ha dato il compito di eludere la sorveglianza dell'ego, superando in astuzia l'odio di sé. Il Cristo non attacca il nostro ego; lo trascende. 'È sempre dentro di noi, in ogni circostanza. È alla nostra destra e alla nostra sinistra, davanti a noi e dietro di noi', sopra di noi e sotto di noi. 'Egli risponde a tutti i nostri inviti, anche il più piccolo.'

Con le nostre preghiere, Lo invitiamo a entrare, Lui che è già lì. Con la preghiera, parliamo a Dio. Lui risponde con i miracoli. Questa infinita catena di comunicazione tra chi ama e chi è amato, tra Dio e l'uomo, è la canzone più bella, la poesia più dolce. È l'arte più alta e l'amore più appassionato.

Caro Dio,

Ti offro questo giorno, il frutto del mio lavoro e i desideri del mio cuore. Nelle tue mani ripongo tutte le mie domande, sulle tue spalle metto tutti i fardelli. Prego per i miei fratelli e per me stesso affinché possiamo ritornare all'amore; affinché le nostre menti possano essere guarite; affinché possiamo essere benedetti; affinché possiamo ritrovare la strada di casa, che dal dolore porta alla pace, dalla paura all'amore, dall'inferno al Cielo.

Venga il tuo Regno, sia fatta la tua volontà, come in Cielo così in Terra.

Tuo è il Regno, Tua è la potenza e la gloria nei secoli.

Amen.

L'Autrice

Marianne Williamson tiene conferenze a livello internazionale nel campo della spiritualità e del nuovo pensiero. I suoi insegnamenti si basano sulle idee di *Un corso in miracoli,* un sistema di psicoterapia spirituale per lo studio individuale. L'autrice insegna i principi di base del Corso e spiega come questi possano essere applicati alla vita quotidiana. Attualmente, le sue conferenze avvengono una volta al mese davanti a centinaia di persone al Town Hall di New York e due volte a settimana in un auditorium affollato nel sud della California. Ha tenuto altre conferenze in varie città degli Stati Uniti e in Europa, e appare regolarmente sulla televisione via cavo.

Marianne Williamson è Fondatore e Presidente del Consiglio di Amministrazione dei Centri per la vita di Los Angeles e Manhattan, organizzazioni non profit che forniscono gratuitamente servizi di supporto non sanitari alle persone affette da gravi malattie e afflitte dal dolore.

Marianne Williamson risiede a Los Angeles con la figlia.

Della stessa autrice, Edizioni My Life ha pubblicato *Un corso in perdita di peso*, 2011.